유교와 여성

오리엔탈리즘적　　　　　　　페미니즘을넘어서

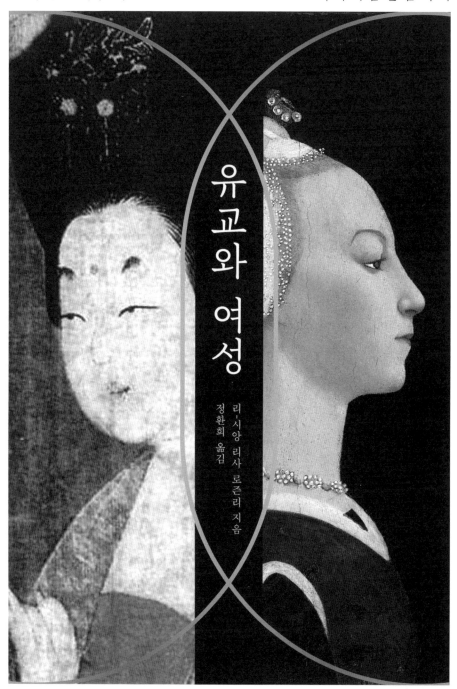

유교와 여성

정환희 옮김　리-시앙 리사 로즌리 지음

Confucianism and Women　　　　　　　　P 필로소픽

나의 첫 페미니스트인 어머니 메이-슈 린 여사께

목차

| 일러두기 |

• 본문이나 각주 중 역자가 추가한 내용은 '[ ]'안에 또는 '역자 주'로 정리하였다.

• 중국인 인명과 관련하여 그의 주된 활동 시기가 신해혁명 이전인 경우는 한국어 음가
대로 적고, 그 이후인 경우는 중국어 음가를 따랐다.

• 인명, 서명 및 원문과 관련해 중국어 번역본(丁佳偉·曹秀娟 譯,『儒學與女性』, 南京:
江蘇人民出版社, 2014)의 부분적인 도움이 있었음을 밝힌다.

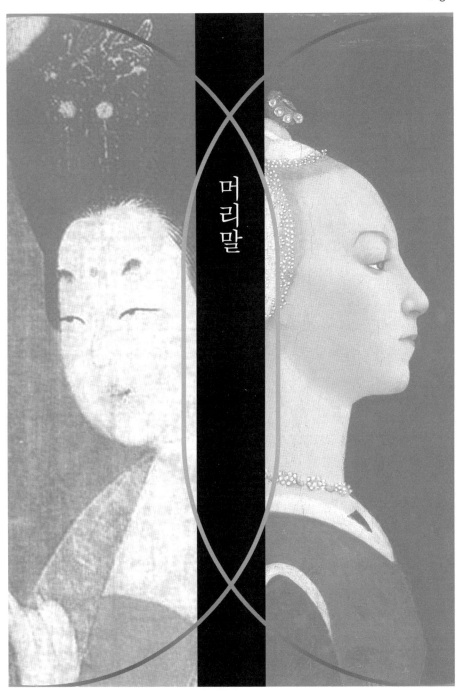

머리말

20세기 초의 성억압 담론은 중국의 현대성 문제를 암시한다. 청 말기의 변법운동, 중화민국 초기의 양무운동과 5·4 운동에 참여한 지식인들은 중국 여성들이 역사적으로 겪었던 차별과 고통들을 새로운 민족주의 담론의 일부로 활용하였다. 이는 중국이 서구와 신흥 일본의 제국주의적 권력의 손아귀에서 끊임없이 패배하고 굴욕을 겪은 것을 지켜본 신세대의 담론이었다. 글도 모르는 농촌의 여성들은 가부장적 가족들에 의해 체계적으로 억압받았는데―이는 어느 정도 유교의 봉건 윤리에 의해 지지되었다― 그녀들은 중국 구시대의 오점에 대한 상징이 되어버렸다. 중국은 서구의 군사력을 견뎌내지 못하는 쓸모없는 것들을 대체할 새로운 가치 체계가 절실했다. 비록 그 당시에 구시대적 가치 체계를 대체하기 위해 무엇이 필요한지는 여전히 불확실했지만, 무엇을 버려야 하는지는 명백했다. 중화민국 초기의 민족주의적 담론에서 반유교적 기조는 높았다. 정치적 영역에서 유교에 대한 완전한 숙청은 1970년대 초의 공산주의자들의 문화혁명에서 완벽하게 이루어졌는데, 이러한 숙청은 신新중국의 출발점이자 현대화된 중국의 출발점 그리고 새로운 세계인 국제사회로 나아가는 입구로 간주되었다. 5·4 운동과 중국 공산주의 운동은 근본적으로 유교를 반대했고, 유교를 중국의 병폐와 열등성의 근원으로 보았다. 그들의 [반유교적] 민족주의 담론은 후대의 서구 페미니스트들과 아시아학 학자들이 중국 여성사에서 성차별의 근원을 유교로 이해하는 인식의 기저가 되었다.

1970년대 초반부터 아시아학 학자와 서구 페미니스트들 사이에서 중국의 젠더 연구에 대한 관심이 급증했는데, 그들은 종종 서구의 지적 전통의 관점에서 중국의 여성 해방 문제를 이해하고자 했다.[1] 중국 여성에 대한 페미니스트들의 저작 및 관심 급증은 페미니스트의 원대한 운동의 일부였는데, 페미니스트들은 서구의 가부장적 사회 구조와 젠더 구조에 대한 자신들의 저항을 정당화하고자 설계된 세계 여성사를 구축하고자 하였다. 페미니스트들은 자신의 관심 범위에 제3세계의 불행한 자매들을 포함시켰고, 이를 통해 성억압 문제가 갖는 시급성에 대한 자신의 주장을 정당화하고자 했다. 제3세계 여성을 대상으로 한 서구 페미니스트들의 저작에서는 제3세계 여성에 대한 호의적 태도가 취해지는데 그것엔 문화적, 지리적, 종교적 그리고 민족적 경계를 넘어 전 세계적인 자매애를 형성하려는 희망이 깔려 있다. 현대 여성학에서 '젠더' 개념이 충분히 명료화되고 해체되는 반면, 상대적으로 젠더 문제에 대한 교차 문화적 연구에서 '문화'라는 개념은 주변부로 취급된다. 페미니스트 저작에서

---

1 여기서 서구 페미니스트western feminist 라는 용어는 주로 서구의 지적 전통에 의거해 중국 여성 해방운동을 서술한 이념적 경향성을 언급하는데 사용된다. 이러한 관점에 따르자면 중국인이거나 중국 혈통이 있는 페미니스트 및/또는 중국학 학자는 '서구 페미니스트'의 범주에 속할 수 있으며 서구인인 페미니스트 및/또는 중국학 학자는 그들의 이념적 경향성에 관한한 '서구 페미니스트'의 범주 밖에 위치할 수 있다. 그러할 때 아무개 서구인이 이러저러한 입장을 지지하며 아무개 중국인이 이러저러한 입장을 지지하는지에 대한 경험적 문제가 해결될 수 있다.

'문화' 요소에 대한 관심 부족은 다른 나라 문화의 젠더 시스템—배경 가정background assumptions이 상이한 총체적 맥락에서 젠더가 부호화되는—을 제대로 이해하는 데 걸림돌이 된다. 우리는 세계의 본질에 대해 공유된 문화적 가정cultural assumption의 네트워크에 참여할 때 그 세계의 의미를 이해할 수 있는데, 사실 우리의 개념적 틀은 우선 우리가 세계를 이해하는 범위 안에 있기 때문이다. 그러므로 다른 나라의 문화를 이해하는 어떠한 시도에서도 우리는 먼저 타자의 '타자성Otherness'를 최대한 이해하여야 하며, [다른 나라 문화에 대해] 우리 자신의 문화적 가정을 부과하는 것을 삼가야 한다.

중국에서 배경 문화적 가정background cultural assumption은 대체적으로 유교—중국 역사에서 가장 주류적인 지적 전통이었던—로 알려져 있다. 정치적 올바름political correctness(역자 주: 인종이나 성, 종교, 문화 등의 차별적 언행을 지양하는 사조)의 시대에 유교를 비하하는 직설적이고 제국주의적인 진술은 더 이상 발견되고 있지는 않지만, 성평등 문제에 관한 이론적인 영역에서는 서구 윤리 이론의 우월성을 강조하는 제국주의적 입장이 지속되고 있다. 페미니스트나 중국학 학자들에게서 유교가 페미니스트 이론으로 정초될 수 있는지에 대해 긍정되거나 제안된 적이 없다는 사실 그 자체는, 그들이 유교에 대해 동조적이거나 그러지 않던 간에, 젠더에 관련해선 서구 이론적 전통이 우월하다는 가정을 암시한다. 이는 자연스레 왜 [페미니즘 이론으로서] 유교는 안 되는지에 대한 질문을 하게끔 한다. 이러한 과제에 있어 나는 학자들이 유교페미니즘Confucian feminism의 가능성을 생각해볼 수 있는 개념적 공간을 제공하는 것으로 첫걸음을 떼려 한다. 그러나 내가 유교만을 발췌하여 중국 문화의 풍부함을 단 하나의 지적 전통으로 환원하려는 것은 아니다. 여기서의 의도는 중국의 여러 지적 전통 가운데 중국인들이 자기표상으로 간주하는 유교의 중요성을 인정하는데 있다. 유교는, 역사적 실제에서 상당히 애매모호하고 복잡함에도 불구하고, 중국인의 도덕적인 근간이며 중국 고등문화가 집대성된 것이다. 중국 세계의 배경 가정의 원천인 유교를 이해하는 데 진정한 관심이 없는 서구 페미니스트들은, 중국 사회의 젠더 구성gender construction 에 관한 그들의 담론에서 사실상 '여성'의 범주를 본질화하고essentialize 자신에게 익숙한 서구적 젠더 패러다임을 보편적인 개념 틀로 만들었다. 그리고 그 틀 안에서 중국 여성의 상태가 이해되어 왔고, 그것[중국 여성의 억압된 상태]에서의 실현가능한 해방이 이론적으로 논해졌다.

만약 진정으로 교차 문화 연구cross-cultural studies 가 다른 모든 요소들이 서구의 개념적 틀에 포섭되는 단일 문화 연구가 아닌, 진정한 의미에서 교차 문화 연구이려면 '문화'적 요소는 적절한 존중을 받아야만 한다. 시몬 드 보부아르Simone de Beauvoir 의 말처럼 여성이 태어나는 것이 아니라 만들어진 것이라면, 젠더적 존재일 뿐만 아니라 문화적 존재인 '중국 여성'의 상징적·사회적 의미를 우리는 먼저 이해해야만 한다. 각각의 문화는 독자적인 가치가 있으며 여러 문화에서의 젠더 구성이 사회적이고 문화적인 측면이 있다고 전제할 필요가 있다. 서양의 개념적 틀을 이질적인 타자 위에 중첩시키고 타자의 지적 전통을 통틀어 거부하는 것은, 부적절할 뿐만 아니라 사실상 연구하고자 하는 주제를 지워버리는 것이다. 더욱더 심하게는 다른 모든 문화가 지역화되고 경험적인 차이를 가지고 있음에도 불구하고 [다른 문화들이 서구 문화에] 개념적으로 포섭된다는 서구 문화의 우월성을 단언하고 있다.

　진정한 교차 문화 연구는, 우리에게 친숙한 개념 체계로 축소되거나 대체될 수 없고 그래서도 안 되는 '다름'을 가진 타문화에 대한 진실한 호기심에서부터 출발해야 한다. 그러지 않는다면, 교차 문화 연구에서 우리의 눈에 보이는 것은 단지 변장한 우리 자신의 모습일 뿐이다. 칸트 식의 표현을 사용해보면, 우리가 이해할 수 있는 것은 세계 자체의 객관적 실재라기보다는 우리 존재의 주관적 조건을 반영한다. 마찬가지로 중국 문화에 대한 진정한 이해가 결여된 채, 피해자로서의 중국 여성에 대한 이미지가 서구에서 널리 공유되고 있다. 이는 중국 여성들의 삶의 실제 상황보다는 서구의 관찰자들이 그들 자신들이 이해하기 쉽게 타자의 세계를 조직하고 제작한 가정들을 반영한다. 문화가 타자의 타자성 —환원 불가능한—을 표시할 뿐만 아니라 일상생활의 모든 구조—세상에서 살며 알며 존재하는 방식—에 스며드는 실질적인 용어라고 한다면, 사회적·문화적 실천의 상징적 의미에 대한 개념적 추상화는 그것들의 합당한 지적 전통intellectual traditions 과 관련지어 고찰되어져야 한다. 그러므로 중국의 젠더 연구에서 중국 문화의 정수라 할 수 있는 유교에 최소한의 존중이 주어져야 할 것이다.[2]

　본 연구의 목적은 다음 4가지로 간략하게 말할 수 있다. 우선 가

2　그렇다고 해서 내가 중국인의 삶에서 도교와 불교의 중요성을 부정하는 것은 아니다. 분명 유교, 도교, 불교는 중국의 지적 전통 가운데 세 가지의 필수적인 가르침으로 이해된다. 그러나 중국사에서 유교가 누렸던 독특한 지위와 특권은 다른 두 가지의 주요한 가르침과는 같지 않다. 또한 도교와 페미니즘의 양립 혹은 '여성적' 덕목을 추구하는 도교적 경향에 대한 학문적 연구는 상당하지만, 유교 전통에서 여성주의적 공간을 탐구한 연구는 거의 전무하다. 이 연구는 [유교 내의] 페미니즘적 공간을 펼쳐 유교페미니즘의 구축을 위한 기초를 놓는데 그 목적이 있다.

장 중요하게는 유교의 지적 전통을 구명한다. 이를 위해 유교의 복잡하고 모호한 기원, 중국 제국사에서 유교의 위치, 유교의 인仁 윤리학에 대해 논할 것이다. 둘째, 유교에 입각한 중국의 문화적 개념 체계를 제시하고자 한다. 특히 음양陰陽 과 내외內外 와 같이 중요한 문화적 개념과 여성 전기傳記 와 여훈서女訓書 의 문학적 전통에 대해 관심을 기울이고자 한다. 셋째, 유교와 중국의 젠더 체계의 상호 접속성을 가정하고자 하는데, 유교의 딕 윤리가 중국 사회의 부계 가족 구조와 공존했을 뿐만 아니라 그것을 정당화하고 유지시켰다는 것이다. 페미니스트 학계에서 취하는 제3세계 여성에 대한 기존의 가정과 달리, 후술하겠지만, 여성은 남성에 의해 명백하게 억압된 희생자로 인식되지 않을 것이다. 대신에 그들은 중국 사회의 특정한 문화적 이상에 부합하는 성차별적 관행을 유지하고 전달하는 참여자로도 여겨진다.[3] 즉 여성은 단지 타고난 존재일뿐만이 아니라, 그녀들에게 부과된 구조적 한계에도 불구하고 그녀들이 사용 가능한 수단을 통해 문화적 이상을 달성하기 위해 노력하는 문화적 존재로 인식된다. 비록 남성들이 이용할 수 있는 문화적 자원에 비해 제한적이지만 말이다. 마지막으로 또 결론적으로, 유교의 성차별적 요소 혹은 페미니즘 정치학 중 어느 일방을 부정하는 태도를 넘어설 것이다. 이는 유교페미니즘을 건설하기 위해 필요한 단계가 무엇인지 나타내면서, 중국 여성 해방을 위하여 실행 가능한 자원으로 유교를 생각할 수 있는 지점을 제공할 것이다.

---

3 페미니즘 학계의 탈식민주의적 담론에 대해선 다음을 참조. Signs(1995)의 "Postcolonial, Emergent, and Indigenous Feminisms"; 또한 Grewal and Kaplan(1994)과 John(1996).

중국의 젠더 체계를 이해하기 위한 예비 작업으로, 본 책은 유교에 대한 연구로 시작하고자 한다. 2장「유교, 중국적 특성, 인의 도덕적 인격성」에서는 초기 서구 페미니스트의 저작에서 유교를 시대적 맥락과 동떨어진 채 단지 집단주의적이고 성차별적인 이데올로기로 보는 인식들은 잠깐 제쳐두려 한다. 대신에 18세기의 예수회가 사용한 'Confucianism'라는 단어와 적확히 일치하지 않는 중국어 대응어인 '유儒'의 애매하고 복잡한 기원을 탐구함으로 유교의 의미를 심도 있게 탐구하고자 한다. '유'의 의미적 모호함과는 달리, 제국 역사에서 유학의 지위는 두드러졌다. '儒'자의 어원적 뿌리를 동음이의어의 전통에서 고찰할 때, [아이러니하게도] 우리가 탐구하려던 '儒'자의 의미는 더욱 모호해진다. '유儒'와 '나약할 유儒'·'부드러울 유柔'·'갓난아기 유孺'·'젖을 유濡'·'쓰일 수需'의 동음이의적인 연관성은 우리에게 당면한 작업을 더욱 복잡하게 한다. 고대 (공자 이전의 시대)의 유의 모호한 의미론적 기원은, 이지적 학문으로서의 유와 그 저명한 대표자인 공자 간의 관계가 어떠한지를 이해하기 어렵게 한다. 'Confucianism'이라는 용어(서구에서 세속화되고 단순화된 표현)와 달리, 유라는 복잡한 용어는 통일된 교리나 공자의 배타적인 가르침을 의미하지 않는다. '유'는 오직 성인과 현자들의 가르침으로 볼 수 있으며, 공자—최고의 성인이자 맨 처음의 스승—의 윤리적 가르침은 유의 일부분에 불과하다. 물론 그럴지라도 사실 공자는 '유'에서 가장 중요한 부분이다.

우리는 유 개념을 심도 있게 탐구한 뒤에, 제국사에서 '유'의 독보적 위치에 대해 논의하고자 한다. 유교가 조정의 정통 사상으로 제도화된 기원전 2세기의 전한前漢 시기 이후부터 20세기 초 청淸 말기까지, 유교는 정도의 차이는 있지만 국가 이념 및 정치와 얽혀 있었다. 특히 11세기 송나라의 개혁 이후로 조정의 관료를 선발하기 위하여 유학 경전에 근간한 과거科擧가 제도화되면서, 유자의 지위와 학식 있는 유자가 가져야 할 지식의 범위는 국가 통제의 시험 제도―대체로 세습 황제가 주임 시험관 역할을 하였다―에 의해 정의되었다. 그러나 황실 역사를 자세히 들여다보면, 유생 관료는 세습 통치자의 수중에 있던 실질적인 정치권력을 점유하지 못했으므로, 유학은 국가 권력과 동일하지도 않으며 국가 권력에 의존하지도 않았다는 점을 염두에 두어야 한다. 더욱이 유학자가 자임하던 사회적 역할은 조정朝廷과 성현의 가치 있는 도道 사이의 중재자 역할이었고, 이는 그들로 하여금 조정에 대한 단순한 충성을 넘어서도록 요구했다. 다시 말해서, '유'는 국가의 양심이자 도덕의 버팀목이요, 단지 관료 조직의 소품이나 사무원이 아니었다. '유'가 갖는 의미의 유동성은 광범위한 해석을 허용하며, 더 중요한 점은 '유'의 정체성이 민족적이기보다는 문화적이라는 것이다. 예수회가 '유'의 정체성을 계승하여 16세기 말 중국의 관학계에 수용될 수 있었던 것은 '유'와 유교의 의미가 유동적임을 보여주는 하나의 예이다.

비록 '유'의 함의가 모호하고 유교 역시 개념적으로 불확정적이지만, 인仁 개념이 유교 전통의 핵심적인 윤리 관념이라는 데 의심할 필요가 없다. 인의 윤리적 개념과 맞물린 '관계적 인격' 개념은, 유교의 자기 수양 프로젝트를 통해 달성할 수 있는 '유덕한 인격'의 토대가 된다. 유덕한 인격이란 문화적 이상은 구체적인 사회적 관계에 적합한 인간관계의 숙달 그리고 구체적인 사회적 덕목의 함양에 의해서 이루어질 수 있고, 이는 남성과 여성 모두에게 가능한 것이다.

그러나 유교의 인의 덕 윤리나 관계적 인격이 가지고 있는 개방성은 중국 여성의 삶이라는 역사적 현실과는 크게 대비된다. 이러한 이론과 실천의 불일치는 중국의 젠더 시스템—올바르게 젠더화된 존재를 간주하는 특정한 문화적 가정에 의거하여, 남성과 여성은 젠더화된다—을 검토하지 않고서는 설명될 수 없다.

3장 「음양, 젠더 특성, 그리고 상보성」에서, 우리는 일련의 여성적 특징에 의해 뒷받침되거나 타고난 생물학적 기능에 의해 정의되는 친족-중립적인kinship neutral 범주인 서구의 보편적 '여성성'에 대해 비판적으로 재검토하려 한다. 중국 세계에서 부녀婦女 (부는 기혼 여성을 녀는 어린 소녀나 가정부를 뜻한다)라는 용어가 지정하는 '여성'의 개념은 가족 관계의 범위 내에서 철저히 파악된다. 즉 서양의 '여성' 관념이 가족적, 사회적 관계보다 선재하며 독립적인 존재로 이해되는 반면, 부녀로서의 중국 여성은 주로 가족·친족에서의 역할을 통해 인식된다. 유교 전통에서, 전적으로 생물학적·해부학적인 성적 sexual 차이에 의존하는 남-녀 구별은 인간이 아닌 동물에게 적용된다. 인간의 세계에서 젠더gender 는 엄밀히 사회적인 역할과 관계를 의미한다. 다양한 가족, 친족적 역할을 수행할 때, 젠더화된 존재로서 '여성'이 만들어진다. 즉 친족 체계 내에서의 의례儀禮 과정은 젠더화 과정을 수반한다. 유교에 입각한 중국의 젠더 시스템은, 사회적으로 승인되는 '남성상'이나 '여성상'을 형성시키는 혈연 체계의 위계적 구조를 통해 이해될 수 있다. 따라서 중국 사회의 젠더 구별은 사회적 범주[man/woman]나 생물학적 범주[male/female]와 같은 일련의 선천적 특징들에 의존하지 않는다고 말할 수 있다.

젠더에 관한 서구 페미니스트들의 담론에서 음양의 은유는 여성성femininity/남성성masculinity이라는 현대적 이원론과 명백한 유사성이 있는 것으로 간주되어졌기에, 음양 개념은 중국 젠더 체계의 지표로 여겨졌다. 음의 수용성과 양의 팽창성은 중국 여성이 가부장적 가족 구조에 종속되는 이론적 근거가 되었다. 그러나 음양 은유를 서구의 이원적 여성성/남성성과 개념적으로 동일하게 받아들인다면, 그것은 중국의 상관적correlative 음양 우주론에 이원론적 형이상학을 부과할 뿐만 아니라 더 중요하게는 중국사회의 성억압의 원인을 오인하게 된다. 여성성과 남성성을 이원적으로 보는 서구의 패러다임과 달리, 대립적이지 않으며 상보적인 이원론인 음양은 중국의 성억압에 대한 적절한 이론적 정당화 기능을 수행할 수 없기 때문이다. 우주와 인체 모두에서 음양의 필수불가결한 상보성이 요구된다는 점은, 사실 남성과 여성의 신체 사이의 성차에 대한 다소 유동적인 견해를 시사하며, 결과적으로는 중국 세계에서 성역할에 대한 보다 관용적인 견해를 암시하는 것으로 보인다. 그러나 실제론 음양이 갖는 유동성은 중국 사회에서의 경직된 성역할과는 크게 대조된다.

4장 「내외, 젠더 구분, 예의」에서, 우리는 중국의 젠더 시스템의 출발점으로서 내외의 공간적 이원성에 관심을 기울이고자 한다. 음양 은유처럼 내-외라는 용어는 종종 가족과 국가, 또는 사적과 공적이라는 두 가지의 서로 상반되고 상충되는 영역과 동일시된다. 따라서 내외 구분은 남자와 여자를 두 개의 서로 다른 상충적 영역에 물리적으로 엄격하게 분리하는 것으로 그간 이해되었다. 그러나 개인, 사회, 정치적 영역에서 남녀를 엄격하게 분리하는 것으로 내외를 상정하는 것은 온당치 않다. 중국의 젠더 관계에 관한 최근 역사적 연구들에서, 엄격한 것으로 간주된 내외의 경계를 여성들이 넘나들었고, 또 그것이 사회적으로 용인되었음이 밝혀졌기 때문이다. 그리고 중국 사회에서 가족과 국가, 사적 영역과 공적 영역은 별개의 영역이 아니다. 그 대신 가족은 조화로운 국가를 건설할 수 있는 토대이다. 효의 '사적인' 덕은 모든 '공적인' 덕의 근간이 된다. 그러므로 음양의 상보적인 이원성과 마찬가지로, 내와 외의 경계도 절충적인 경계이다.

내외는 기능상의 구별이다. 그것은 어떤 종류의 공간 혹은 노동이 어느 성별에 적합한지를 규정짓는다. 내외의 경계는 주요하게는 의례儀禮적 경계이지만, 그 규제력―여성은 집안일과 가사 관리의 가족 영역에 국한되고, 남자는 경전학습과 공무公務 영역에 국한되는―은 단지 이론적인 것일 뿐만 아니라 사회적인 현실에도 반영되었다. 내외 구분이 기능적 구별이자 규범적 이상으로 작용하였으므로, 모든 계급의 여성들은 문학의 외적 영역과 공직公職, 그리고 자아성취에 적실한 접근이 허용되지 않았다. 가정 영역에 국한된 여성이 문학적 재능을 가져보았자, 그것은 [사회적으로 요구하는] 성역할과 성정체성에 부합하지 않았으므로, 재능 있고 교양 있는 여성들은 자신의 문학적 재능을 감추어야만 했다.

5장 「여훈서와 여성의 '내'적 공간」에서는, 유덕한 여성에 대한 전기나 여훈서에 의거해, '내內' 영역에서 국한된 여성 정체성과 '외' 영역[문학]에 대한 여성들의 갈망 사이의 상충되는 지점을 논하고자 한다. 여성의 문해력 문제와 관련하여, 중국에서는 서구처럼 여성은 교육받아야 하는지의 여부나 여성이 타고난 지적능력이 있는지의 여부에 대해 그다지 관심을 기울이지 않았다. 오히려 중국에서는 여성에게 부과된 성정체성이 타당한지에 대해 관심을 기울였다. 중국 여성들은 전형적으로 순종적이고 억압당하며 교육에 결핍되었다고 특징지어진다. 그런데 열녀列女 전통에서 발견되는 초기 중국 여성에 대한 문학적 표상—왕조 역사서의 일부를 구성하는 유덕한 여성에 대한 전기에서의—은 그렇지 않다. 장성한 아들에게 국가정치와 예절을 가르치는 덕망 높은 어머니, 사회적으로 지위가 높은 사람에게 간언하는 용기 있는 하녀, 변론에 능한 여성 등으로 묘사되는 사례가 적지 않다. 고대의 문학적 표상에서 중국 여성들은 그들의 제한된 내[內] 영역—가사 관리 및 집안일의 영역—을 뛰어넘는 지적이고 유덕한 주체이다.

유향劉向 의『열녀전列女傳』에선 비교적 다양한 덕목이 언급되어 있고, 그것에는 성별에 특화되지 않은 덕목이라 할 수 있는 논쟁 기술[辯通], 자애심과 지혜[仁智], 현명賢明 등이 포함되었다. 그러나 후대의 여성 전기 그리고 특히나 명청 시기에 인기 있었던『열녀전』 삽화본에서는 성별에 특화된 덕목 범주로 국한되었다. 특히 후대의 유덕한 여성에 대한 문학적 표상에서, 여성의 순결과 정절에 대한 덕목들은 성별과 무관한 덕목들보다 대중화되었다. 유덕한 여성에 대한 문학적 표상에서 모티브가 바뀐 것은 관료 문인의 의도적인 보수주의적 신호라고 볼 수는 없다. 리사 라팔스Lisa Raphals 는 중국 여성의 초기 문학 표현에 대한 연구에서, 그것은 난시 출판업계에서 자기희생적인 어머니, 효성 깊은 딸, 정숙한 아내의 비극적 내용을 담은 삽화가 갖는 감정적인 호소력과 오락적 가치에 의해 촉진되었을지 모른다고 제안했다.[4] 원대에 과부가 제도화되고 명말청초의 정

---

4 Raphals (1998).

치적 혼란이 결합되면서, 아내의 정절은 남성의 정치적 충성과 유사하게 간주되었으며, 이러한 순결과 정절의 덕목은 점차 왕조 전기와 대중적인 교훈서에서 정의하는 유덕한 여성의 덕목이 되었다.

순결과 정절을 강조하는 경향이 커졌음에도 불구하고, 명말청초 시기에 여성의 문해력은 전례 없는 수준에 도달했다. 내内 영역에서 여성 작가와 독자가 갖는 [지위상의] 합법성은 청대에 출판된 여성의 저작이 실제로 많았을 뿐만 아니라 여성을 위한 사서四書 —『여계女戒』, 『여논어女論語』, 『내훈內訓』, 『여범첩록女範捷錄』을 일컬음—의 편찬에서도 확인된다. 이『여사서女四書』는 여성을 위해 집필되었거나 여성에 의해 집필된 것으로 4개의 서로 다른 역사적 시기에 작성되었는데, 한대의 반소班昭, 당대의 송 씨 두 자매[宋若莘·宋若昭], 명대의 인효문황후仁孝文皇后 와 청대의 편찬자 왕상王相 의 홀어미인 유劉 씨이다. 유교의『사서』가 남성의 학식을 규정하듯, 여성의 학식을 규정하는『여사서』의 제목에선 내內 영역의 여성 작가와 외外 영역에서의 남성 작가가 갖는 동등함이 내포되어 있다.『여계』는 여성의 열등함을 '자연스러운 것으로 여기는' 보수적인 어조를 보이지만, 반소—최초의 그리고 가장 중요한 여성 관방사학자—는 여성의 문해력이 필요하다고 주장했다. '내'의 영역에서 덕과 재능이 양립할 수 없다는 것은 "여자는 재주가 없는 것이 덕이다[女子無才便是德]"라는 명대의 유명한 속담을 만들어냈지만, 이는 명말청초의 재능 있고 학식 있는 여성들에게 강력히 거부되었다.

가장 눈에 띄게는 청대 유씨 부인은 재능과 미덕이 서로 충돌한다는 것을 부인하는 데,『여범첩록』의 전체 장을 할애하였다. 그녀가 보기에 여자는 문학적 형태로 보존된 고대의 지혜에 대해 교육을 받을 때, 비로소 도덕적일 수 있으며 예법을 제대로 수행할 수 있다. 유씨 부인은 내의 여성 영역에서 미덕과 재능이 양립한 '역사적 선례'로 수많은 학식 있고 재능 있는 여성과 황후들을 거론했다. 보수적인 '여성 교훈서와 전기'는 내內의 영역에 갇힌 여성들에게 젠더 규범의 인습적 가치들을 재강조하는 원천이었지만, 여성이 문해력을 통해 여성의 역사의식에서 자기 자신을 승인하는 임파워먼트em-powerment(역자 주: 자신의 가치를 인식하여 삶에 필요한 기술과 능력을 개발해 내적인 힘을 증진시키는 과정)의 원천이기도 했다.

　여성의 문해력과 젠더 규범의 타당성에 관한 의문은 청대 문학 담론에서 주요한 의제였다. 여성을 '내'의 영역에 제한한 인습적 젠더 규범은 여성 문해력의 극적인 향상과 독서·저술·출판에 대한 참여로 인해 암묵적으로 도전받았다. 기존의 젠더 규범에 따르면 유덕한 여성의 진정한 소명은 문학이란 '외' 영역에서의 자아추구나 성취에 있지 않고, 부계父系에 대한 자기희생과 충실함에 있었을 뿐이다. 이 논의에서 우리는 한편으로는 인습적인 전통에 대한 보수적인 해석을 볼 수 있고, 또 한편으로는 비록 예절의 경계를 넘어서지 않았지만, 여성 스스로에 대한 진보적인 해석과 여성 문해력에 대한 정당화를 발견할 수 있다. 하지만 남성과는 달리, 교육의 수준이 높은 여성들은 '외'의 영역에 합법적으로 접근할 수는 없었다. 예를 들어 국가가 그들의 재능을 활용하고 그리고 정당화해주는 과거시험에 여성은 참여할 수 없었다. [여성의 재능에 대한] 정당화가 이루어지지 못했으므로, 여성의 뛰어난 문학적 능력은 종종 그들의 성 정체성과는 무관한 사회적인 잉여물로 간주되었다. 기본적으로 여성이 문학적 재능을 가진 것은 사실 비극적이다. 자신의 '하찮은' 문학적 기술에 대한 학식 있는 여성의 역설적인 감정은 '내' 영역에서 여성의 성 정체성과 '외' 영역에서 문학적 추구 사이의 갈등에 대한 무언의 표시였다. 비록 내와 외의 경계가 의례적인 것이기는 하지만, 그것은 또한 규범적인 이상이었으며 따라서 남성의 고유한 특권인 문학 학습 및 국가 통치의 영역에 여성이 합법적으로 접근하는 것을 허용하지 않았다.

내와 외의 영역 간 차이는 남녀의 젠더 격차의 시발점을 함의한다. 내와 외의 경계선을 따라 정의된 젠더 규범에 대한 이러한 이해와 함께, 우리는 여성에 대한 근대 이전 중국의 구체적인 사회적 관행으로 눈을 돌리고자 한다. 여성에 대한 가혹한 예속적 행위는 종종 한화漢化의 기치 아래 정당화되고 유지되었다. 6장「유교와 중국의 성차별주의」에서 우리는 유교와 여아살해·민며느리·축첩제·과부·전족纏足과 같이 유행하던 사회적 관행 사이의 그럴싸한 상호 연관성을 설명하고자 한다. 2장에서 언급한 유儒 개념이나 유교의 복잡성과 모호성을 감안할 때, 성차별적인 관행과 중국 문화의 정수인 유교 사이의 명백한 연관성을 어떻게 확인할 수 있을까? 근대 이전의 중국에서 여성 억압의 뿌리는 국가 이념의 유교보다도 더 오래되었다. 필자는 유교와 젠더 억압의 관계를 가족제도에서 찾아야 한다고 제안한다. 유교가 강조하는 효의 가족적 덕목, 성姓의 연속성, 조상숭배 강조는 일종의 생활 방식이며 예의범절과 인간다움의 개념을 뒷받침하는 규범적 이상ideal이다. 즉, 효의 덕목, 성씨의 연속성, 조상숭배의 세 가지의 문화적 의무의 결합은 남성 후손을 필요로 하기에, 곧 전근대 중국에서 여성 억압의 강력한 문화적 기반이 되었다.

부계의 후계자인 남성만이 특권을 누리게 되었고, 이는 차례로 조상숭배의 종교적 관행과 효의 미덕과 얽혀있었다. 여성의 가치는 가계를 이어갈 남성 후계자를 성공적으로 출산했는지의 여부에 달려있었다. 특히 여성에게 기대되는 온전한 기능적 역할은 남성 후계자를 최우선 순위로 삼는 문화적 구조와 연결되어 있으며, 이는 특히 여성 영아의 살해와 축첩제의 사례에서도 분명히 드러난다. [중국 문화에서] 가장 중요한 조상숭배 의식에 필수적인 남성 후계자를 위하여 가족 자원을 확보하기 해야 하고, 이를 위해 과잉된 여아는 버려진다. 그리하여 여성 영아살해의 관행이 이루어진다. 또 축첩제도는 어떠한가? 본처가 남자 후계자를 낳는 데 실패할 때 남편은 첩을 들이는 '권리'이자 의무를 행사함으로 이러한 상황을 타개해야 하며, 이는 전적으로 남성 후계자를 낳을 수 있는 가능성을 최대화하기 위해서이다. 꼬마신부를 미래의 며느리로 받아들이는 관행은 새 신부의 부계혈통사회 — 시어머니도 그 일부분인 — 에 대한 충성을 확실하게 할 수 있도록 시어머니가 취할 수 있는 한 방법이다. 효의 미덕, 조상숭배, 삼년상의 강조는 『논어論語』, 『예기禮記』, 『효경孝經』과 같은 유가 문헌에서 널리 드러나고 있다. 『예기』에선 혼인은 두 가지의 목적을 가지고 있다고 보았다. 첫째는, 조상을 기리는 사당에서 제사를 지속적으로 지낼 수 있기 위함이요, 둘째는, 가계를 잇기 위함이다. 전통적인 설명에 따르면, 아내가 남자 후계자를 낳지 못한다면 그것은 아내를 내쫓을 수 있는 일곱 가지의 강력한 근거[七去之惡] 중 하나가 된다. 하지만 결혼하지 않으면, 여성은 사회적 지위도 영원히 갖지 못하게 된다. 가족들이 남성 후계자를 가질 수 있도록 여아살해, 민며느리, 축첩제도에 참여하는 등의 필요한 모든 수단을 취하는 것은, 남편의 이익뿐만 아니라 아내의 최고 이익이기도 하다.

남성 후계자의 생산을 우선시하는데 여성이 동참한 것은 가부장 제도에서 자신의 지위를 확보하기 위함이었고, 이는 필연적으로 여성 인격의 형언하기 어려운 본성을 반영한다. 여성의 인격은 성姓과 명名이 전승되고 기억되는 '외' 영역 ─ 윤리·정치적 성취의 영역이자 진정으로 후세에게 기억되는─ 의 바깥에 있다. 내와 외의 구별은 『예기』에 정의된 결혼의 두 가지의 목적과 더불어, 가족제도에서 여성의 존재를 전적으로 기능적이며 대체 가능한 것으로 처리하였다. 한마디로, 여성은 이름이 없으며 자기 고유의 뚜렷한 특징이 없다. 모든 계층의 여성들이 등급이 없으므로(말하자면 여성의 공식 직함은 전적으로 그의 가족 가운데 남성 구성원의 성취에 의거한다) 여성 인격의 익명성은 문맹 여성이나 농부 여성들뿐만 아니라 고위층의 여성에게도 적용되었다. 문학 학습[文]과 국가 통치[政]는 외의 영역에 속해있고, 그러므로 참으로 남자의 특권은 합당한 것이다. 이에 반해 여성은, 문학과 국가 통치에서의 그들의 실제적 성취에도 무관하게, 근본적으로 '내'의 영역에 국한된 익명적이고 의존적인 존재이다. 루비 왓슨Rubie S. Watson의 말에 따르면, 남성 상대방과 비교했을 때 여성은 완전한 인격체도 아니었고 그럴 수도 없었다.[5] 아내와 어머니로서의 가족적 역할은 순전히 기능적이다. 그녀는 세 가지의 문화적 의무 ─ 효, 조상숭배, 부계의 지속 ─ 를 수행하기 위한 남성 후계자를 낳아야만 한다.

그러나 이러한 세 가지의 문화적 의무는 특히 명청 시대에 유행했

---

5 Watson (1986).

던 과부나 전족제도의 대중적 관행에 대해선 설명할 수 없다. 표면적으로는 남편의 죽음 이후에 과부 상태로 있는 것은 남편 가계에 대한 충성심을 나타낸다. 그러나 남자 후계자를 갖는 것이 우선시되는 상황에서, 아들이 없는 과부가 계속 과부 상태로 있는 것은 불필요해 보인다. 사실 젊은 미망인은 죽은 남편의 가족에서 이제 중요하지 않았기 때문에, 종종 그녀의 의지와는 무관하게 그녀의 친정과 시댁으로부터 재혼할 것을 권유 받았다. 이와 비슷하게 전족 관행도 남성 후손을 영속시키는 데 공식적 목적이 없기에, 불필요하고 우발적으로 보일 수 있다. 그러나 이러한 관습의 이면에 있는 숨겨진 사회적 의미 ― 민족, 지역, 사회계층 그리고 역사적 시대와 공명하여 영속되는 것으로 추정되는 ― 를 더 깊이 이해함으로, 우리들은 이러한 관습들이 일종의 '사회적 산물'임을 알 수 있다. 예를 들어 당唐나라 이후 황실 법령에 의해 보호된, 자발적인 선택에 의한 과부 관행은 배우자에 대한 정절 이상의 의미를 가졌다. 그것은 손아랫사람에 대한 윗사람의 권위를 강조하며 여성들이 자신들의 통합성을 수호하고자 하는 도덕적 의도였고, [재혼을 권유하는] 부모의 친권보다도 우선시되는 여성 고유의 재량권을 상징한다. 원元대에 제도화된 정숙한 과부의 가문에 대한 황실의 표창은, 과부살이를 사적 덕목에서 사회적인 미덕으로 승격시키는 실제적인 효과를 가져왔다. 남성의 과거제도와 비교했을 때 과부제도는 여성에게 있어 사회이동social mobility 의 수단이 되었다. 즉, 그것은 여자가 아버지나 남편이나 아들의 행위가 아닌 자신의 행위로 인해 최고의 영예인 황실의 인정을 받을 수 있었던 수단이었다.

마찬가지로 전족 관행은 수동적인 여성의 몸에 대한 남성 성욕의 강압 혹은 가부장제에 의한 여성의 피해 그 이상을 나타낸다. 그것은 무엇보다도 여성의 성정체성, 한漢족의 문명화, 민족적 정체성을 표현했다. 특히 이민족인 만주인의 침략으로 정치적 전환이 이루진 명말청초의 시기에, 한족들에게 있어 전족은 여성의 몸에 대한 적절한 문화적 표식이었다. 사회적으로 인정받은 미적 가치와 종족적 지위를 모두 갖춘 '한 쌍의 속박된 발'은 한족의 민족성과 만주족의 통치에 대한 그들의 정치적 저항을 상징하게 되었다. 만주족은 여러 번 한족의 전족에 대한 금지령을 내렸다. 더욱이 전족은 여성의 고유 문화였다. 여성들은 '내'적 영역에서 문자와 붓 대신에 천싸개와 바늘로, 자신과 '우리들의 문화'를 전승할 딸들의 발을 속박시켰다. 이 장의 목적은 이러한 사회적 관행의 '성차별적' 요소들을 어떻게든 얼버무리려는데 있지 않다. 여기에서 언급된 관행의 대부분은 [오늘날] 더 이상 사회적 이상social ideal으로 실재하지 않는다. 오히려 여기서의 목적은 사회적 관행에 내재된 문화적 의미를 해독하여, 구조적 한계가 부과되었지만, 일종의 공유된 문화적 이상을 달성하기 위해 사회적 관행을 [단순히] 수용할 뿐만 아니라 적극적으로 참여하는 여성 고유의 주체성을 이해하는 데 있다. 그러한 이해가 없다면, 제3세계 국가의 여성들은 '성차별적' 전통의 단순한 수동적 희생자로서 시간이 정지된 상태로 있게 되며, 지역적이고 '문화적' 도덕성을 초월하는 서구 윤리 이론에 의해서만 해방이 정당화될 뿐이다.

'도덕 행위의 주체로서 서구적 세계'와 '해결되어져야 할 도덕적 문제로서 서구 밖 세계'라는 잘못된 이분법을 넘어서기 위해, 결론적으로 유교가 페미니즘 윤리 이론으로서 기능할 수 있는지를 고찰하고자 한다. 7장「유교페미니즘을 향하여 ― 형성되고 있는 페미니스트 윤리 ―」에서 우리는 유교 전통 안에서 유교페미니스트 윤리의 구성 요소로 활용될 수 있는 실제적인 ―구체적인 인간관계를 출발점으로 하면서도 형이상적 토대가 없이도 이해될 수 있는― 자원을 탐색하고자 한다. 그것은 다른 모든 윤리적 원칙의 기초가 되는 '원초적' 규칙을 전제로 할 필요도 없고, [사람이 사람이기 위하여] 어떠한 자격 조건도 내걸지 않는 무조건적인 절대적 평등을 전제할 필요도 없다. 우선, 우리가 상정하는 유교페미니즘은 여러 관계들―'핵심' 자아의 '부가물'에 그치는 것이 아니라 실제 자아와 동일한 시공간에 있는― 의 망에 자리하고 있는 관계적 자아를 지지할 것이다. 인간다운 인간은 항상 관계 속에 있는 인간이다. 부모와 자식의 상호 돌봄이 요구되는 유교적 덕목인 효는 인간이 되기 위한 출발점이다. [모든 관계들 중에서] 세상에서 가장 먼저 자신을 발견하는 부모-자식 관계가 우선일 것이다. 그러나 타자에 대한 진정한 돌봄인 효는 개인의 가정에만 제한되지 않는데, 왜냐하면 전통적으로 효의 덕목이 직계 가족 이상을 훨씬 넘어서도록 확장되었기 때문이다.

둘째, 우리의 유교적 페미니즘은 이상적이고 완성된 인격으로서 인仁이란 핵심 덕목을 긍정할 것이다. 인의 덕목은 효에서부터 출발하며, 인은 효의 범주 내에서 이해될 수 있다. 인한 사람은 의롭고 [義], 예의 바르며[禮], 지혜롭고[智], 호혜적이며[恕] 믿음직한[信] 등등의 사람이다. 왜냐하면 [그 사람이] 인하다는 것은 그 사람이 위치한 특정한 사회적 관계에 적합한 특정한 사회적 수월성social excellence 을 체화했기 때문이다. 그리고 무엇이 [참된] 사람인지에 대해 어떠한 형이상학적 토대가 없기 때문에, 원래대로라면 [사회적인] 자아는 가족의 영역을 넘어 외부로 확장될 것이고, 적어도 기존의 가족적 관계를 유지할 것이다. 가족에서 세계로 관계망이 확장됨에 따라 필요한 사회적 수월성의 범위도 넓어지게 된다. 인의 덕은 그 범위가 포괄적이지만, 이는 특정한 관계에서 실현될 수 있으며, 그 특정한 관계는 그 관계에 적합한 특정한 사회적 수월성이 적용된다. 요컨대 인의 덕은 형이상학적 토대 없이 인간관계를 최우선적으로 하는 실천 윤리이다.

마지막으로 유교페미니즘은 인간관계의 기본 구조로서 내외 및 음양의 상보성complementarity 과 상호의존성reciprocity 을 긍정할 것이다. 또한 절대적 평등보다는 능력이나 도덕적 권위에 기초한 불평등을 개별자들의 출발점으로 삼는 인간관계의 기본적인 위계 체계를 주장할 것이다. 우리는 페미니즘의 도전을 대처하기 위해 남편과 아내의 위계적 구조와 내-외 구분에 근거한 성별에 따른 분업을 바꾸고자 한다.[6] '아랫사람=부인'과 '주인主人=남편'이라는 은유를 폐기하고, 그것을 유교의 사회적 관계인 오륜五倫에서 활용 가능한 우정friendship으로 대체하고자 한다. 유교의 다른 모든 관계와 마찬가지로 친구 간의 관계도 계층적이기는 하지만, 그 계층 구조가 반드시 성별에 기반할 필요도 없으며 또 친구 간의 관계는 전적으로 자발적이다. 또한 그 연대의 기간은 참가자들 사이에 상정된 공통적 목표가 무엇이냐에 따라 달라질 것이다. 이와 같이 부부 관계의 맥락을 바로 잡아주면, 여성은 '외'의 영역에서 성취할 수 있고 가족 관계의 아주 가까운 영역뿐만 아니라 더 넓은 세계에서 유교적 이상인 군자君子 ─ 완전한 도덕적 주체 ─ 를 달성할 수 있게 된다.

---

6 여기서 남편과 아내의 관계는 생물학적인 것이 아니라 은유적인 것으로, 대안적인 (역자 주: 이성애 이외의) 성적 관계를 수용하는 데도 활용될 수 있다.

확실히 이 책은 유교의 '성차별적' 성격과 서구 페미니즘의 '신식민주의적neocolonial' 가정에 대한 단순한 비판을 넘어서고 유교와 페미니즘을 조화시키는 최초의 시도라는 점에서, 대체적으로 실험적이다. 기존의 이론을 단순히 부정적으로 해체하는 것을 넘어서서, 여성 해방의 원천으로 유교페미니즘이라는 혼종적hybrid 윤리이론의 가능성을 긍정적으로 생각해보는 것도 하나의 방법이 될 것이다. 이 프로젝트가 수행되기 앞서, 유교가 스스로를 바로잡고 페미니즘의 도전에 대응할 수 있는지의 가능성은 무엇보다도 현실에서의 그 가능성이 있는지 가정되고 확인되어져야 할 것이다. 이 프로젝트가 성공 또는 실패했는지는 독자의 평가에 달려있다. 그러나 이렇게 유교와 페미니즘의 융합될 수 있는 가능성은, 유교가 젠더 이슈가 더 이상 무시되지 않는 21세기의 윤리담론에 자리매김할 수 있게 하고, 더 이상 여성 해방의 가능성이 서구 이론의 패러다임에 국한되어 논해지지 않게 함으로써 페미니즘의 이론적 지평을 넓힐 것이다.

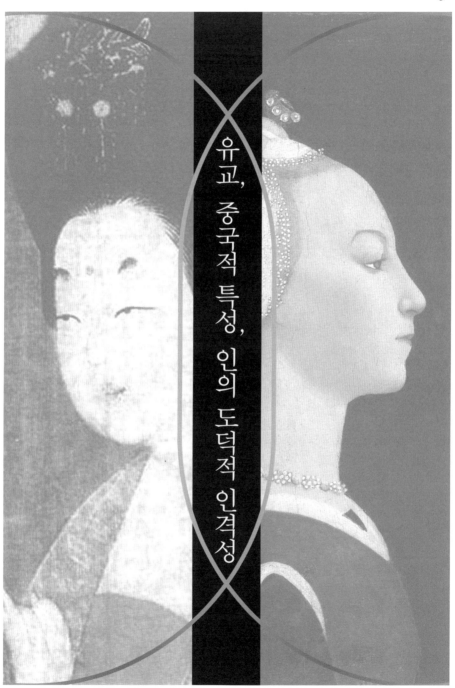

유교, 중국적 특성, 인의 도덕적 인격성

Chapter 2

여러 역사적 시기와 지역에서 여아살해, 민며느리, 축첩, 전족, 과부제도 등의 악명 높은 사회적 관행이 존재했음에서 볼 수 있듯, 근대이전의 중국에서 성차별이 유행했던 것은 매우 분명하다. 이러한 관행은 불평등한 젠더 지위와 권력을 반영하는데, 또 유교라는 국가가 승인한 도덕적 가르침에 대해 의문을 제기하게 한다. 유교는 중국인의 역사적 서사에서 자기 수양, 돌봄, 적절한 인간관계에 대한 가르침으로 이해되기 때문이다. 국가가 유교의 도덕적 가르침을 정통 사상으로 옹호했음에도 불구하고, 가혹한 중국 여성들의 예속은 전근대 중국에서 지속되었다. 요컨대 유교의 도덕적 가르침과 중국의 성억압이란 역사적 현실 사이에는 단순화할 수 없는 괴리가 존재한다. 성억압 문제는 필연적으로 유교 사상 체계가 여성에 대한 사회적 학대에 기여한 것이 있다면 무엇인지에 대한 질문으로 이어진다. 그리고 어떠한 측면에서 중국 여성들은 덕과 예의범절의 유교 담론에 [단지 예속되는 것이 아니라] 적극적으로 참여하는 것으로 볼 수 있을까?

중국의 성차별주의와 유교의 상호연관성은 복잡하다. 우리는 유교와 중국의 성억압이 밀접하게 연관되어 있다거나 아니면 아예 무관한 관계라고 가정하려는 유혹을 떨쳐 내야 한다. 무비판적인 가정을 하지 않기 위해서, 중국 젠더 연구 분야에 참여하는 학자들은 즉각적으로 다음의 질문에 마주해야 한다. "유교란 무엇인가?" 그리고 "전족, 축첩, 여성의 정조에 대한 숭배와 같은 주류적 사회 관행이 어떤 측면에서 유교의 가르침에서 기인했는가?" 다시 말해서, 전족, 축첩 등의 관행에서 '유교적 특성Confucianness'을 어떻게 발견할 수 있는가? 반대로는, 전체적인 유교에서 '성차별적' 요소를 어떻게 발견할 수 있는가? 마지막으로 '유교'와 '성차별주의' 사이에 필연적인 인과 관계가 존재하는가? 요컨대 '유교'는 철저히 성차별적인가? 이러한 문제를 해결하기 위해서 우선 유교라는 사상 체계를 이해하는 데 진정한 관심을 기울여야 하고, 역사 전반에서의 유교의 독특한 지위뿐만 아니라 조정朝廷이 유교를 활용하고 오용한 것에 대해서도 관심을 가져야 한다. 그러지 않는다면 여성의 억압에 대한 유교의 어떤 귀속도 피상적으로 보일 것이다.

여성학이 고조되던 1970년대 이후, 심지어 1930년대까지 거슬러 올라가서, 중국 여성을 대상으로 한 초기의 서구 학계에서 유교는 일반적으로 중국의 여성 억압에 책임이 있는 성차별적이고 가부장적인 이데올로기로 묘사되어 왔다. 가장 주목하게는, 초기 프랑스 페미니스트인 쥘리아 크리스테바Julia Kristeva는 1974년 『중국 여성에 관하여About Chinese Women』에서 대담하게도 한 장을 '공자—여자를 잡아먹는 자'라고 제목을 붙였다.[1] 그리고 1990년대 중반까지 여전히

---

[1] Julia Kristeva (1977), 66 - 99. 또한 Olga Lang (1946), 42 - 43; Helen F. Snow(1967), 38; Katie Curtin (1975), 10; Marjorie Topley (1975); Margery Wolf (1975; 1994); Elisabeth Croll (1978), 12 - 14; Phyllis Andors (1983), 126 - 27; Emily Honig and Gail Hershatter (1988), 274를 참조. 5·4 운동 시기의 반유교적 기조에 대해서는 Hua R. Lan and Vanessa L.

학자들에게 있어 유교는 현대적이며 우수한 것으로 상정되는 서구적 삶의 방식보다 뒤떨어져 폐기되어야 하는 가부장적 이데올로기로 특징지어졌다. 예를 들어 마저리 울프Margery Wolf 는 뚜웨이밍杜維明,Tu Wei-ming 의 성리학에 대한 대중적인 재해석을 평가하면서 다음과 같이 썼다. "상하이의 젊은이들이 스탠포드대학교 MBA를 취득하고 다국적 기업이 중국의 푸젠성福建省 에 있는 이 시대에, 위계적 권위 구조와 가부장적 구조 질서를 정당화하는 유교적 원리들은 시대착오적인 것처럼 보인다. 그러나 놀랍게도 유교에 대한 서적들은 여전히 잘 팔리고 있고, 하버드대학교의 뛰어난 학자인 뚜웨이밍은 성리학에 대한 설득력 있는 '재해석들'을 현대 생활의 '가이드'에 가까울 정도로 써냈다." [2] 유교에 대한 울프의 인식에서 폄하적인 어조는 분명하다. 그녀에게 있어, 유교—구舊 중국의 쓸모없는 이데올로기—는 가부장제 및 여성 혐오와 동의어이다. 페미니스트의 저작에서 반유가적 정서는 매우 고조되어 있다. 그러나 어떤 의미에서는 전근대 중국의 여성 억압이 유교에서 기인했다는 것은 정당하지 않은 것은 아니다. 왜냐하면 학자들이 일반적으로 동의하듯, 기원전 2세기 한나라부터 유교 경전에 기초한 과거제도가 폐지된 청말(1905년)까지 유교는 중국의 사회적 구조에서 기저였다. 또한 유교가 정통 사상으로 확립된 후부터 유교는 중국의 지적 전통의 주류였다. 그러나 유교를 위계적 혈연관계 및 엄격한 성역할의 한 집합으로 축소해선 안 된다. 왜냐하면 이 환원주의는 유교의 역동적 측면—인의 도덕 이론, 자기 수양 및 적절한 인간관계를 형성하려는 생애적 임무에

Fong 1999를 참조.
[2] Wolf (1994), 253.

대한 강조―을 간과하기 때문이다. 적어도 이론적 수준에서 유교의 논리는 페미니스트의 돌봄care 윤리나 사회적으로 구성된 자아con-structed self와 흡사한 측면이 있다. 유교 내부에 이론적인 페미니스트적 공간을 염두에 두면서 페미니즘과 유교의 융합 내지는 합일을 주장해볼 수도 있다. 특정한 여성학적 관심사를 다루기 위하여 실존주의, 자유주의, 칸트 의무론 혹은 아리스토텔레스의 덕 윤리를 페미니스트들이 기본적인 윤리학적 틀로 삼아 재음미하는 것처럼 말이다. 그러나 리첸양李晨陽, Chenyang Li이 유교와 젠더에 관한 선집에서 지적한 것처럼, 실제로 유교와 페미니즘의 만남은 일방적이었다. 즉 페미니스트들은 유교가 중국 여성을 희생시켰다는 점을 비판한다.[3] 유교를 철저히 가부장제 이데올로기로 규정짓는 페미니스트들의 지배적인 묘사는 유교를 강등시키면서 서구 도덕철학과 비교할 때 열등한 위치에 놓이게 한다. 그러나 이러한 관점은 더 중요하게는 중국 여성 억압의 근원을 지나치게 단순화한다. 이러한 단순화는 결과적으로 유교 윤리와 중국의 젠더 체계에 대한 진정한 이해를 하는 데 걸림돌이 된다.

유교와 성억압 사이의 가능한 연관성에 대한 만족스러운 설명을 하기에 앞서, 우리는 먼저 유교의 의미를 명확히 이해할 필요가 있다. 다음에서 선진先秦 문헌을 중심으로 '유가학파' 혹은 '유儒'의 역사적 기원과 표상을 고찰할 것이다. 또 역대(한에서 청대) 조정에서 편수한 역사서인 『유림전儒林傳』을 통해 유교가 한족과 황실에게 갖는 문화적 의미를 고찰하려 한다. 18세기 후반 이래로 서구에서

---

3   Chenyang Li (2000), 1.

'유' 또는 유교는 점차 알려졌지만, 중국 역사에서 '유'는 다소 애매한 기원을 가지고 있다. 유의 의미는 유동적인데, 유교는 대체적으로 유교 경전에 근간한 사대부 조직에 의해 형성되었고, 이들은 주로 고대 성인의 도통道統을 전승하는 데 관심을 기울였다. 필연적으로 유의 의미에 대한 해석은 시대에 따라 달라져왔다. 그럼에도 불구하고 사대부들은 유의 덕스러움virtuousness에 대한 공통된 가정을 공유하고 있었다. 특히 유는 중국의 고등 문화의 근원적인 상징으로 거듭 간주되었으므로, 유는 중국적 특성Chinese-ness의 지표指標가 된다. 요컨대, 유는 중국의 기본적인 문화적 상징일 뿐만 아니라 더 중요하게는 중국인의 정체성에 관한 연속성과 문명적 특질을 떠받치고 있다. 그것은 중국과 같은 다민족 국가에서 공통된 이상으로 작용한다.

공자 이전의 유: 유의 개념적 모호성

많은 학자들이 지적한 것과 같이, Confucianism이라는 용어는 18세기 후반 예수회가 '창안'한 것이다. 청 제국의 사대부 문화를 직역하거나 표상한다기보다는 새롭게 창안된 것인데, 중국어에는 'Confucianism'과 정확히 일치하는 문자적 또는 개념적 대응물이 없다.[4] 그 대신에 예수회가 'Confucianism'[역자 주: Confucius(공자)+ism(주의)]라는 용어로 나타내려고 했던 것은 유의 개념인데, 유

---

[4] Frederic Wakeman은 De Bary의 *The Trouble with Confucianism*에 대한 원탁 토론에서 다음과 말했다. "유교에 대한 곤경은 (⋯) 전근대 중국에서 이에 대한 이름이 없었다는 점이다." Wakeman (1994), 19. 예수회의 'Confucianism'의 용어 발명에 대해서는 Lionel M. Jensen의 *Manufacturing Confucianism*, 1997 참조.

의 의미에 대해선 나중에 논의하겠지만, 그 의미는 공자孔子 라는 역사적 인물보다도 선행하기 때문에 공자로부터 파생되지도 의존하지도 않는다. 그리스도교는 그리스도, 플라톤주의는 플라톤, 불교 Buddhism 는 붓다가 중심인 것과는 달리, 유교는 역사적 인물인 공자의 사유를 중심으로 한 단일하고 통일적인 교리가 아니다. 그렇지 않다면, 공자 이전의 유자의 삶에 대해 이야기하는 것은 무의미할 것이다. 'Confucius', 'Confucian', 'Confucianism'과 같이 대중화된 용어가 시사하는 복잡한 유의 용어는 사실 이해하기 어려운 개념이다. 예수회의 Confucianism이란 용어 발명은, 서양에서 쉽게 받아들여질 수 있도록 유 개념을 단순화하고 세속화하였다. 예수회의 Confucianism이란 용어가 내포하는 명료성과는 달리 선진 문헌에서 발견되는 유의 기원은 고대 '유'의 삶에 대한 다소 모호하고 모순적인 이야기를 말해주고 있다.

우선 『오경五經』가운데 『예기禮記』를 제외하고서는 유자는 언급되지 않고 있는데,[5] 학자들은 일반적으로 『예기』가 전한前漢 시기에 편수된 것으로 여긴다. 또한 『사서四書』가운데 중요한 두 권의 유교 경전인 『중용中庸』과 『대학大學』에서도 유는 보이지 않는다. 초기 경전에서 유가 거의 언급되지 않음은 유의 의미 및 유와 공자와의 연관성을 명백하게 이해할 수 없게 하고, 모호하고 신비스러운 그

---

[5] '유'는 또한 『주례周禮』에서 발견된다. 전통적인 관점에서, 『주례』는 주공에 의해 편찬된 것으로 간주된다. 그러나 일반적인 학자들은 『주례』는 아마도 기원전 4-2 세기에 편찬된 것으로 본다. William Boltz의 *Early Chinese Texts: A Bibliographical Guide* (1993)의 "Chou li", 24 – 32 참조. 또한 '유'는 『춘추좌전春秋左傳』에서도 발견되는데, 애공哀公 21년의 기록을 참조. 현대어 번역으로는 James Legge, *The Chun Tsew with the Tso Chuen* (1960) V, 853.

기원을 말해주는 것 같다. 이 용어가 가장 먼저 등장한 것은 『논어論語』에서 볼 수 있다. "너는 군자유君子儒 가 되지 소인유小人儒 가 되지 말라." 이 문장에서 공자는 다양한 유의 종류 혹은 유가 되는 다양한 방식을 언급하는 것 같다. 예수회가 창안한 Confucianism라는 용어가 암시한 것과 같이, 유가 만약 명백하게 공자의 가르침을 중심으로 한 학파였다면, 유가 공자나 그의 도덕철학과 직접적으로 동일시되지 않는 위의 구절은 독자로 하여금 다소 곤혹스럽게 한다. 그러나 더 중요하게는 '유' 내지는 '유교'라는 용어의 구성 요소로 관습적으로 이해되는 고유한 도덕적 함의가 존재하지 않는다는 점이다. 그렇다면 고대에 '유'가 된다는 것은 무엇을 의미하는가? 군자유와 소인유은 어떻게 구별되는가? 마지막으로 유는 누구이며 무엇을 했는가?

기원전 4세기에서 2세기에 편찬된 주周 나라 의례서인 『주례周禮』에 따르면, 유는 원래 사도司徒 라고 불리는 주나라의 관직을 가리키는 명칭이었다. 후한시기의 주석에 따르면, 사도의 임무는 일반 대중들에게 육예六藝 (역자 주: 예, 음악, 궁술, 말타기, 글쓰기와 셈을 의미함)를 지도하는 것이었다. 『주례』의 「천관天官」에 보면 "유는 도로 백성들의 마음을 얻는다[儒以道得民]."라고 되어 있다. 한대의 주석에 따르면 여기서의 도道 는 육예의 도로 해석될 수 있다. 『주례』「지관地官」에는 '사와 유와 함께하라[聯師儒].'라는 구절이 있는데, 여기에서 유는 사師(즉 스승, 교사)와 함께 언급되었다. 한대의 주석에서는 "사와 유는 향리에 거주하면서 도와 육예를 가르치는 자이다[師儒鄉里教以道藝者]."라고 되어 있다.[6] 유의 기원이 주나라 관직인 사도―민중의 스승―에서 비롯되었다는 이러한 전통적 설명은 역대(한대-청대) 왕조의 역사서로 모범적인 유를 기록한『유림전』들에서 공통적으로 견지하고 있다.[7] 그러나 한대의 주석을 보류한다면,『주례』의이 두 구절은 사실 유의 삶이 거의 드러나고 있지 않으며, 또한 '민간에 거주하는 변변찮은 보병인 사도로서의 유'와 '공자를 가장 저명한 대표적 인물로 하는 중국 고급문화의 상징인 유'의 연관성에 대해서는 거의 조명하지 않았다. 우리는 이렇게 물을 수 있을 것이다. 왜 유인가? 공자와 그의 추종자들은 자신들을 왜 유라고 부르는가? 그리고 유라는 용어는 정확히 무엇을 의미하는가?

각 학파의 중심적인 교의가 명확한 도가道家, 음양가陰陽家, 묵가墨家, 혹은 법가法家의 다른 학파와는 달리 유가儒家에서 유는 그 의미의 정체를 알기 어렵다. 유의 의미에 대한 불명확성은, Confucianism이라는 용어의 명료함과 중국 문화에서의 유교의 중요성과는 극명하게 대조된다. 그 어원적 뿌리에 대한 모험적 시도는 [오히려] 역설적으로 당면한 문제를 복잡하게 만들 뿐이다. 서기 2세기 초 허신許愼이 편찬한 최초의 종합적인 한자사전인『설문說文』에 의하면[8] 유는 다음과 같이 정의된다. "유는 부드러움[柔]을 뜻하며, 술사術士를 지칭한다."[9] 두 정의 가운데 뒷부분은 유가 무엇인지에 대한 우리의 전통적인 이해 방식과 부합하는 것으로 보이며, 또한 유를 민간에 거처하는 미천한 보병으로 민중에게 육예를 가르치는 교사로

---

6   『주례』의 이 구절과 그 해설에 대해서는 Hu Shi (1953), 2 – 3 참조.
7   『후한서後漢書』「예문지藝文志」;『구당서舊唐書』「유학儒學」;『청사고淸史稿』「유림전儒林傳」참조.
8   William Boltz의 Early Chinese Texts (1993)의 "Shou wen chieh tzu", 429 – 42.
9   Hu Shi의 "Shou Ru" (1953), 6에서 인용함. 또한 Lionel Jensen (1997), 295 참조.

묘사한『주례』의 기술과도 일치한다. 그러나 앞부분의 정의에서는, 유柔자가 유儒라는 용어와 어떻게 상관이 있는지에 대해선 분명하게 밝히고 있지 않다. 한대 태학太學의 관방학자인 허신이 해석한 유儒, ruo 와 유柔, ruo 의 상관성은 본질적으로 동음이의어同音異議語 이라는 점이며, 동음이의어에 착안한 이러한 관점은 후대 학자들이 유의 의미를 이해하는 기초가 되었다. 전통적인 설명에서 유儒 는 유柔 말고도 다음의 단어 군집과도 동음이의의 관계이다.: 弱(약한, ruo), 懦(소심한, 게으른, 어리석은, nuo), 濡(습한, 젖은, ru), 襦(저고리, 축축한, ru), 嬬(첩, 약한, xu), 그리고 孺(어린애, 젖먹이, ru).[10]

서양의 분석적 전통에 익숙한 현대의 독자들이 보기에, 이렇게 유의 정의를 동음이의어의 연관성에서 파악하려는 것은 합리적인 문자적 해석이라고 보기 어려우므로, 기이해보일 것이다. 유의 의미적 모호성에 대해선 라이어널 젠슨Lionel Jensen 의 탄탄한 연구물인『유교만들기Manufacturing Confucianism』에서 언급되고 있다. 유 개념 이해의 어려움에 대해서 젠슨은 다음과 같이 언급한다. "'유'의 의미론적 모호성에 대한 문제도 있다. 유에 대한 가장 오래된 정의는 실망스러울 정도로 동음론[雙關語]에 기반하고 있는데, [이것은] 말소리에 대한 언어유희인 것이지 우리가 유의 의미에 대해 파악할 수 있는 정의라 할 수 없다."[11] 다시 말해서 서구의 관점에서 볼 때, 유에 대해 동음적 정의를 취하는 전통적인 설명 방식은 곧 적실한 설명explanation 으로 이어지지 못한다. 젠슨이 계속 말하듯이『설문해자고림說文解字詁林』—후대에『설문』을 증보한—에서 유의 의미를 동음이의어를

---

10 Jensen (1997), 294 – 95, 300.
11 위의 책, 156.

통해 설명하는 전통적 방식은 "우리가 적실한 설명으로 받아들일 수 없다. 아리스토텔레스가 지적했듯이 동음은 문학적 유희의 한 형태이기 때문이다."라고 진술한다.[12] 유의 경우에 있어서 이러한 동음적 정의가 유의 의미를 명확하게 해주기보다 훨씬 모호하게 하는 것이 사실이다. 그러나 한자의 의미를 이해하는 데 있어 동음적 방법의 중요성이 문학적 유희의 한 형태로 그렇게 쉽게 간과되어서는 안 된다. 한자를 식별하는 데 있어 주어진 단어의 의미는 개별적인 단어의 문자 그대로의 정의에서 오기보다는 항상 단어 또는 구句의 군집에서 연관하여 유래한다. 동음론은 서양의 분석적 전통에서 판단하자면 자의적으로 보일 수 있겠지만, 중국 문인들의 관점에선 주어진 단어의 '이성적이고 자명한 해석'의 일부분을 구성했다.

일반적으로 알고 있는 '儒'와 '柔(약함)', '弱(부드러움)'의 연관성은, 유자의 일work의 성질에 대해 초점이 맞춰져있다. 즉, 그들은 학자 또는 문인이었으며 농부나 장인과 같은 여타 직업과 달리 육체노동에 종사하지 않는 계급이었다. 유에 대한 이러한 설명은 '유'가 사도—민중의 스승—라는 주나라의 관직의 이름이었다는 전통적 설명과도 일치한다. 더 혼란스러운 연관성은 懦(소심한, 어리석은), 濡(습한, 젖은), 嬬(첩), 그리고 孺(어린애, 젖먹이)와 같은 단어에 있다. 이들의 연관성은 '유'가 상당히 환영받지 못한 측면과 그들의 낮은 신분적 지위를 시사하는 것 같다. 단지 이성적인 설명에 대한 우리의 이해와 거스른다는 이유만으로 바로 동음이의적 전통을 완전히 거부하기보다는, 아마도 그 퍼즐을 해결하는 더욱더 유용한 방법은

---

12 위의 책, 170.

그러한 연관성을 고대 '유'의 삶에 대한 단서로 삼는 것이다. 한 가지 분명한 점은 유의 동음이의적 연상은 확실히 현대 독자들이 상상했던 것보다 유의 삶에 대한 보다 복잡한 그림을 제시한다는 것이다.

유가와 유가가 아닌 학파의 선진 시기 문헌을 조사한 결과, 공자 이전의 시기에는 다양한 종류의 유가 존재했고 유의 범주는 공자 내지 공자학설과 일치하지 않았다. 더욱이 '유'라는 용어는 유儒와 비유非儒 등의 다층적 의미를 내포하며, 일부는 호의적으로, 일부는 경멸적으로 일부는 신비스럽게 묘사된다. 공자가 말한 '군자유'와 '소인유'는 공자 및 공자 이전의 시대의 '유'가 되는 다양한 방식을 보여준다. 『논어』에서 소인小人과 군자君子는 종종 반의어로서 개념쌍을 이루는데, 소인이 도덕적 결함을 암시한다면 군자는 각 방면의 도덕적 성취가 정점에 이르렀음을 암시한다. 그렇다면 소인은 학자라는 신분에도 불구하고 도덕적으로 결점이 있는 사람임을 유추할 수 있다.

흥미롭게도 이렇게 평판이 좋지 않은 '유'의 행동은 선진 시기의 '유'의 가장 큰 경쟁자였던 묵가의 경전인 『묵자墨子』에서 찾아볼 수 있다.[13] 『묵자』의 묘사에서, 유는 장례에 특화된 숙련자들로 의례에

---

13 유가와 묵가의 경쟁 관계에 대해선 『장자』「제물론齊物論」에 명확하게 기록되어 있다. "도는 [본래 상대적인 진실과 허위 따위를 초월한 것인데] 어디에 가려진 채 진실과 허위가 나올까? 말은 [본래 소박한 것인데] 어디에 가려진 채 시비가 나올까. 참된 도는 어디에나 다 있고, 소박한 말은 어디에서나 받아들여진다. [그런데] 그 도는 [인위적인] 잔재주에 가려지고, 말은 화려한 수식 속에 파묻힌다. 그러므로 유가와 묵가의 시비가 벌어져서 상대가 나쁘다는 것을 좋다고 하고, 상대가 좋다는 것을 나쁘다고 한다(본 인용문은 안동림 역(2013), 『장자』, 현암사, 57-58에서 인용함)." 또한 「천운天運」에서는 사람들의 마음이 일탈되었으며 세상이 편안치 않음을 말한다. "그리하여 천하에는 대소동이 벌어져서 유가나 묵가 [같은 제자백가]가 모두 생겨났다(본 인용문은 같은 책, 390에서 인용함)." 『한비자』「현학顯學」

대한 전문적 지식으로 생필품과 교환하였으나, 게으르고 비생산적이지만 오만하고 허세를 부리는 학자들의 집단이었다. '유'는 무엇보다도 장례와 삼년상에 대한 지나친 강조, 친족 위계를 유지하는 데 있어서의 위선과 언행불일치, 그리고 비생산적인 생활 방식으로 비판을 받았다. 『묵자』「비유」편에서는 "또한 그들은 예의와 음악을 번거롭게 꾸미어 사람들을 어지럽히고, 오랫동안 상을 입고 거짓 슬퍼함으로써 부모님을 속인다. 운명에 입각하여 가난에 빠져 있으면서도 고상한 체 버티고 있으며, 근본을 어기고 할 일은 버리고서 태만하게 편안히 지내며, 먹고 마시기를 탐하면서 일을 하는 것은 게으르다. 그래서 굶주림과 헐벗음에 빠져 얼어 죽거나 굶어 죽을 위험에 놓여 있으면서도 이를 벗어나는 수가 없다. (……) 군자들이 이것을 비웃으면 성을 내면서 말하기를 '형편없는 자들이 어찌 훌륭한 유[良儒]를 알겠는가?'고 한다."[14] 이 인용문에서 알 수 있듯, 사회적으로 공유되는 모범적 이상으로서의 군자는 묵자가 그토록 경멸한 유와 분명 다르다. 유교 문헌에서 '유'가 장례 의식을 생계로 삼았다는 직접적인 언급은 없지만, '유'의 전통에서 장례 및 상례 의식의 중요성은 명백하다. 돌아가신 부모와 조상을 기리기 위해 행해지는 장례 및 상례는 가장 중요한 의례이다. 한나라의 의례서인 『예기』의 상당한 분량이 장례, 상례, 그리고 제례에 대한 논의에 할애되어 있

에서는 세상의 주류 학문이 유가와 묵가라고 말한다. 『맹자』에선 묵가, 유가, 양주가 주요한 3학파로 간주된다(7B/26). James Legge, *The Works of Mencius*, (1960) II, 491를 참조. 『장자』 번역은 Victor H. Mair, *Wandering on the Way: Early Taoist Tales and Parables of Chuang Tzu*, (1998), 15, 141 참조.

14 번역은 Yi-Pao Mei, *The Ethical and Political Works of Motse*, (1929), 202 참조. 본 번역은 김학주(2003)의 『묵자墨子 上』, 명문당, 434에서 인용함.

다.[15] 『논어』에서 공자가 효孝의 실천에 있어 삼년상이 필수적이라고 말한 것은 잘 알려진 예이다(17.21 참조).

물론 '유'에 대한 묵자의 부정적인 묘사는 과장되어 있다. 그럼에도 불구하고 위의 인용문에서 두 가지 점을 잠정적으로 추론할 수 있다. 첫째, 고대의 '유'는 무엇보다도 장례와 제례의 전문가였다. 둘째, 그들은 생필품의 생산에 직접적으로 관여하지 않았다. 묵자가 '유'의 비도덕적인 행동에 대해 "여름에는 보리나 벼를 동냥하다가 모든 곡식이 다 거둬들여지면 큰 장사집만을 쫓아다니는데 자식과 식구들도 모두 거느리고 가서 음식을 실컷 먹는다. 몇 집 초상만 치르고 나면 충분히 살아갈 수 있게 된다."라고 하고, 또 "부잣집에 초상이 나면 곧 크게 기뻐하면서 말하길 '이것이야말로 입고 먹는 단서'이다."라고 한다.[16] 만약 묵자의 묘사를 신뢰할 수 있다면, 고대 '유'는 장례 의식에서 현대의 사제와 같은 역할을 한다고 말할 수 있다. 그러나 메이이파오梅貽寶,Mei Yi-Pao가 지적한 바와 같이, 기독교나 불교 등 다른 제도화된 종교와 달리 중국의 토착종교에는 뚜렷한 사제직이 없다.[17] 사제나 고대 무당과 같은 역할을 한 '유'의 비도덕적 행위에 대한 묵자의 언급은 일반적으로 유가에 대한 묵가의 비방전으로 일축되지만[18], 그럼에도 불구하고 '유'가 무당과 같이 장례에 대한 전문성을 갖추고 있다는 점은 '유'의 종교적 기원을 암시한다.

---

15 특히 『예기』「단궁檀弓」上·下를 참조. James Legge, *Li Chi: Book of Rites,* (1967) I, 120–201와 비교할 것.

16 Yi-Pao Mei (1929), 202–203. 본 번역은 김학주(2003)의 『묵자墨子 上』, 명문당, 434에서 인용함.

17 위의 책, 203n1.

18 위의 쪽.

본래 '유'를 고대 의례에 전문적인 무당—상商 왕조 시기에 천문학과 우주론에 대한 전문적 지식을 가진 귀족집단의 후예—으로 보는 논지는 청말 학자 장병린章炳麟에 의해 널리 알려졌으며, 이후에 후쓰胡適(민국초기 5·4운동의 걸출한 학자)에 의해 확장되었다. 장병린의『원유原儒』는 의미론적 변화의 측면에서 '유'의 의미에 관해 고찰한 최초의 체계적 연구라 할 수 있다. 여기에서는 '수需'와 '儒'는 고대에 동일한 글자라고 하며, 그러므로『需』는『儒』의 초기 의미에 대한 형상적 내원이라고 볼 수 있다.[19] '需'는『역경易經』의 괘 중 하나이다.『역경』에서 다섯 번째 괘인 '需(기다림)'는 몇몇 판본에서 '濡(젖은, 축축한)'로 기록되어 있다. '儒'와 '濡'가 전통적으로 병치되어져 왔던 데는 '합리적인' 이유가 있다. 고대의 글자에서 需, 濡, 儒는 모두 호환 가능하다.『역경』의 설명에 따르면, 수需(☵)괘는 하괘가 건乾(하늘, ☰)이고 상괘가 감坎(비, ☵)이므로 하늘 위의 비구름을 뜻한다. 따라서 수需는 비가 내리는 것을 기다림을 함의한다.『묵자』,『장자』 및『예기』에서 언급한 것처럼, '유'와 밀접하게 관련된 '유복濡服'이라는 특정한 의례용 복장 때문에,[20] 장병린은 고대 '유'가 본래 천문학과 우주론에 대한 전문 지식을 갖춘 고귀한 무당일족의 후손이며, 보다 구체적으로는 상 왕실에서 기우제를 행하던 무당이라고 주장하게 되었다.[21]

'유'의 신비한 기원은 한漢대 문헌인『논형論衡』에서 더욱 입증되

---

19 Jensen (1997), 194-95.
20 유복에 대해서는『묵자』「공맹公孟」;『장자』「설검說劍」 및 「전자방田子方」;『예기』「유행儒行」 참조.
21 Jensen (1997), 197.

는데, 이 책의 「유서儒書」편에는 철학적 논설이 아니라 고대 성왕聖王의 탄생이나 전설에 대한 신비스럽고 흥미로운 설명이 담겨져 있다.[22] 고대 '유'의 종교적 의미는 명백하다. 또한 전통적으로 일컬어지는 것처럼 모친이 신비스런 꿈을 꾸고 잉태한 공자에 대한 전설적인 이야기는 '유'의 신비함을 더한다. '유'가 嬬(첩)나 孺(어린애, 젖먹이)와 같은 단어와 갖는 의미론적 연관성은, 군사적으로 우월한 주의 정복자보다도 훨씬 더 정교했던 의례 전통을 가지고 있었던 상왕조의 몰락한 귀족 혈통인 '유'를 암시하는 것으로 해석될 수 있다. 중국학자 피터 부드버그Peter Boodberg가 설명했듯이, '유'와 嬬(첩) 및 孺(어린애, 젖먹이)와의 동음적 관계는 다음과 같다. 孺('아이'에 의미가 한정됨)는 중국 고대 사료에서 언급되었는데, 이는 주대의 궁중 용어로 본처가 아닌 첩에게서 태어난 후사後嗣에 대한 명칭을 내포한다.[23] 다시 말해서, '유'는 첩의 자식이지만 그럼에도 불구하고 고귀한 혈통이라 할 수 있다. 지금까지 설명한 '유'는 의례에 관한 기술을 가진 귀족의 후손이었다. 고대의 '유'에 관한 이러한 묘사는 결코 간단하지 않다.

장병린이 '유'를 무당과 같다고 한 것과 이후 후쓰가 『설유說儒』에서 '유'를 서양 전도사와 비교한 것은, 고대 '유'의 직업이 의례를 행하는 무당이라는 점을 나타내는 명백한 선진 문헌의 전거를 제시하지 않았으므로 그 점에서는 분명 창의적이라 할 만하다. 그럼에도 불구하고 천문학, 우주론, 국가 사무, 그리고 고대 경전 등의 다양한

---

22 특히 『논형論衡』 「시응是應」 참조. 또한 Jensen (1997), 192-93 참조.
23 Peter Boodberg, "The Semasiology of Some Primary Confucian Concepts" (1953), 329.

지식을 갖춘 학식 있는 '유'의 명성은 『장자莊子』와 같은 비非 유가 문헌에도 여실히 드러난다. 『장자』「전자방田子方」에서는 "제가 들은 바에 의하면 유자가 둥근 갓을 쓰고 있는 것은 천문天文을 앎을, 네 모난 신을 신고 있는 것은 지리地理를 앎을, 오색실로 꿰어 결玦이란 구슬을 허리에 차고 있는 것은 일을 맞아 결단성이 있음을 뜻한다 합니다."라고 하였다. 장자는 노魯 나라(상나라 유민이 가득하고 '유'가 거주한다고 알려진 국가)의 애공哀公과 내기를 한다. 애공에게 유복을 입으면서도 여러 지식을 겸비한 참된 유자를 찾게 한다. 그래서 애공은 "도를 알지도 못하는데 유복을 입는 자는 사형에 처한다."고 명령을 내렸는데 "애공이 포고를 하여 닷새가 지나니까 노나라에는 감히 유복을 입으려는 자가 없어졌다. [그런데] 단 한 사람이 있었고 (……) 애공은 곧 불러들여 나랏일을 물었더니 [그의 답변은] 변화무쌍하여 막히는 데가 없었다." 이밖에도 「천하天下」편에서 장자는 "『시詩』·『서書』·『악樂』에 있어서는 추로鄒魯의 선비들[儒生]이 충분히 밝히고 있다."[24]라고 말한다. '유'가 자연 뿐만 아니라 종교, 경전 영역에까지 폭넓은 지식을 가지고 있었다는 것은, 고대 '유'의 귀족적 혈통을 시사한다.

이야기에 따르면 상나라가 멸망하게 되자 학식이 있고 의례 기술을 가진 귀족 집단인 '유'는 흩어져 민간에서 기거하게 되었고, 다음의 주 왕조에서 상나라의 의례적 전통을 전달하는 예지적 사명을 수행하게 되었다. 장병린의 『원유』에 근거한 후쓰의 『설유』에서는 서구의 선교사와 마찬가지로 살아남은 '유'의 의무가 고대 상나라의

---

[24] Mair (1998), 203 – 204, 335 참조. 본 번역은 안동림 역(2013)의 『장자』, 현암사, 519-520; 779에서 인용함.

장·상례를 수행할 뿐만 아니라 과거 성왕聖王의 신성한 도를 전수하는 것이라고 하였다. 상나라 의례전통의 계승자로서 '유'가 지니고 있는 여러 역할이 있는데, 호적은 '유'를 세 가지 범주로 나누었다. 첫째는 유개념[達名]의 '유'로, 장·상례를 포함한 총체적인 기능을 갖춘 학식 있는 사람을 의미한다. 둘째는 종개념[類名]의 '유'로, 육예에 능통하여 대중을 가르치는 주나라 관직 사도를 담당하던 자이다. 마지막으로 고유명사[私名]의 '유'로, 공자를 포함한 고대 성왕들의 도—이는 경전에 담겨있다—를 전수하는 것을 목적으로 사私적 교습을 행하는 자이다.[25]

고대 시기 '유' 존재의 다층성을 감안할 때, 공자가 문학으로 알려진 그의 제자 자하子夏에게 '소인유'—비록 학식이 있지만 도덕적으로 결점이 있는 '유'—가 되지 말라고 언급한 것은 놀라운 일이 아니다. '유'와 비열한 행위로 치욕을 자초하는 '소인유'는, 경쟁 학파의 『묵자』 등의 비유가 문헌에만 언급되지 않는다. 흥미롭게도 『순자荀子』의 유가문헌에서 '유'는 '게으른, 약한, 소심한, 그리고 무식한'을 의미하는 '儒'와 호환된다.[26] 『순자』의 '유'는 『논어』와 마찬가지로 대유大儒와 소유小儒로 나뉜다. 소유 말고도 속유(俗儒, 세련되지 않은 유), 산유(散儒, 쓸모없는 유), 누유(陋儒, 융통성이 없는 유) 그리고 천유(賤儒, 야비한 유) 등의 각양각색의 유가 있다. 순자는 속유가 무엇인지를 논하면서, '유'의 비도덕적 행위에 대해 『묵자』와 비슷하게 설명을 했다. 자만할 뿐만 아니라 생활필수품을 다른 사람에게

---

25 Hu Shi (1953), 2 – 3. 호적의 『설유』에 대한 심도 있는 논의는 Jensen (1997), 3장을 특히 참조.
26 『순자』「수신修身」; 「비이십자非二十子」; 「예론禮論」 참조.

의존하는 속유에 대한 순자의 설명은, 유의 행위에 대한 묵자의 설명과 공명한다. 다만 순자가 보기에 그 속유의 가증스러운 언설을 묵자도 하고 있을 뿐이다![27]

공자 시대에 비도덕적인 '유'는 흔한 웃음거리가 되었고, 이는『예기』에도 언급되어 있다.『예기』「유행儒行」에 따르면, 공자는 "[진정한 유가 아닌] 지금의 대중들은 스스로를 '유'라고 칭하니 [이는] 망령된 짓이며, 항상 '유'라는 말로 서로를 업신여기고 욕보이고 있다." 라고 말한다. 노나라 애공이 공자가 '유'의 올바른 행실에 대한 설명을 듣고 그의 진실함을 보고난 뒤에 다음과 같이 약속한다. "내 일생토록 감히 '유'를 희롱거리로 삼지 않으리라."[28] 위의 구절에서 추론해 볼 때, 공자의 시대에 의례 복식으로 식별할 수 있는 학자를 의미하는 '유'는 확실히 광범위한 문인을 포괄했다고 말할 수 있다. 일부는 '유'의 칭호에 부합하므로 존경받을 만하고, 일부는 오직 이름만 '유'이기에 모욕을 받는다. 허세를 부리는 소인유는 결국 儒와 懦(어리석은, 약한, 게으른 그리고 무식한)의 동음적 연관성을 설명해준다.

그렇다면 진정한 '유'는 누구인가?『예기』의 공자에 따르자면, "'유'는 충심과 신의를 지켜 이를 갑옷과 투구로 삼고, 예와 의를 따라서 이를 방패로 삼으며, 인을 얹어 행동하고 의를 품어 처신한다. 비록 폭정이 가해지더라도 지키는 것을 바꾸지 않는다. (⋯⋯) 그러므로 '유'라 한다."[29] 이 구절에서 '유'는 고귀한 혈통에 의해 결정되

---

27 Homer H. Dubs, *The works of Hsuntze* (1966), 110–11 참조. 본 번역은 안동림 (2013)의『장자』, 현암사, 519-520; 779에서 인용함.

28 Legge (1967) II, 409–10. 본 번역은 정병섭(2017)의『禮記集說大全·儒行』, 학고방, 601에서 인용함.

29 Legge, 위의 책, 405; 409. 이 인용문은 또한『공자가어孔子家語』「유행해儒行解」

는 특정 부류의 사람들 대신에 세상의 여러 도덕적 자질을 구유하고 유덕한 존재 양식을 실천하는 사람을 의미한다. 순자는 공자가 '유'를 도덕적 완성의 정점으로 이해한 점을 더욱 정교화했다. 대유는 가장 높은 수준의 완성을 이룬 유이며, 이는 "선왕을 본받아 예의를 하나로 통괄하여 제도를 정하고 천박하고 비근한 것[지식]을 가지고 넓게 알며 옛것으로 오늘을 알고 하나를 미루어 만사를 안다. 적어도 인의와 같은 유類에 대해서는 비록 새나 짐승들 속에 있을지라도 흑백 가리듯이 분명히 구별하고 일찍이 듣지 못하고 일찍이 보지 못하던 기이한 일이나 괴변이 갑자기 어느 한쪽에 일어난다면 이에 체계적으로 대응하여 주저함이 없으며 법을 펼쳐서 이를 헤아려 본다면 꼭 들어맞기가 부디 부절符節 합치듯 하니 이가 바로 대유란 자이다."[30]

요컨대, 성왕의 도덕적 유업에 대한 존숭과 인, 의義, 예禮의 덕을 중시하는 것은 틀림없이 대유를 이루는 것들이다. 후쓰의 '유'에 대한 세 가지 의미를 반영하여 잠정적으로 결론을 내릴 수 있다. 먼저 '유'는 총칭으로 기술을 가진 모든 학식 있는 사람에게 일반적으로 부여되는 보통명사로 기능한다. 둘째, 계급이나 직업으로서의 유는 그들의 장·상례 의식과 육예에 대한 전문성을 의미한다. 그리고 마지막으로 고유명사 혹은 사상적 학파로서 '유'는, 공자를 가장 걸출한 대표자로 하며 고대 성왕과 경전 더욱 중요하게는 자신의 도덕적

에서도 언급된다. 본 번역은 정병섭(2017)의 『禮記集說大全·儒行』, 학고방, 291에서 인용함.

[30] Dubs (1966), 111 – 12. 본 번역은 이운구(2018)의 『순자 1』, 한길사, 193에서 인용함.

완성과 이 세계의 유덕한 행위에 대한 불굴의 존숭을 의미한다. 비록 '유'의 기원이 모호하고 신비스러웠지만, 공자 시대에 이르러서는 이미 명확하게 도덕적 범주를 취하게 되었고 '유'는 옛것[성현의 말씀]을 오늘의 거울로 삼는 것을 자신의 원칙으로 삼았다. 뒤에서 살펴보겠지만, 이민족의 침략 때에 '유'는 [여전히] 문학과 의례를 포함한 전통을 존숭해왔기에 결국 중국 고등 문화의 궁극적 수호자가 되었다. 그리하여 '유'는 '중국적 특성'과 동의어인 것이다.

유, 국가와의 관계, 중국적 특성

고대의 '유'가 도덕적 차원의 유―도덕과 문장을 겸비한 사람―로 규정된 것은 공자의 굉장한 공헌 때문이다. 그러나 공자가 죽은 후에도 '유'의 적확한 의미는 여전히 확정되지 않았다. '유' 의미의 다양성은 선진 문헌인 『한비자韓非子』「현학顯學」편에 반영되어 있는데, "공자가 죽은 뒤로부터 자장子張의 '유'가 있고, 자사子思의 '유'가 있고, 안씨顏氏의 '유'가 있고, 맹씨孟氏의 '유'가 있고 (……) '유'가 갈라져 여덟 파가 되었다." 그럼에도 불구하고 진대까지 계속해서 '유'는 고대에 관한 지식, 특히 고대 제사와 예배의식의 의미와 정확성으로 이름이 알려졌고 또 중요하게 취급되었다. 진시황秦始皇은 그의 반유反儒 정책과 태도에도 불구하고, 기원전 219년 태산泰山에서 황제에게만 주어지는 특권인 봉선封禪 행사를 준비할 때 70명의 '유'와 상의했다고 전해진다.[31] 기원전 213년, 진시황의 악명 높은 '분서

---

31 『한비자』 번역은 이운구(2002)의 『한비자 II』, 한길사, 912에서 인용함. 『사기史記』, 권6; A. C. Graham'의 *Disputers of the Tao: Philosophical Argument* (1989), 32에서 인용함.

焚書'는 현재의 진나라 역사서를 제외하고 모든 역사 기록을 불태웠고, 『시경 詩經』, 『서경書經』과 제자백가諸子百家의 문헌들을 개인적으로 소유하는 것을 금지했다. 또한 과거의 일을 들먹여 현재를 비판하는 자들에겐 가혹한 형벌을 내렸다. 이듬해에는 약 460명의 학자들이 산 채로 매장되었다.[32] 그들의 고대에 대한 찬미적 태도는 '유'와 밀접한 것으로 여겨졌으므로, 진나라에서 기소된 그들은 유생이라고 불렸다.

흥미롭게도 엄격한 법가적 경향이 있던 진 황실을 위해 근무하는 70명의 '유'는 고전을 사적으로 소장하는 것을 금지하는 명령으로부터 면제되었다. 중국 역사에서 '유'에 대해 가장 적대적이었던 황실인 진대에서도, '유'는 고대에 관한 지식이 풍부하여 여전히 국가에 없어서는 안 되는 존재로 여겨졌다고 말할 수 있다. 앵거스 그레이엄A.C.Graham이 말하듯 '유'의 강점은 고대의 문화를 보존하는 자로서 그들이 중국 문명의 수호자로 여겨졌다는 것이고, 따라서 '유'는 개인이 중국적 문화 정체성을 통합하는 데 중요한 핵심 요소가 되었다.[33]

진나라에 의해 고대 전적典籍이 파기된 이후에, 후대의 한 왕조는 [훼멸된] 문화 자원을 복구하는 중요한 작업을 개시했고, 고대를 경애하던 '유'는 자연스레 다른 학파를 뛰어넘게 되었다. 중국 고유의 정체성에서 국호를 따온 왕조인 한 왕조는 '유'와 국가 간의 복잡한 관계의 서막을 예지한다. 기원전 2세기경 한나라 황실의 후원으로 유학자들이 고대 경전의 수집, 편찬, 해석을 전담하는 학교인 태학

---

32 『사기』, 권6. Graham의 위의 책, 32 – 33 참조.
33 Graham의 위의 책, 33 참조.

太學이 설립되었다. 또 과거시험이 제도화되었는데, 과거제도에서는 관료의 자질을 고전에 대한 학식에 근거해 평정하였다. 결과적으로 '유'는 관방의 정통 학설이 되었다. 그러나 전한에서 청말淸末에 이르기까지 '유'와 국가는 밀접하였지만, 그럼에도 '유'는 국가 권력과 동일하지도 않으며 또 국가 권력에 의존하지도 않았다. 심지어 유학의 전성기였던 송나라(960-1279) 때에도, 국가 정책을 결정하는 데 실질적인 권한은 황실의 세습 가문의 수중에 있었지 유학자에게 있지 않았다. '유'는 한창때에는 도덕적 고문顧問과 국가의 양심 역할을 했고, 최악의 때엔 국가 관료제의 노복奴僕으로 취급되었다. 국가 내에서의 '유'의 실질적 정치권력을 자세히 살펴보면, 국가 정치에서 우세하면서도 동시에 제한적인 위치에 있는 '유'의 역설적 지위를 분명히 볼 수 있다. 그럼에도 불구하고, 전한 시대에 과거시험이 제도화되고 태학이 설립됨에 따라, '유'의 지위는 좋든 나쁘든 국가와 복잡하게 얽혀 있었다. 전한 시대 초기에 동중서董仲舒의 조언에 따라, 조정은 유학을 정통 학설로 채택하였으며 태학에서 유학 이외의 타 학설은 배제되었다. 당시에 유학의 범주는 대체적으로 불명확했으며, 유학자는 실제 정치권력과 직접적으로 결부되진 못했다. 한나라에서 관료로 진출하는 길은 보다 전통적인 방식—황실이나 귀족과의 직접적인 인연이 있는 경우—을 제외하고선 대체적으로 고위 관료의 추천에 의존했다. 추천을 받으면 태학에 입학하여 경전을 학습하게 되었다. 당시의 과거시험은 채용의 수단이라기보다는 추천된 후보자들의 순위를 매기고 분류하는 장치였다.[34] 이 방법을 통

---

34 E. A. Kracke Jr. *Chinese Thought and Institutions,* "Region, Family and Individual in the Chinese Examination System", (1957), 253 참조.

해 선발된 학자들은 극소수에 불과했으며, 그들의 임무는 주로 '학문적'이었다. 즉, 고대 경전을 편찬하고 해석하며, 또 정사正史를 기록하는 일을 주로 담당했다. 한나라 조정이 후원하는 그 특권적 위치에도 불구하고, 국가 정치에 대한 '유'의 영향력은 미미했다. 사실 유학을 정통 학설로 공인한 한무제漢武帝는 거만한 '유'를 참지 못했으며, 때때로 '유'의 가르침인 덕치德治를 벗어나곤 했다. 한무제의 정책은 법가에 의존한 진시황제와 더 흡사하다고 평가된다.[35]

과거시험이 대규모의 인재 채용 장치로 처음 활용된 것은 당唐대 측천무후則天武后(최초이자 유일한 여성 황제) 통치의 655년에 이르러서였다. 665년 이전의 당대 초기에는 한 해에 선발된 사람이 25명을 넘지 않았으며, 에드워드 크라케E. A. Kracke가 추산한 과거시험의 연간 합격자 수는 9명 미만이다.[36] 측천무후의 치세 하에서 과거시험의 합격자 수는 44명이었고, 이 수치는 어떠한 황실의 연고도 없이 정치에 참여하는 사대부의 의미심장한 증가를 시사한다. 또한 당나라 때 유교는 두 가지의 주요한 발전이 있었다. 첫째는, 유교 경전에 근거한 과거제도가 이젠 국가 관료의 내부적인 서열 측정 도구가 아니라 대규모 인재 채용의 도구로 사용되었다. 둘째, 공자는 '지극한 성인이시며 최고最古의 스승[至聖先師]'으로 존칭되었고, 모든 국가의 관리와 황제는 국가가 건립한 공묘孔廟에서 공자를 기리는 연례적인 제사에 참여해야 했다. 이러한 중요한 발전에도 불구하고, 7세기부터 10세기 초반까지의 당나라 시기에 '유'의 영향력은 미미했음에

---

35 Homer H. Dubs, *The History of the Former Han Dynasty by Pan Ku* (1944) II, 348 참조.
36 Kracke (1957), 253.

주목할 필요가 있다. 한나라(기원전 202-기원후 220) 이후에 단명했던 여러 왕조와 마찬가지로 당나라 시기(618-906)에도 황실은 불교와 도교의 영향을 받았다. 게다가 많은 당나라 황제들이 외래 유목문화의 음악과 의복을 좋아했다고 전해진다.[37] 당나라의 공식 역사 기록에서 당시 유학의 쇠퇴에 대해 다음과 같이 기록하고 있다. "오늘날 문학을 중시하고 유학을 가벼이 하고 혹 [나라를 다스릴 때] 법률에 의존하니, 유도儒道는 이미 없어지니 순박한 풍속이 크게 쇠하였구나."[38] 실제 정치권력의 측면에서 11세기 과거제도 개혁 이전의 국가 정책에 대한 '유'의 영향력은 순전히 학문적인 영역에 국한되었으며 미미하였다. '유'는 비록 국가 정치에서 주변부에 머물렀지만, 역사·문학의 표상 측면에선 유학이 덕치라는 문명적 이상과의 관련성이 전혀 의심받지 않았으므로, 왕조 역사의 전통에서 '유'는 독특한 위치를 점유했다. '유'는 고대에 대해 정통했으므로 중국 고급문화의 수호자로 간주되었다. 분명 왕조의 역사를 편찬한 사람들은 조정의 '유'들이었다. 비록 유가 실제 국가 정치에서 주변부의 역할을 맡았지만, 그럼에도 불구하고 황실은 유학이 영속적 대표성 — 역사 전반에 걸쳐 문명 질서의 상징이라는 — 을 갖는다는 점을 인정하였다.

　송대(960-1279)에 유학은 한대 이후로 처음으로 부흥했다. 송나라의 유학 부흥은 고전의 학습을 중시했던 한나라의 유학자와는 크게 달랐다. 이정二程(정호와 정이) 형제와 주희朱熹에게서 대중화된 송대 도학道學과 리학理學 — 서구에서는 신유학이라 일컫는 — 은 『사서』

37　Niu Zhipin (1995), 131−44, 138−39 참조.
38　『구당서舊唐書』, 권139, 「유학상儒學上」.

를 강조했다. 『논어』, 『맹자』, 『대학』, 『중용』 ─ 뒤의 두 책은 본래 『예기』의 장章이었다. ─으로 구성된 유가의 『사서』는 주희가 편정한 것이다. 주희가 『오경』 대신에 『사서』를 강조한 것은 한대 유학과는 다른 점이다. 각 왕조 역사서의 일부인 『유림전』을 살펴보았을 때, 한나라에서 당나라에 이르기 까지 '유'의 지위는 『오경』에 대해 정통한지에 따라 정의되었다. 한대의 태학박사博士는 『오경』 가운데 최소 한 분야 이상의 전문적 지식을 바탕으로 선발되었고, 6세기 말과 7세기 초의 짧은 왕조였던 수隋대에서는 경전을 상세히 해석하는 유림랑儒林郞이라는 관직이 처음으로 설치되었다. 이후 원나라 (1279-1368), 명나라(1368-1644), 그리고 청나라(1644-1911)에서도 고전을 전문으로 하는 '유'의 관직이 설치되었다. 즉 역대 왕조들은 '유'와 경전 학습을 불가분의 관계라고 인식해왔다. 그러나 송대에 이르러 『오경』 대신에 『사서』 학습으로 강조점이 전환되었는데, 이는 유학이 단순히 고전학이 아니라 공자의 '유' ─ 진정한 유가적 도의 전승[道統]이 상세히 묘사되는 ─ 로 협소하게 정의된 것이다.[39] 사실 한나라부터 청나라까지의 모든 왕조 역사서에는 모범적인 '유'에 대한 전기傳記가 모두 같은 섹션(역자 주: 儒林傳·儒學傳)으로 편제되어 있다. 『송사宋史』에서만 '유'는 도학과 유림儒林의 두 부분으로 분류되었는데, 이 송대의 도학은 유학의 나머지 부분과 다른 별개의 범주로 간주된다.[40]

---

39 도통道統에 대한 송유들의 묘사에 관해선, Thomas A. Wilson, *Genealogy of the Way: the Construction and Uses of the Confucian Tradition in Late Imperial China* (1995) 참조. 특히 부록 A and B.

40 『송사』 또는 Peter K. Bol, "Seeking Common Ground: Han Literati under Jurchen Rule" (1987), 468 참조.

정통 유학[道統]에 대한 송나라 유학자들의 서술은 당시에 부상하는 도교와 불교 세력에 대한 반발로서 참된 도에 대한 관심을 반영한 것이다. 흥미롭게도 송유宋儒 의 도학과 리학은, 학자들이 일반적으로 동의하는 것처럼, 실제 유·불·도가 융합된 것이다. 송유들이 우주론, 사물 내부의 보편적 운영 원리[理], 태극太極, 천天·지地·인人 의 합일에 대해 지대한 관심을 기울였기 때문이다.[41] 사실 주돈이 (周惇頤, 이정의 스승, 역자 주: 본래 敦이 아니라 惇임), 장재張載 그리고 주희는 유년 시절에 불교를 학습한 적이 있다.[42] 그러나 송유의 언설에 따르면 도교는 사술邪術 을 가르치며, 불교는 가족의 연을 끊기에 그 둘 모두는 이단異端 이다. 송유의 도학에선 '유'의 가르침이 아닌 것을 이단으로 보았을 뿐더러, 한대 유학이나 당대 유학의 초기 유학을 송나라 유학의 계보[道統]에서 제외시켰다. 송유의 해설에 따르면, 고대 성왕의 도가 구비된 정통의 유학은 공자와 그의 저명한 제자들로부터(순자는 [여기에] 포함되지 않으며, 순자의 두 제자는 법가학설의 대표자로 여겨진다. 역자 주: 두 제자는 한비자와 이사를 일컫는다.) 송유의 도학으로 바로 전해진 것으로 간주된다.

송유의 협의狹義 라 할 수 있는 도학은 14세기에서 20세기 초까지 유학에서 주도적 위치를 점했다. 그러나 역사에서 주도적 지위를 가진 도학의 발단은 상당히 쟁론爭論 적이었다. 1180년대에 주희와 동시기인인 두 명은 주희의 도학을 위선이라고 공격했다. 1196년, 도

---

41 송유와 불교 계보 간의 관계에 대해서는 Thomas A. Wilson (1995), 114 참조. 송대 도학과 도교의 관계에 대해서는 Wing-tsit Chan, *A Source Book in Chinese Philosophy* (1963), 460 참조.

42 Wing-tsit Chan (1963), 462, 496; 그리고 그의 *Chu Hsi and Neo-Confucianism* (1986), 595.

학은 더 나아가 '거짓된 학문[僞學]'이라고 규정되었으며, 주희는 10 가지의 죄목으로 탄핵 당했다. 1199년에는 주희의 관직과 특권이 박탈당했으며 서민庶民으로 그의 지위가 낮춰졌다. 그가 죽은 지 9 년 후인 1209년에 이르러서야 주희는 문文이라는 시호를 받았고, 1313년의 원나라 때에 주희의 『사서』와 『오경』에 대한 해설은 칙령에 의해 유학의 공식적 해석이 되어 과거시험의 표준이 되었다.[43] 그러나 모든 '유'들이 송의 도학으로 유학을 협소하게 정의하는 데 대해 찬동한 것은 아니었다. 1255년까지 송의 도학은 성인의 도에 대한 배타적인 지식을 주장한다는 점과 불교와 도교를 통합하여 유학을 바꾸었다는 점에서 동시대의 '유'로부터 비판받았다.[44] 요컨대 주희의 도학(또는 이른바 '신유학')도 한때 이단 학문으로 여겨졌다.

유학은 위·진·수·당대의 수세기 동안 방치되었지만, 송대에 이르러서 그 관심이 증폭되었다. 11세기 초 과거제도의 개혁 이후에 국가는 공명功名에 대한 문인들의 비교적 자유롭고 공정한 경쟁을 허용했다. 결과적으로 송나라 때에 매해 200여 명 이상이 진사進士의 칭호를 받았는데, 이는 매해 25명이었던 이전 왕조에서에 비해 극적으로 증가한 것이다.[45] 관료에 진출한 유학자의 수가 급격히 증가하면서 식자층의 수도 전례 없이 늘어났다. 추산하는 바와 같이, 13세기 중반까지 40만 명이나 되는 식자층들이 정부가 후원하는 서원書院이나 시험에 참여하였다.[46] 과거시험의 기회가 증가하여 유학

---

43 Wing-tsit Chan (1986), 599-600; 또한 Thomas Wilson (1995), 39-40 참조.
44 예를 들어 금나라 유생 원호문元好問과 왕약허王若虛가 송대 도학에 비판을 제기했다. Peter K. Bol (1987), 532, n258에서 인용함.
45 Kracke (1957), 254.

자들은 사학私學에서 가르칠 수 있는 기회가 열리게 되었다. 이러한 점이 차례로 지역 사회에 확산되면서 상류 계층이 출현하고, 사회적 지위의 표식으로서 유교 엘리트들의 덕 윤리론이 반문맹의 서민의 일상생활에 확산하게 되었다.

유학의 제도화는 식자층 엘리트들이 과거에 합격할 수 있는 기회가 증가하는 것 그 이상의 영향을 주었다. 벤저민 엘먼Benjamin Elman이 보기에 [제도화된] 유학은 정치, 사회, 그리고 문화의 세 가지 영역에 영향을 미쳤다. 정치 영역에서 과거시험은 두 가지의 효과를 갖는다. 첫 번째, 공정한 방식의 시험에 참여함으로 문화 엘리트의 특권적 지위는 객관적으로 승인된다. 두 번째, 문화 엘리트의 지위를 인정하는 과정에서 결과적으로 국가는 통치상의 도덕적 권위와 정치적 합법성을 획득한다. 더욱이 10세기 후반의 송대에선 황제가 관례적으로 궁궐에서 치러지는 최종 시험[殿試]를 친히 주관했으며, 이런 이유로 모든 합격자들은 세습 황제에게 정치적인 충성을 다해야만 했다[역자 주: 합격자들은 결국 황제의 문하생門下生이 되었으므로].[47] 사회적 영역에서는 과거제도를 통해 파생되는 특권적인 지위는 사대부 계층을 공고히 하는데 도움을 주었다. 남성 가족 구성원의 경전 학습에 대한 지속적인 투자 여부에 따라 그 사대부의 지위가 결정되었으며, 정치 참여를 하려면 반드시 과거시험을 통과해야 하고 이는 경전 학습을 전제로 하기 때문이다.[48] 그래서 문과 정政은 엘리

46 Bol (1987), 470.
47 Benjamin A. Elman, "Political, Social, and Cultural Reproduction via Civil Service Examinations in Late Imperial China" (1991), 13.
48 위의 책, 17.

트 남성의 성 정체성을 구성하는 필수적인 부분이 되었다. 마지막으로 문화의 영역에서는, 고대 경전이 해석되고 [이어 이 경전의 해석에 근간한] 과거시험은 관방언어[官話]를 고양시키게 되었고, 이는 '유'와 '유가 아닌 자' 뿐만 아니라 '한족'과 '비한족非漢族'라는 불평등한 지위를 만들어냈다.[49] 그러나 이러한 과거시험의 문화적 불평등은 지방 방언과 관습의 다양성에도 불구하고 국가적 문명적 이상인 유교 문화를 통해 백성들을 통합할 수 있는 수단이기도 했다는 점에서 상쇄되었다. 대체적으로 과거시험은 유학이 정치적, 사회적, 문화적으로 재생산될 수 있는 주요 수단이 되었고, 이는 결국 역사에서 [유학이] 중국인의 문화와 정체성을 엮는 끈이 되었다.

1279년 남송이 멸망한 후부터 원元대의 몽고 통치 시기인 1315년까지 자유 경쟁의 과거시험은 중단되었다. 몽고의 집권 세력은 분권적 정치 체제를 유지하기 위하여 군사력에 크게 의존했는데 정치권력을 위임받지 못한 패잔의 한족漢族 과 함께 유학자를 쓸모없는 사회적 잉여물로 간주했다. 이민족이 화북 지역에서 세운 요遼(916-1125)와 금金(1115-1234) 왕조가 단명한 데서 교훈을 얻은 몽고의 지도자들은 유학자들을 불신했다. 쿠빌라이는 이민족이 세운 두 왕조의 몰락에 대해 다음과 같이 말하였다. "요나라가 불교[에 대한 지나친 후원으]로 멸망한 반면, 금나라는 '유' 때문에 멸망했다."[50] 원대 초기(1230년대 후반-1310년대 초반)에는 '유'의 사회적 역할―국가의 도덕적 조언자라고 자임하던― 은 폐기되었다. 대신에 몽골 통치의 초기에 '유'는 유호儒戶 라는 특권 계층으로 지정되었으며, 사소한

---

49 위의 책, 22.
50 Bol (1987), 528.

법률적 제소나 노역 및 대부분의 세금이 면제되었다. '유호' 자격을 얻기 위해서는 먼저 이전에 멸망한 송 왕조에서 과거시험에서 높은 등급을 받았거나 태학의 학생 혹은 고위 관리였던 사람의 직계 후손이어야만 했으며, 두 번째로는 국가고시에 합격하여 문학적 능력을 입증해야만 했다.[51] 원나라 때의 유는 세습 가문의 사적인 영예의 표식으로 축소되었다.

더 나아가 몽고인들은 유학과 관련한 관립 기관과 유학자들이 정의한 전통적이고 왕조적인 문명 질서를 '온 백성의 법[民法]'이 아닌 '한족의 법[漢法]'으로 간주했다.[52] 이로써 '유'와 한족의 문화적 정체성의 결부가 이루어지기 시작하였다. 몽고의 통치하에서 '한'이라는 단어는 점차 민족적 정체성을 띠게 되었다. 1315년 몽골 황실이 시험 제도를 국가의 관료 채용의 장치로 복원하였을 때, 민족 및 지역 집단에 의거한 네 단계의 계급에 따라 할당 제도가 적용되었다. 그것은 바로 몽고인, 색목인色目人(서방계 민족), 한인漢人(화북인) 그리고 남인南人(남송 지역에 있던 사람들)이다.[53] 모든 4개의 민족 및 지역 집단에 매해 평균 21명의 진사 합격자 수가 균등하게 분배되었다.[54] 분명히 이러한 할당 제도는 상대적으로 적은 인구를 감안할 때, 몽고인과 색목인들에게 유리하였다. 게다가 한족의 유학자는 몽골

---

51 John W. Dardess, *Confucianism and Autocracy: Professional Elites in the Founding of The Ming Dynasty* (1983), 14–16; 또한 Bol (1987), 527 참조.

52 Bol (1987), 535.

53 Kracke (1957), 263.

54 위의 책. 그런데 John Dardess는 매년 수여되는 학위들의 수를 이와 다르게 본다. 그에 의하면, 1315년의 원나라의 최고 학위進士 할당은 한인 25명, 남인 25명이었고, 매년 평균으로는 통틀어 대략 70명의 중국인들이 진사가 되었다. Dardess (1983), 17 참조.

족에게만 허용된 고위 관직에 진출할 수 없었다.[55]

원나라 시대 때 한족의 유학자에게 가해진 제한에도 불구하고, 역사적인 서사에서 유학은 한족의 민족적 정체성 그 이상이었다. '유'는 무엇보다도 성인聖人의 문명 질서라는 문화적 이념을 의미했다. '유'가 일종의 문화에 근거한 범주라는 점은, 여진족의 금 왕조가 유학을 문명 질서로 채택했음에도 동시에 [한족들은 유학을 통해] 고유의 민족적 정체성을 보존한데서 분명하게 드러난다. 여진의 통치시기(1115-1234)의 한족 문인에 대한 피터 볼Peter K. Bol의 연구에 따르면, 여진의 통치자가 사대부 문화를 채택하고 후원하는 것은 중국화sinicization 과정이라거나 민족적으로 한화漢化된다는 것을 뜻하기보다는 예의 질서[文]를 고취하는 문명화 정책의 일환으로 보아야 한다.[56] 금대 여진의 지배하에 화북의 한족 유학자들은, 정치적 충성의 문제뿐만 아니라 유학의 전통[文]을 보존하는 문제에 직면하게 되었다. 한족 문인과 여진의 통치자는 문―예의禮儀 문화―의 고취라는 그들의 공통적 입장을 확인하게 되었다.[57] 피터 볼에 의하면 문은 크게 4가지 층위의 의미를 갖고 있다. 첫째, 정치 역량을 사용하는 데 있어 군사적[武] 접근과 반대되는 것으로서 비군사적[文] 방식을 의미한다. 둘째, 문은 권력을 행사하는 문명적 방식을 의미한다. 예를 들면 도덕적 통치[仁政]의 차원에서 '유'의 기술인 의례[禮]와 음

---

55 예를 들어 쿠빌라이의 통치 아래에서, 어떤 한족도 조정의 최고위직인 승상丞相이 될 수 없었고 모든 재상들은 몽골족이었다(역자 주: 한족인 사천택史天澤만이 그 예외인데, 그는 우승상右丞相을 역임했다.). Dardess, 104 참조. 또한 Thomas Wilson이 지적한 것처럼, 원나라의 초기 50년 동안 한인은 오직 정부의 관리[官]가 아닌 기능직 공무원[吏]으로만 채용되었다. Wilson (1995), 50 참조.
56 Bol (1987), 483-93.
57 위의 책, 469.

악[樂]을 활용해 문명적 질서를 확립할 수 있다. 셋째, 고대의 문학적 전통, 중국 문명의 경전들을 가리킨다. 마지막으로, 문학적 성취나 시·산문을 작성할 수 있는 문학적 기예를 나타낸다.[58]

여진의 통치 때에도 문치文治가 촉진됨으로, 유학은 정치적, 사회적, 문화적으로 재생산될 수 있었고, 이 세 분야에서 '유'의 지위가 높아짐에 따라 여진의 통치 권력에도 도덕적 정치성이 부여되었다. 다시 말해서 '유'는 문화 또는 문명적 이상의 수호자라 할 수 있다. 그리고 '유'는 국가의 도덕적 정당성과 불가분의 관계가 되었다. 여진은 유학을 채택함으로 '문명화'되었다. '유'의 예의전범禮儀典範에 대한 여진의 의식적인 열망은, 1191년 금나라 황제가 "우리 백성과 우리 언어를 오랑캐[蕃]라고 칭하는 것"을 금지한 칙령에서 잘 드러난다.[59] 이와 대조적으로 '한족의 법'의 유학을 거부한 몽고인은 역시 고대의 문명적 이상[文]을 거부한 것이다.

그렇다면 '유'의 지위가 몽골 통치 하에 어떠한 윤리적, 공식적인 역할 없이 단지 새로운 조세 시스템에서 특별하고 특권적인 가문의 표식으로서 축소된 상황에서 한족의 유가들은 그들 스스로를 어떻게 정의했을까? 왕위王禕(1322-1373)의 『원유元儒』─원대 말기에 작성된, 유의 기원에 대해 비판적으로 성찰한 논술─에 따르면 유는 다양한 종류의 학문을 의미하며 오직 진정한 학문은 "성현聖賢의 학문"[60]이다. 좋은 '유'는 학문 그 자체에 정통할 뿐만 아니라 경전 학습을 국정에 응용할 수 있는 주공周公이나 공자 같은 사람이어야

---

58 위의 책, 488-93.
59 Peter Bol의 번역을 다소 수정하였으며 Bol (1987), 536 참조.
60 Jensen (1997), 170과 Dardess (1983), 22에서 인용함.

했다. 다시 말해서 좋은 '유'는 단지 학문적인 고전 연구자라거나 국가 관료제의 사무직원이 아니었다. 대신에 진정한 '유'는 응용윤리학자이면서 국가의 도덕적 고문이어야 했다. 왕위에 따르면 그가 활동하던 시기엔 이름만 '유'이고 실제로는 그렇지 못한 '쓸모없는useless' '유'가 많았다. 순자가 일찍이 비도덕적인 '유'의 여러 종류에 대해 비판한 것을 반영하듯이, 왕위가 보기엔 이러한 쓸모없는 '유'는 가식적인 학자로서 단지 유복을 입고 고전에 통달했으며 시와 문장을 잘 지었지만 국정國政 과는 동떨어져 있었고 사회 문제에 대한 어떠한 실천적 해결책도 제시하지 못했다. "그런 자[쓸데없는 '유']에게 나라와 세상의 일에 대해 묻는다면 그는 '나는 '유'이고 그것에 대해선 잘 알지 못합니다.'라고 대답한다. 아니면 그가 나랏일과 약간의 접점이 있어도 문제가 발생해버리면 '나는 '유'여서 그것을 처리할 수 없습니다.'라고 말한다."[61] 동시대 '유'에 대한 왕위의 비판적인 언급에서 추론할 수 있는, '유'의 의미와 사회적 역할은 국정을 담당하지 못하고 학문적인 고전 연구자란 기능적인 역할에서 매몰되어선 안 된다는 것이다.

왕위는 진정한 '유'를 도덕적인 범주에서 이해했는데, 이는 송렴宋濂(1310-1381)의 『칠유해七儒解』에도 반영되어 있다. 명나라 형성 시기인 1360년에서 그가 죽은 1377년까지 고위 고문직을 역임했던, 또 다른 걸출한 유학자인 송렴에 따르면, '유'는 오직 하나의 의미를 가지고 있지 않다. 송렴은 '유'를 7가지의 의미로 분석하는데, '방랑하는 유[游俠之儒]', '문학과 역사에 몰입하는 유[文史之儒]', 장자莊

---

61 Dardess의 번역을 다소 수정했으며 Dardess (1983), 23 참조.

子와 열자列子와 같은 스타일로 '무규범적인 유[曠達之儒]', '영리하고 계산적인 유[智數之儒]', '문장을 잘 짓는 유[章句之儒]', '공리주의적인 유[事功之儒]' 그리고 '도덕의 유[道德之儒]'이다.[62] 송렴의 시각에서는, '도덕의 유'는 '유'에 대한 최고의 표현이며, 오덕五德,仁·義·禮·智·信과 오륜五倫,父子·君臣·夫婦·兄弟·朋友을 강조하는 공자의 도를 예증한다.[63] 14세기의 문인들이 이해한 바와 같이 '유'는 기본적으로 가족과 정치 영역을 포괄하는 유덕한 인간관계의 함양에 초점을 둔 응용 윤리였다.

다음의 왕조인 명나라를 세운 태조(1368-1398 재위, 일찍이 농민이자 범법자였다)는 송렴을 최고위직의 고문으로 삼았음에도 불구하고, 과거시험에 대해 매우 의심스러워했다. 재위 기간 동안 과거를 1317년에 한번 실시하였으며, 이것을 1373년에 폐지시켰고, 다시 1384년에 부활시켰다.[64] 그의 통치 하에 매년 평균 30개의 진사학위가 발급되었는데[65] 이는 이전의 원대에 평균 25명의 학위가 발급된 것에 비해 약간 증가한 것이다. 오직 명 왕조의 말엽인 17세기 중반에만 매해 발급된 진사 학위의 수는 약 110건이었다.[66] 그러나 인구가 1400년대 6천 5백만 명에서 1600년대 1억 5천만 명으로 급격히 증가한 것을 고려하면, 17세기에 수여된 학위 수의 증가는 미미하다.[67]

---

62 송렴, 『칠유해』(1970). 이 논술에 대한 토론으로는 Dardess (1983) 158 – 62와 Jensen (1997), 171 참조.

63 송렴, 『칠유해』(1970).

64 Wilson (1995), 51 – 52.

65 Dardess (1983), 17.

66 Kracke (1957), 263.

67 Benjamin A. Elman, *Classicism, Politics, and Kinship: The Ch'ang-chou School of New Text Confucianism in Late Imperial China* (1990), 16 참조.

17세기 명대에 진사가 매년 110명이 배출된 것을 13세기 송대 연간 220명과 비교해보면, 명나라 시대의 유학에 대한 국가의 후원이 감소한 것은 분명하다.

만주족이 통치한 마지막 왕조인 청淸 대에서도 유학에 대한 국가의 지원은 계속 줄어들었다. 만주족의 통치자들은 명나라 몰락의 원인이 과거시험에 응시할 수 있는 자격을 갖춘 자들이 너무나 많았기 때문이라고 생각했다.[68] 청나라(1644-1911) 때에는 오직 연간 진사 합격자는 120명으로 소폭 증가한데 그쳤다.[69] 18세기 말까지 3억 명까지 증가한 인구는 과거시험의 경쟁을 더욱 심화시켰다.[70] 청대에 관료로 가는 관문이 좁아졌기 때문에, 이민족의 통치에 대한 문인측의 좌절감은 커져만 갔다. 청나라 때는 많은 수의 지원자들을 감당하기 위해 과거시험의 형식이 더욱 경직되었고 [과거시험에서 요구하는] 역량의 범위도 협소해졌다. 15세기 말 명나라에서 처음 시행된 팔고문八股文이라는 정형화된 문장 형식은 실질적으로 문인들의 창의성을 제한했다.[71] 시험문제는 사회 정책을 작성하는 능력을 강조하는 것에서 주희의 주석에 근거하여 『사서』의 의미를 설명하는 능력을 강조하는 것으로 전환되었다.[72] 이러한 모든 변화들을 염두에 둔다면, 명청 시대의 '유'는 순자와 왕위가 지칭했던 것과 같이 '쓸모없는' 유ー오직 고전을 낭송하고 우아한 문장을 쓰는 것 외에는 관심이 없으며 나랏일에는 실질적으로 관여하지 않는ー로 전락

68 Elman (1991), 14.
69 Kracke (1957), 263-64.
70 Elman (1990), 275.
71 Wilson (1995), 53.
72 위의 책, 36, 52.

했다고 말할 수 있다.

시험 형식을 정형화하고 정통 유학의 범주를 협소하게 해서 청나라 조정이 만들어낸 '유'의 부류는 국가 통치에 전면적으로 참여하는 고위직의 고문이라기보다는 기능공 내지는 관료제의 직원에 가까웠다. 명대 말기부터 사학 문인들의 좌절감이 커졌는데, 이는 한학漢學의 부흥을 이끌어냈다. 청의 황실이 후원한 송대 도학이 아닌 한대 학문인 고학古學으로의 회귀였다. 표면적으로는 학술적 동향의 차원에서 유학의 방향 전환으로 보이지만, 이는 지적 호기심 그 이상을 함의한다.[73] 중국세계에서 학문과 문장은 본질적으로 정치적인 것이다. 즉 한나라 이래로 경전 학습은 문치에 대한 국가의 상징적 제스처와 얽혀져 있고, 이로 인해 경전 학습은 정치권력의 합법성을 인정하는 것과도 관련되어 있었다. 청말 문인들이 한학으로 돌아가려는 움직임은 상류층 사인士人들의 이민족의 통치에 반대하는 하나의 징조라고 해석할 수 있다. 한이란 단어는 2세기에 멸망한 왕조 그 이상을 의미했다. 한은 한족의 민족적 정체성의 표식이 되었다. 국가가 후원하는 도학이 아닌 한학으로 유학을 재정의하는 유가문인들의 자기반성적 행위는 한족의 초기 전통을 되찾는 행위였다.

유학이 한족의 민족적 정체성 내지는 중국적 특성Chinese-ness과 갖는 연관성은 예수회가 16세기 중국에서 초기 선교 사업을 실시할 때의 적응accommodation 전략에도 분명하게 반영되어 있다. 마테오 리치Matteo Ricci 신부가 이끄는 예수회는 그들 스스로를 현지화하기 위해 처음에는 불교 승려의 정체성을 받아들였지만 나중에는 그들 스

---

73 Elman (1990), "Introduction," xxi – xxxiii.

스로를 '유'로 변모시켰다. 처음에, 초기의 예수회는 대중들 사이에서 불교가 유행한 것에 대해 깊은 인상을 받았다. 리치 신부가 16세기 후반에 관찰한 바에 따르면 불교 승려는 총 2백만에서 3백만 명에 이르렀다. 이러한 관찰로 인해 예수회는 불교 승려의 복장을 중국적 특징의 표식으로 삼았다. 그들을 현지화하기 위한 예수회의 적응 전략의 일환으로 불교 복장을 채택한 이후에 1584년 리치 신부는 자랑스럽게 다음과 같이 말했다. "나는 중국인이 되었다. 의복, 서적, 거동과 외적인 모든 면에서 우리는 스스로를 중국인으로 만들었다."[74] 대중적 인기에도 불구하고 불교 승려들은 실제로 중국 사회에서 주변부에 위치했는데, 그 이유는 장례 의식을 대행하는 것으로 제한된 사회·종교적 역할과 인도印度 신앙이라는 외래 기원성 때문이다.

사실 중국에서 출가인出家人으로 칭해지는 불교 승려는, 중국인들에게 가족의 연을 완전히 끊어버린 자로 인식되었으며, 따라서 승려들은 사회생활 규범의 바깥사람outsider일 뿐이다. 더욱이 대중소설과 희곡에선 불교와 도교 사원은 종종 성적性的으로 문란한 온상지로 묘사된다. 예수회가 불교의 정체성을 받아들이게 되어서 예수회 역시 주변부적이고 못된 존재로 여겨졌고, 이로 인해 처음에는 사회적으로 존경받는 지식인 엘리트를 개종시키는 데 어떠한 진전도 없었다. 1595년에 예수회는 그들의 불교적 정체성을 포기하였고 '유'의 정체성으로 전환하였다. '유'의 정체성은 사회적으로 존경받는 문화 엘리트들의 정체성이었으며, 중국의 예의전범의 규범적 표현

---

74 Jensen (1997), 43에서 인용함.

이자 중국적 특성의 표식이었다. 리치 신부는 1608년 그의 일기에서 오직 문인文人의 전통만이 "중국인에게 적합하다."고 언급했다.[75] 다시 말해, '유'는 예수회가 민족적·문화적 경계를 뛰어넘을 수 있는 관문이었으며, 결국 예수회는 ['유'를 통해] 중국인과 중국 문화에서의 '외래성'을 극복할 수 있었다. 중국 고대 문화의 성서聖書라 할 수 있는 유학을 차용함으로써, 예수회는 현지화되었고 곧 문화화cultured하였다. 예수회 — 타자他者 — 의 눈에는 '유'가 중국적 특성과 동의어였다.

요컨대, 예수회가 '유'의 정체성을 받아들이고 중국 문인들에게 '유'로 받아들여질 수 있는 바로 그 가능성은 라이어널 젠슨이 말했듯이 '유'는 실제로 '다층적 상징polysemous symbol'이기 때문이다. '유'는 그 시대에 멈춰버린 단일하고 고정된 교리를 의미하지도, 또 한족의 문인에게 국한된 민족적 관습 역시 아니다.[76] 대신에 최소한의 수준에서 '유'는 경전 학습의 공동체에 참여하는 것을 의미하며, '유'는 다음과 같은 것들을 상징한다. 첫째, '성현'의 학문이다(따라서 '유'는 중국의 고급문화를 표현한다). 둘째, 학식 있는 '유'의 지위와 국가의 도덕적 정당성을 전제하는, 공자에 대한 국가적 숭배 행사에 참여하는 것이다(그러므로 '유'는 유가 문인과 국가의 복잡한 관계를 함의한다). 셋째, 부자父子, 부부夫婦, 형제兄弟의 계층적 친족 관계에 근거하여 통치자와 백성들 사이의 상호 돌봄 및 의무를 강조하는 도덕 정치[仁政]의 문명적 이념이다(따라서 '유'는 가족-국가 예법의 은유를 표명한다). 넷째, 신과 인간, 자연계의 상관관계에 대한 공유된 가정

---

75 위의 책, 49.
76 위의 책, 53.

으로, 조상이 신과 같이 추앙받으며, 천·지·인의 조화로운 일체를 구현하는 사람을 이상적 인간으로 여긴다(따라서 '유'는 유기적인 우주론과 내재적인 종교적 감성을 나타낸다.). 마지막으로, 자기 수양이라는 평생 과업에 참여하는 것이다. 유덕한 자아는 의례적儀禮的 공동체의 인간관계망 내부에 위치하며, 그 인간관계는 부모-자식의 관계에서부터 시작하기에 효는 인간다움에 대한 도덕적 표현이 된다(그러므로 '유'는 덕 윤리를 나타낸다).[77] 총괄하자면, 홀과 에임스Hall & Ames가 말한 것처럼, '유'는 한족 정체성의 신화이며, 이는 고립된 교리나 이데올로기가 아니라 한족들이 유덕하게 생활하고 사고하는 방식에 대한 지속적인 문화적 서사로 계보적이면서도 역사적인 것이다.[78]

전형적인 유: 인의 덕 윤리

지금까지 우리는 '유'의 의미가 갖는 모호성과 복잡성에 대해 논의하였다. 더 나아가 우리는 유교를 구성하는 고유한 윤리적 개념을 탐색함으로써, 추론적이고 개념적인 범주에서 '유교' 혹은 '유교 윤리'에 대해 명확히 하고자 한다. '유'의 복잡성과 모호성을 염두에 두면서, 여기에서는 시대를 초월한 '핵심' 덕목을 일람하는 것으로 '유'를 간단히 환원하지 않으려 한다. 오히려 여기서의 목표는 '유'의 전통적인 서사에서 '유교적'이라고 가정되는 독특한 윤리적 개념을 상정하

---

[77] 유의 다른 의미에 대해서는 Jensen의 위의 책 참조.

[78] 한족의 정체성 신화에 대해선 Hall and Ames, *The Democracy of the Dead: Dewey, Confucius, and the Hope for Democracy in China* (1999), 특히 1장 참조. 문화적 서사로서 유학의 의미에 대해선 Ames, "New Confucianism: A Native Response to Western Philosophy" (1999), 23–52 참조.

는 데 있다. 즉, 중국 지성사에서 독특한 '전통'으로서 '유'의 복잡한 전통을 일관적으로 엮을 수 있는 고리를 발견하는 데 있다. '유교적' 윤리 개념들에 접근해야만 우리는 '유교'와 일상생활의 성억압이 어떠한 연관성을 가지고 있는지에 대한 여정을 시작할 수 있다.

학자들은 일반적으로 인仁 개념을 공자 학설의 핵심이라고 인정한다. 그러므로 문자 그대로의 의미에서 인仁 개념은 '유교' 고유의 것이다. 인仁의 덕목은 유가의 인격상의 주요한 특징이다. '인간다움[人]' 개념은 선험적인 존재론적 범주라기보다는 성취되는 윤리적 범주이다. 유교의 '인人' 개념은 인仁의 덕목과도 호환될 수 있다. 유가 세계에서 '인간다움' 개념은 자아 수양이나 자기 정진이란 평생의 과업에서의 도덕적 성취를 뜻하며, 그 안에서 자아는 환원될 수 없을 정도로 관계적이다. 이는 자아self나 젠더가 존재론적 범주에서 가정하지 아니하고, 현대의 평등 이념에서 근거한 '인간' 본성이 부여되었다고 가정하지도 아니하며, 젠더 위계에 기초한 젠더 특성gender traits이 부여되었다고 가정하지 않는다. 유교에서 인간다움은 가장 기본적인 인간관계의 단위인 가족에서 시작하는 복잡한 인간관계의 그물망에 특화된 [도덕적] 성취라 할 수 있다. 그러므로 인간다움 내지는 예의바름은 인仁이란 미덕과 호환되며, 관계적인 자아를 전제하고 있음을 고려해볼 때, 인仁과 예는 [선험적인 도덕적 본질이라기보다는] 습득되는 덕acquired virtues이다. 가장 기본적인 인간관계인 부자-자식의 관계에서 실현되는 효의 덕을 갖추는 것은 최소한의 인격적 자격조건이다. 유교 덕 윤리의 인격의 범주는 실존적, 도덕적 성취를 의미한다. 시몬 드 보부아르의 명구인 "여자는 태어나는 것이 아니라 여자로 만들어지는 것이다."를 유가적 맥락에서 응용해보자면 진실로 사람은 태어나는 것이 아니라 사람으로 만들어지는 것이라고 말할 수 있다. 그러나 사람으로 만들어지더라도, 어느 누군가는 사람이 되기 위한 최소한의 자격도 갖추지 못할지도 모른다. 습득되는 덕목으로서의 '사람다움'의 [성취되기에는 어려운] 취약성은 완전히 교화된 존재가 되기 위하여 자기 자신을 문학적 전통[文]과 의례적 전통[禮]의 학습을 통해 부단하게 수양할 것을 요구한다.

이론적인 수준에서, 유가적 덕목에 근거한 인격상은 남녀 모두에게 열려있는 것처럼 보인다. 그러나 역사적·사회적 현실에서, 내외의 개념—성별에 기초한 노동 분업으로서—에서 파생된 구조적 한계를 감안해볼 때 여성은 진실로 '인격화'되지 못했으며 그럴 수도 없었다. 하지만 성차별의 문제를 구체적으로 살펴보기 이전에 우리는 유가의 인격 개념, 즉 유교 덕 윤리의 주요한 특질인 인仁을 총체적으로 이해해야 한다. 다음에서, 우리는 먼저 유가 경전과 선진 문헌에서의 인仁 개념에 대해 살펴보고자 한다. 이후에 유교의 『사서』에서 인仁 개념의 변천을 추적하고자 하는데, 『사서』에서 인仁 개념은 인간관계의 복잡한 망web에서 성취하는 유가적 인격의 토대이다.

학자들이 동의하는 바와 같이 인仁은 틀림없이 공자의 학설에서 기초가 되는 핵심 개념이다.[79] 인仁이라는 단어는 실제로 중국어에서 꽤 늦게 등장했다. 린위성林毓生, Lin Yu-sheng에 따르면, 인仁이란 단어는 서주 시기(기원전 1122-771)나 그 이전 시기에 출현한 갑골

---

[79] 예를 들어 Wing-tsit Chan, "Chinese and Western Interpretations of *Jen Humanity*" (1975), 107.

문이나 금문金文(역자 주: 청동기물에 새긴 문장)에 보이지 않고[80] 『서
경』에서 5번, 『시경』에서 2번, 『역경』에서 8번 등장한다.[81] 이들 고
전에서 인仁 개념은 주변적인 개념인데, 이는 공자 『논어』의 중심
개념이 인仁인 것과는 크게 대조된다. 『논어』에서는 인仁이 무려
100번 이상 언급된다![82] 인仁은 비록 공자가 만들어낸 말은 아니었
지만, 공자와 그의 저명한 문하생에 의해 중국 지성사에서 핵심적인
지위에 있게 되었다. 인仁의 기원에 대한 논문에서 팡잉셴方英賢,Fang
Ying-hsien은 "일반적으로 공자의 가르침은 인仁의 가르침이라고 칭해
진다."고 하였다.[83] 따라서 공자를 유교의 가장 저명한 대변인으로
이해하는 모든 시도는 반드시 '유교'의 독특한 윤리적 개념인 인仁
에서부터 출발해야만 한다. 맹자(기원전 371-289) 시기에 이르면 인
仁 개념은 인人 개념과 동의어가 되었다.

우선 유교의 인人 개념에서는, 인간다움의 개념이 남성적 자아—
이상적인 것이 연관된— 와 동일한 것으로 가정되지 않는다. 남성
의 합리적 지성과 여성의 방종한 감정의 이분법은 서구 주류 문화에
대한 현대 페미니스트들의 비평에서 흔히 취해진 가정이다. 페미니
스트들의 선구적인 작품인 시몬 드 보부아르의 『제2의 성』에서 "실
제에 있어서 두 성의 관계는 전기의 음극陰極과 양극陽極의 관계와
같지 않다. [영어에서] 남자man 라는 단어가 인간 전체Man 라는 단어

80 Lin Yu-sheng, "The Evolution of the Pre-Confucian Meaning of *Jen* and
    the Confucian Concept of Moral Autonomy" (1974-75), 172-73, n3.
81 Wing-tsit Chan (1975), 107과 Lin Yu-sheng, 위의 책.
82 Wing-tsit Chan, 위의 책.
83 Fang Ying-hsien, "[On the origins of *ren*: the transformation of the con-
    cept from the time of the *Book of Songs* and the *Book of Documents* to
    Confucius]" (1976), 22.

와 동시에 쓰이는 것처럼 남자는 양陽과 중성中性을 동시에 대표한다. 그 반면에 여자는 음陰만을 대표하며, 이는 상호성이 없이 한정된 범위로 정의된 것이다."라고 하였고, 또 "인간은 남성이며, 남자는 여성을 여자 자체로서가 아니라 그와의 관계로부터 정의한다."라하였다.[84] 남성적 자아는 보편적 인간성과 이상ideal을 모두 대표하는 반면, 여성적 자아는 오직 이상과 결부되어 결핍의 관점에서 정의된다. 좀 더 단도직입적로는, 아리스토텔레스는 "여성은 남성의 기형이다."라고 말하였다.[85]

'감정', '내재', '사적', '자연'과 같은 여성적 특질보다 '이성reason', '초월', '공적', '자율'과 같은 남성적 특질이 갖는 특권적 지위는 종종 현대 페미니스트들에 의해 성억압의 이론적 근거로 해석되어 왔다. 제너비브 로이드Genevieve Lloyd는 『이성의 남자: 서구 철학에서 남성과 여성 The Man of Reason: "Male" & "Female"』에서 "이성reason과 그 반대되는 것 간의 위계적 관계는 (……) 의심할 여지없이 여성과 관련된 것들에 대해 평가 절하하는 데 기여했다."[86]고 말한다. 즉, 서구에서 '젠더'와 '인격'의 개념은 남성성과 여성성이란 선험적인 젠더 특성

---

84 de Beauvoir (1989), xxi -xxii 참조. 본 번역은 조홍식 역(1997)의 『제2의 性 (상)』, 을유문화사, 12-13에서 인용함.

85 Jonathan Barnes, *The Complete Works of Aristotle* (1984); *Generation of Animals*, 737a 28 - 30 참조.

86 Genevieve Lloyd, *The Man of Reason: "Male" and "Female" in Western Philosophy* (1984), x. 다른 서구 철학에 대한 페미니스트의 비판에 대해선 Sandra Harding and Merrill B. Hintikka (1983); Jean Grimshaw (1986); Morwenna Griffiths and Margaret Whitford (1988); Louise M. Antony and Charlotte Witt (1993); Bat-ami Bar On (1994); Janet A. Kourany (1998) 참조. 특징적인 '여성적' 자질들에 대한 심리학적 연구로는, 특히 Nancy Chodorow (1974); Carol Gilligan (1982); and Nel Noddings (1984) 참조.

에서 정의되는 존재론적 범주로 구성된다. 이 때 여성적 자질들이 결핍을 대표하는 반면, 남성적 자질들은 이상적인 것들을 대표한다.

서구에서 인간이 남성의 젠더 특성으로 규정되는 것과는 달리, 유교의 인간[人] 개념은 실천적 성취로 규정되는 윤리적 범주에 속한다. 우선, 가장 기본적인 언어학적 수준에서 볼 때 한자의 '人(인)'은 일반적인 사람을 가리킬 때 사용되며 이는 성중립적이다. 즉 '남성'과 일반적인 '인간'은 문자적으로든 상징적으로든 동일시되지 않는다. 중국어에서 일반적 남성은, '人'자와 문상文象적으로나 음운론적으로 전혀 관련이 없는 '男(남)'이나 '夫(부)'로 표기된다. 게다가 중국 세계에서 '성'은 '남성적' 또는 '여성적'인 [존재론적] 특성 대신에 사회적 역할과 관련되어 있으며, 이에 대해서는 4장에서 자세히 논의될 것이다. 두 번째, 유교의 인人 개념은 인仁의 덕목과 밀접하게 관련되어 있다. 중국학자 피터 부드버그는 어원학적으로 인仁이 인人의 파생어일 뿐만 아니라, 실제로 중국 고대문헌에서 인人과 동일한 단어라고 언급했다.[87] 『맹자』에선 "인은 사람을 뜻한다[仁者人也]."라고 말하며, 『중용』에서는 "자기를 이루는 것이 인이다[成己仁也]."라고 하였다.[88] 인仁자는 인人 변에 숫자 '二[인간관계의 복잡성]'가 합쳐져 있듯, 인仁은 인간관계의 복잡한 네트워크에서 달성할 수 있는 덕스러운 상태를 말한다.[89] 셋째, 동음이의어인 인仁과 인人은,

---

87 Peter Boodberg, "The Semasiology of Some Primary Confucian Concepts" (1953), 328.
88 『맹자』, 7B/16과 『중용』, 20, 25 참조; 번역은 James Legge (1960)I, 405, 149 와 (1960) II, 485 참조.
89 Hall and Ames, *Thinking Through Confucius* (1987), 114; 또한 Tu Wu-ming (1985), 84 참조.

유교적 인간 개념의 윤리성과 관계성을 더욱 강조한다. 즉 데카르트의 비역사적 자아ahistorical self 나 플라톤의 신성의 마음divine soul 으로 대표되는 서구적 인간관과는 달리, 유교의 인간 개념은 무엇보다도 의례적인 공동체 안에서의 인간적 교류를 통한 윤리적인 성취를 강조한다.

고전에서 인의 의미에 대한 해석은 다양하지만, 바람직하고 만족스러운 인간관계에 대한 자질 내지는 재능은 인이라는 단어에서 변함없이 유지된 뜻이다.[90] 진본으로 간주되는『금문상서今文尙書』「금등金縢」에서 인이라는 단어가 처음으로 등장하는데, 여기에는 주공이 중병을 앓고 있던 무왕武王을 대신하여 조상에게 자기 자신을 바치려 했던 전설적인 이야기가 기록되어 있다. "나[주공]는 인하고 순하며 다양한 재능과 기예가 많아 귀신을 섬길 수 있다."[91] 이 맥락에서 인은 주공이 중병에 걸린 무왕을 위해 조상을 섬길 때 가지고 있었던 바람직한 성향disposition 과 다양한 재능을 언급하는 것으로 보인다. 인이 인간적 교류를 통해 나타나는 성향 내지 재능이라는 점은 전설적인 사냥꾼인 '숙叔'을 칭송한『시경』「숙우전叔于田」에도 언급된다. "숙이 사냥을 나가면 골목에 거주민이 없네. 어찌 거주민이 없겠냐마는 숙과 같이 진실로 아름답고도 인하지 못하기 때문이니라."[92] [인한] 숙이 없을 때에는 마을이 비어있는 것처럼 보이므로,

---

90 사례로는 Wing-tsit Chan, "Evolution of the Confucian Concept *Jen*" (1955), 295 - 319 참조: 또한 Lin Yu-sheng (1974)와 Fan Ying-hsien (1976).

91 번역은 James Legge (1960) III, 354 참조. 본 번역은 성백효 역(2013)의『詩經集傳 上』, 전통문화연구회, 187에서 인용하고 다소 수정함.

92 Legge (1960) IV, 127 참조. 본 번역은 성백효 역(2013)의『書經集傳 下』, 전통문화연구회, 23에서 인용하고 다소 수정함.

이 맥락에서 인은 마을을 활기차게 만드는 바람직한 인간관계의 자질을 언급하는 것으로 보인다. 요컨대 인한 사람은 다른 모든 자들과 구별된다.

자신의 인격을 질적으로 구별해주는 인은, 또한 후대의 위조된 『금문상서』「태서泰誓」에서도 드러나고 있는데, 여기에는 부패한 상왕조를 주 부족이 전복시키고자 하는 결심이 기록되어 있다. "수受(상나라 왕)는 수많은 그들의 백성들이 있으나 [그들의] 마음과 덕이 이반되었고, 나[무왕]는 난亂을 다스리는 10명의 신하가 있으나 [그들의] 마음과 덕이 같으니, [수가] 비록 그 주변에 친한 친척들이 있으나 내 주변의 인한 사람들만 못하다."[93] 여기서의 '인한 사람'은 뚜렷한 재능이나 능력이 없는 서민들과 대조된다. 이 구절은 『논어』에도 인용되어 있다(20.1 참조).[94] 『논어』에서 같은 구절이 되풀이된 것은 공문 제자들 사이에서 인이 인간관계에 대한 성품을 [질적으로] 구별distinguishing 해주는 요소가 있음을 인식하고 있음을 보여준다.

공자 이후에 인개념은 명백하게 도덕적 의미를 내포하게 되었다. 공자 이후의 선진 문헌 가운데, 인은 기원전 4-5세기경에 작성된 『좌전左傳』과 『국어國語』에서 등장하는데[95] 더 이상 전적으로 바람직한 성향이나 재능을 기술하는 용어로 해석되지 않는다. 대신에 인은 타자를 느끼고 사랑할 수 있는 공감empathetic 능력과 밀접하게 연

---

[93] Legge III, 292.

[94] Ames and Rosemont (1998), 226 참조: 『논어』에 대한 모든 번역은, 별도의 표기가 없는 한, Ames and Rosemont의 것을 다소 수정하였음.

[95] 이 텍스트의 편찬에 대한 논쟁으로는 Anne Cheng, "Ch'un ch'iu, Kung yang, Ku liang and Tso chuan,"와 Chang I-jen, William G. Boltz, and Michael Loewe, "Kuo yu," *Early Chinese Text* (1993), 67-76, 263-68 참조.

관된 도덕적인 범주에 속한다. 인의 도덕적 측면은 『좌전』에서 설명된다. "은혜를 배신하면 친한 이를 잃게 될 것이고, 남의 불행을 나의 행복으로 여기면 인하지 않다. 욕망에 빠지면 상서롭지 못하며, 이웃을 분노하게 하는 것은 의롭지 않다. 이런 네 가지 덕[親·仁·祥·義]을 모두 잃고 어찌 나라를 지키겠는가!"[96] 여기서의 인은 의 같은 다른 덕과 구별되는 특정한 덕으로 취급되며, 타자의 불행에 공감하는 능력과 관련이 되어 있다. 인의 공감적 측면은 타자를 사랑하는 능력과 관련이 되어 있으며, 『국어』에서는 다음과 같이 말한다. "[진 양공晉襄公의 손자인 주周가 말을 할 적엔 크게 말해서] 멀리까지 들리게 하지 않았다. 경敬을 말할 적엔 반드시 하늘을 말하였으며, 충忠을 말할 적엔 반드시 [자신의] 진실한 뜻을 말하였으며, 신信을 말할 적엔 반드시 자기 자신부터 [바르게 해야 함을] 말하였으며, 인을 말할 적엔 반드시 다른 사람[의 사정을 헤아려야 함]을 말하였다." 그래서 "하늘을 본받으면 능히 경하며, 뜻을 통솔하면 능히 충하며, 자신부터 [진실하게] 생각하면 능히 신하며, 남을 사랑하면 능히 인하다."[97]

춘추 말기에서 전국 초기의 인 개념은 타자를 사랑하고 공감할 수 있는 인간 감정의 온유한 측면일 뿐만 아니라 타자에 대한 이타주의적 관심으로 이해되었고, 또 [인격적으로] 성숙한 인간[成人]의 참된 지표로 이해되었다.[98] 『국어』「제론齊論」에서는 이민족의 침략을 받은 다른 나라를 도운 제 환공桓公의 행동은 인하다고 평가된다. "천하 제후들은 [환공이] 인하다고 칭송하였다. 모든 제후들은 환공이

---

96 『좌전』, 희공僖公 14년; Legge (1960) V, 161–62 참조.
97 『국어』, 「주어周語」; Fang Yin-hsien (1976), 24 참조.
98 춘추시대의 인仁과 성인成人의 관계에 대해선 Fang (1976) 참조.

개인적 이익을 위하여 이 일을 도모하지 않았음을 알았다. 그러므로 제후들은 [환공에게] 귀의하였다."[99] 인을 위한 행동은 분명 타인의 이익을 위한 것이지, 자신의 편협하고 이기적인 이익을 위해서가 아니다. 그리고 일단 그 [인격적] 성숙에 이르게 되면 다른 사람들의 자발적인 복종을 이끌어낼 수 있는 도덕적 능력이 부여된다. 요약하자면 인은 공자 이전의 문헌들에서 인간관계의 바람직한 자질이나 재능에 대한 순전히 기술적인 용어였다면, 공자 이후에는 공공선을 위하여 타자를 공감하고 사랑할 수 있는 독특한 도덕적 덕목과 능력으로 의미가 변화하였다.

이타주의적 측면은 유가의 인 개념에서 본질적인 특징이다. 『논어』에서 인이 무엇이냐는 질문에 대해 공자는 "다른 사람을 사랑하는 것"이라고 대답했다.[100] 맹자도 이 공자의 말을 되풀이하면서 "인은 다른 사람을 사랑하는 것이다[仁者愛人]."[101]라고 하였다. 그리고 순자는 보다 정밀하게 "인은 사랑을 뜻하며, 그러므로 친히 하는 것이다[仁愛也故親]."[102]라 말했다. 그러나 '인의 교리'라고 할 수 있는 공자의 가르침이 다른 가르침과 구별되는 점은, 인 개념이 공감이란 개별적 덕목이나 인격의 질적인 탁월함에 그치는 것이 아니라 도덕적 성취의 정점에 이르렀음을 함의하면서 모든 개별적 덕목을 아우르는 총체적 덕목[全德]으로 승격되었다는 데 있다. 인 개념은 윤리적 성취로서의 사람다움 개념과 동의어가 되었다.[103] 물론 『논어』의

---

99 『국어』, 「제어齊語」: Fang Yin-hsien (1976), 24 참조. 역자 주: 저자의 번역은 원문과는 상이하나, 여기에서는 저자의 번역에 따른다.
100 Ames and Rosemont (1998), 159-60 참조.
101 Legge (1960) II, 333 참조.
102 『순자』, 「대략大略」.

많은 구절에서 인을 지혜[智], 의로움[義], 용기[勇]와 대조되는 개별적 덕목으로 취급하고 있는 것도 사실이다. 인의 덕목은 많은 덕목 중에 하나일 뿐이었다. 예를 들면 "지혜로운 자는 물을 좋아하며, 인한 사람은 산을 좋아한다."라거나 "지혜로운 자는 미혹되지 않고, 어진 사람은 근심하지 않으며, 용감한 사람은 두려워하지 않는다."고 말한다. 또한 『맹자』에선 "인은 사람의 마음이요, 의는 사람의 길이다."라고 말한다.[104] 이 구절들은 모두 인이 개별적 덕목으로 취급된다는 것을 암시한다. 그러나 인이 모범적 인간인 군자君子의 자질을 나타낼 때는, 그것은 다른 모든 덕을 포괄하게 되고, 따라서 유가에서 인은 성숙하고 이상적인 인격을 의미한다.

그러나 서구의 지성적·종교적 전통에서 신이 초월적 개념으로 상정되는 것과는 달리, 인은 어떠한 개별적 인간관계들을 벗어나지 않는다. 서구에서 모든 인간관계보다도 신[하느님]과의 관계가 우선되어야 하고, 모든 인간관계들은 일차적으로 신과 합일되기 위한 초월적 목적을 달성하기 위한 수단이다. 이와는 대조적으로 도덕 수양의 최고의 경지로서 인은 오직 인간관계에서만 성취되고 발전될 수 있다.[105] 페이샤오통費孝通, Fei Xiaotong의 말을 빌리자면, 유교의 윤리적 개념으로서 인은 "인간관계의 도덕성"[106]으로 이해될 수 있다. 비록 인이 모든 개별적 덕목의 종합을 상징하지만, 인은 특정한 덕목에

---

103 전덕으로서 인에 대해선 Wing-tsit Chan (1975), 107 - 109와 Tu Wei-ming (1985), 81 - 92 참조.
104 Legge (1960) II, 414.
105 사례에 대해선 Ambrose Y. C. King (1985); Hall and Ames (1987), 110 - 25 참조. 또한 Lin Yu-sheng (1974), 193.
106 Fei Xiaotong 1992; 특히 5장, "The Morality of Personal Relationships," 71 - 79.

의거한 구체적인 인간관계 속에서 실현되어야 한다. 예를 들면 친함[親]은 부모-자식 관계에서, 의로움은 군주-신하 관계에서, 구별함[別]은 부부 관계에서 실현되어야 하고, 믿음직함은 친구 사이에서 실현되어야 한다. 한 마디로 유가의 인은 인간관계에 내재한 도덕성으로서, 인한 자는 모든 인간관계에 능수능란하다.

게다가 유교에서 자아는 외부로부터 본질적 자질과 지적 능력이 부여되고 내부에 그것을 소유하는 고립되고 자율적인 개체로 간주되지 않는다. 대신에 인간은 항상 사회적 맥락에 위치한 존재이며, 인간다운 인간은 관계-내-존재이다. 사회적 관계가 결여된 인간은 또한 인간성이 결여된 인간이다. 맹자는 "부모가 없고 군주도 없으면 이는 짐승과 다름없다."[107]라 하였다. 여기에서 부모와 군주의 역할은 짐승의 세계에서도 공유하고 있는 부모-자식의 생물학적·자연적 관계나 군주-신하의 위계적 권력관계를 말하기보다는, 그들의 사회적 관계에 체현되어 있는 상호적인 의무를 의미한다. 인간다움은 이러한 인간관계의 [적절한] 실현으로부터 시작된다. 다시 말해서, 인간은 관계 안에서만 그리고 관계를 통해서만 이뤄진다. 타자 없이는 나란 존재도 없다. 아니 더 정확하게는 타자와의 관계 속에 위치 지어지지 않는 한 나란 존재도 없을 것이다. 후쓰가 명료하게 설명하길 "유가의 인본주의적 철학에서, 인간은 홀로 존재할 수 없다. 모든 행위는 반드시 사람들 사이의 상호 작용의 형태여야만 한다."[108]라 하였다. 이러한 이해는 또한 허버트 핑가렛Herbert Fingarette에 의해 공유되는데 "공자가 보기에 인간이 두 명 이상 존재하지 않

---

[107] Legge (1960) II, 282.
[108] Hu Shi (1919), 116; 또한 King (1985), 57 참조.

는다면 인간은 결코 성립할 수 없다."[109] 관계적 자아의 개념은 인이라는 총체적 덕목과 호환될 수 있으며, 그렇다면 인간관계는 인간 존재에 있어 불가피한 실존적 사실일 뿐만 아니라 덕성을 함양하기 위한 필수 조건이 된다.

모든 사회적 관계 중에서 가장 중요한 것은 오륜五倫이며[110], 이 오륜은 가족에서부터 시작되고 이해된다. 오륜 가운데 3가지인 부자, 부부, 형제 관계는 가족 관계에 속하며, 나머지 두 개의 군신 및 친구 관계는 가족 관계는 아니지만 종종 부자나 형제 관계에 본떠지곤 한다. 앰브로즈 킹Ambrose King 이 말하듯이 "군신의 관계는 아버지[君父]와 아들[子民]의 관계로 이해되고, 친구의 관계는 윗사람[吾兄]과 아랫사람[吾弟]의 관계로 진술된다."[111] 한마디로 가족은 계속 확장되는 사회적 관계망의 중심이다. 로저 에임스 '중심-장focus-field' 자아 모형에서 보자면,[112] 가장 먼저 자리 잡은 가족관계의 자아는 수직적이고 중심적 영역focused center 인 반면에, 가족 관계에서 시작하여 외부로 확장되는 사회적 관계는 수평적이고 확장된 장extended field 이고 여기에서부터 한 사람의 실질적인 인격이 점차적으로 드러난다.

가족 관계를 모든 사회관계의 핵심으로 여기는 유교 세계에선, 효의 덕목은 진정한 인간이 되는 시작점으로 여겨진다. 인은 인간다움의 이타적 측면에 있어 부모에 대한 사랑과 돌봄이란 가장 기본적인

---

109 Herbert Fingarette (1983); Ames and Rosemont (1998), 48에서 인용함.
110 오륜은 부자, 군신, 부부, 형제, 친구 사이를 말한다. 『맹자』 3A/4; Legge II, 251 - 52 참조.
111 King (1985), 58.
112 Ames (1994).

수준에서부터 시작해야만 한다. 효는 군자의 도덕성의 시작점이요, 뿌리이다. 『논어』에서 가르치는 것처럼 "그 사람됨이 효도하고 공경하면서 윗사람을 범하기를 좋아하는 자가 드무니, 윗사람을 범하기를 좋아하지 않고서 난을 일으키기를 좋아하는 자는 있지 않다. 군자는 근본을 힘쓰니, 근본이 확립되면 인의 도가 생기게 된다. 효와 제弟는 그 인의 근본일 것이다." 부모-자식 관계의 효와 형제 관계의 제라는 가족적 덕목은, 정치 영역에서 신민臣民의 책임의식이 형성되는 기반이 되었다. 효의 덕목을 함양하는 것은, 인간다움의 시작이다. 『맹자』에서도 동일한 언급을 찾을 수 있는데, "어버이를 친히 하는 것이 인이다[親親仁也]."와 "어버이의 마음을 얻지 못하면 사람이 될 수 없다[不得乎親不可以爲人]." [113]

그러나 유교에서 인간다움의 시작점으로 부모-자식 관계의 효를 우선시하는 것은, 사적private · 내적internal · 개인적personal 관계와 공적public · 외적external · 사회적social 관계가 이원적이라거나 양립 불가능하다는 것을 함의하는 것은 아니다. 오히려 여기서의 근본적인 전제는 사람은 항상 인간관계의 복잡한 네트워크에 위치하기에, 처음 자신을 발견하는 가족 관계야말로 여타의 확장된 사회적 관계들보다 우선하여 구체화되어야 한다는 것이다. 가족은 공적인 것과 대립되는 것이 아니라, 국가 등의 천하를 질서 정연하게 하는 근간으로 이해된다. "천하의 근본은 나라에 있고, 나라의 근본은 가정에 있으며, 가정의 근본은 자기 자신에게 있다." [114] 가족과 천하의 상호 연결성뿐만 아니라 이러한 순차성은 『대학』에서도 반영되어 있는데,

[113] Legge (1960) I, 357.
[114] 위의 책, 406.

"옛날에 밝은 덕[明德]을 천하에 밝히고자 하는 자는 먼저 그 나라를 다스리고, 그 나라를 다스리고자 하는 자는 먼저 그 집안을 가지런히 하고, 그 집안을 가지런히 하고자 하는 자는 먼저 그 몸을 닦아야 한다[修身]."[115] 수신의 출발점은 부모를 잘 섬기는 효행에서부터 이루어져야 한다. "그러므로 군자는 몸을 닦지 않을 수 없으니, 몸을 닦을 것을 생각할진댄 어버이를 섬기지 않을 수 없다."[116] 진정한 사람이 되기 위해선, 부모와 상호 유대감을 형성하고 부모를 잘 돌보고 섬김으로써 가족의 역할에 충실히 하는 법을 배워야만 한다.

하지만 타자에 대해 '무지한 사랑uninformed love'은 역작용을 낳을 뿐이다. 공자는 인을 포함한 여섯 가지의 바람직한 자질에 수반하는 여섯 가지의 결점들에 대해 언급했고, 여기에서 구조화되지 않은 사랑unstructured love의 위험성을 알고 있었다. "인만 좋아하고 배움을 좋아하지 않으면 그 폐단으로 어리석어진다." 타자에 대한 이타적인 관심은 예禮에 의해 구조화되어야 하며, 즉 공유된 사회적 문법 내지는 의례적 형식을 통해 표현되고, 사회적 맥락에서 무엇이 상황에 부합하며appropriate 적당한 수준인지에proper 대한 지식이 선행되어야 한다. 의례와 같이 구체적인 수단을 통해 표현되는 공유된 사회적 의미들 위에, 사회적 관계가 구축되기 때문이다. 각자의 역할에 대한 공유된 사회적 표현으로서 예는 수양을 통해 참다운 인간이 되고자 하는 유가적 프로젝트에서 없어서는 안 될 부분이다. 공자는 그의 아끼는 제자 안회顔回에게 인에 대해 "자기를 검속하고 예를 준수하여야[克己復禮] 인할 수 있다."라고 말한다. 인은 타자에 대한 본

115 Legge (1960) I, 357.
116 위의 책, 406.

능적 감정을 단순히 표현한 것이 아니다. 대신에 인은 자신이 속한 세계에 대한 지식이 수반되어야 하는 '정보-근거적 행위informed act'이다. 인하기 위해 부모를 섬기고 돌보는 가장 기초적인 단계에서도 공동체와 전 세계의 이웃들에 대한 지식을 습득하는 데 열중해야 한다. 군자가 실천해야 하는 자기수양이라는 평생 과업에 대해 『중용』에서는 다음과 같이 말한다. "군자가 어버이를 섬길 것을 생각할진댄 사람을 알지 않을 수 없고, 사람을 알 것을 생각할진댄, 하늘을 알지 않을 수 없다."[117] 요약컨대, 인간다움을 나타내는 총체적 덕목으로서 인은 반드시 인간관계—이 세계에 대한 공유된 지식과 가정에 근간한—에서 구현되어야 한다.

타자는 그것이 다른 사람이건 세계 전체이건 간에, 현존하는 자아에 부과된 제한 내지는 외적 제약이 아니다. 오히려 타자는 관계적 자아의 구성 요소라 할 수 있는데, 그 이유는 인간다움의 도달 정도는 자아가 인간관계에서 균형 잡히고 조화로운 네트워크를 구축하는 데 성공한 정도와 그 범위의 측면에서 판단되기 때문이다. 왜냐하면 타자를 관계적 자아의 일부로 채택하고 구성할 때 인은 도달될 수 있다. 자기 자신을 위한 장소를 찾고, 입장을 취하며, 인격perosona을 획득하면서 인간은 또한 동시에 다른 사람들이 설 수 있도록 돕는다. 『논어』에서 자주 인용되는 이 구절은 자아와 타자의 공생적 본질을 잘 말해주고 있다. "무릇 인이란 자신이 서고자 하면 남을 [먼저] 서게 하고, 자신이 이루고자 하면 남을 [먼저] 이루게 한다." 다시 말해 홀과 에임스는 자아를 '[여러] 자아들의 장field of selves'이라

---

117 위의 책.

고 언급했는데, 이러한 관점에 의하면 유덕한 인자는 자아의 성취가 타자의 성취와 얽히고설킨 '타자와의 관계-내-존재'이다.[118] 그리고 유교윤리학에선 사적 자아와 반대되는 절대적 타자가 전제되지 않기 때문에, 상호 호혜성reciprocity과 의사소통력communicability은 인간관계 구조의 그 기초가 된다. 인은 궁극적으로 공유된 사회적 의미표현인 예에 의해 세련되어지고 구조화된, 타자에 대한 진정한 상호 관심이라 할 수 있다.

공자의 학설에서 인과 서恕,reciprocity는 불가분의 관계에 있으며 (『논어』 4.15 참조) 본질적으로는 같은 뜻이다. 예를 들어 제자가 인에 대해 묻자 공자는 다음과 같이 대답하였다. "자기가 원하지 않는 바를 남에게 베풀지 말라(『논어』 12.2)." 그리고 제자 자공子貢이 공자에게 평생토록 귀감으로 삼을 것에 대해 묻자, 공자는 동일한 대답을 하였는데 다만 인이 아닌 서로 답했다. "자공이 묻길 '죽기 전까지 행할 수 있는, 귀감이 될 한 마디가 있습니까?'라고 물었다. 공자가 답하길 '서일 것이다. 자기가 하고자 하는 것을 남에게 베풀지 말라는 것이다.'라고 하였다."

요약하자면 공자의 인[仁; 人] 관념은 3가지의 층차에서 해석될 수 있다. 첫째, 서구적 관념과 달리 인간다움 관념은 존재론적 범주라기보다는 윤리적 범주이다. 말하자면 인과 상호 호환되는 인간다움의 범주는 오직 인간관계에서 현실화될 수 있으며, [선험적으로]

---

118 Hall and Ames (1987), 118. 역자 주: '자아들의 장field of selves'에 대한 독자의 이해를 위해, 관련 내용을 다음과 같이 인용한다. "미드George H. Mead의 추종자인 웨인 부스Wayne C. Booth에 따르면, [우리는] 다른 자아들을 받아들이고 그것들[다른 자아들]을 우리의 공동자아의 일부로 삼는다는 점에서, 자아self는 '[여러] 자아들의 장場'이다." (같은 쪽)

주어진 것이라기보다는 덕으로 성취되어야 한다. 둘째, 덕에 근간한 인격성은 관계적이다. 즉, 고립되고 자율적이며 사적인 자아는 실존적 자아의 출발점으로 상정되지 않는다. 대신에 실존적 자아는 항상 사회적인 맥락에서 타자와의 관계에서 이해되며, 참다운 자아는 참여적이고 의례적인 공동체에서의 연관성과 상호 의존에 의해서만 현존한다. 유교 윤리에서 타자는 자율적 자아의 [외부적] 제약이 아니라, 끊임없이 확장하는 관계적 자아에서 없어서는 안 되는 부분이다. 마지막으로 사적 자아private ego 와 반대되는 절대적인 타자가 전제되지 않으므로, 상호 호혜성과 의사소통 능력은 인간관계의 기초적 토대가 된다. 유가적 세계에서 자기 수양이나 자아실현의 관건은, 신성하거나 이성적인 능력 혹은 자기 혼자만의 깨달음을 발휘하는 데 있지 않으며 조화로운 인간 관계망을 구축·유지·확장하는 데 있어서의 질적인 성취에 달려있다. 인간다움의 관계적이고 윤리적인 측면을 염두에 두면, 유교의 인 관념은 성 중립적이며, 어떠한 선험적인 규정도 전제되어 있지 않다. 원칙적으로는 인간관계의 숙달로 달성된 이상적인 인간다움은 남녀 모두에게 열려있다.

그러나 이론적 수준에서 유가의 인 관념이 갖는 개방성은, 중국 여성들의 종속적 지위라는 사회적이고 역사적인 실제와는 극명히 대조된다. 학식을 갖추었건 그렇지 않건 간에, 중국의 여성들은 모두 형식적으로 은폐된 공간으로서 '내'의 영역에 국한되어 있었다. 그러므로 중국의 여성은 개념적으로 철저히 불완전하고 의존적인 존재였다. 유교의 인 윤리와 예속된 중국 여성의 잔혹함 사이의 이러한 괴리를 이해하기 위해서 우리는 우선 중국 사회에서 성차별이 어떠한 방식으로 구조화되고 있는지를 이해해야 한다. 교차 문화 연구

에서 데카르트의 이원론(이성적인 마음/비이성적인 신체)이나 아리스
토텔레스적 전통(능동적인 형상/잠재적인 질료)으로 예증되는 서구 보
편의 이원론적 젠더 패러다임을 거부하고자 한다면, 우리는 중국 사
회에서 젠더를 이해하는 데 있어 그 문화적 요소를 구체화해야 한다.
즉 중국 여성이 [만들어진] 젠더적 존재인 만큼, 여기에 어떤 문화적
의미가 체현되고 있는지를 이해해야 한다. 더 나아가 실제의 사회적
현실에서 남성들이 유교적 자기수양의 과업의 정점에서 문화[文]를
활용할 수 있는 것과는 달리, 여성들이 그들의 진정한 인간이 되고
자 하는 자아 수양의 과업에서 어떠한 수단을 활용할 수 있는지 이
해해야 한다. 다음 장에서 우리는 중국의 음양 개념에 대해 살펴보
고자 하는데, 중국의 젠더 담론에서 음양 개념은 여성성/남성성의
개념과 유사한 것으로 간주되었다.

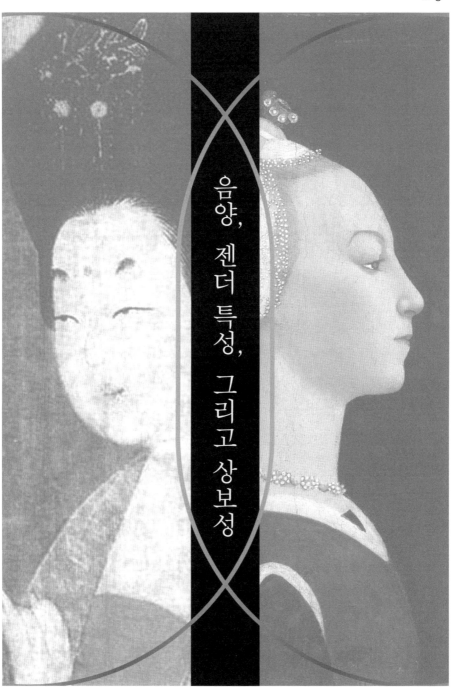

음양, 젠더 특성, 그리고 상보성

Chapter 3

젠더 담론에서 '여성'이 생물학적이고 사회적인 범주로 간주되는 것은 현대 중국에서 최근에 이루어진 현상이다. 왜냐하면 전통적인 문헌에서 여성에 관한 담론은 주로 아버지-어머니, 남편-아내, 아들-딸과 같은 가족 역할에서 구현되는 사회적 관계의 적절성에 대한 담론이었기 때문이다. 오늘날 '여성女性'이라는 용어는 생물학적인 여성을 의미하고 또 보편적인 여성성을 전달하는 데 사용되곤 하지만, 20세기 초 5·4 운동이 일어나기 전까지 중국어에서 등장하지 않았다.[1] 5·4 운동으로부터 국어의 '근대화'(역자 주: 일상 언어인 백화白話를 사용할 것을 주장하는 대중어문 운동)가 촉발되기 전까지 [오늘날의] '여성'이라는 개념은 전통적으로 '부녀婦女(아내와 딸)'라는 용어로 명명되었다. 타니 발로Tani Barlow가 그녀의 논문 「여성의 이론화: 부녀, 국가, 가정Theorizing Woman: Funu, Guojia, Jiating」에서 지적하고 있듯, 여성이라는 용어는 원래 1920년대에 흥기했던 새로운 지식인들의

---

[1] 여성 女性이라는 현대적 용어의 용례에서 여성성과 관련한 전통적이고 제한적인 친족적 역할을 초월해 보편적 여성으로의 인식으로 볼 수 있는 점은, 서양의 페미니즘을 여성주의女性主義라고 번역한 것에서 분명히 드러난다. 그리고 모든 페미니스트와 여성의 저작들은 여성문학女性文學이라는 문학적 범주에 속한다.

발명품이었다. 이 여성이란 고안된 용어의 상징적 의미는 다음의 두 가지와 같다. 첫째, 가족관계[家]의 경계 내에서 생각되어진 부녀라는 여성적 표상이 더 이상 유효하지 않다는 것이다. 둘째, 친족-중립적 용어인 '女性'이 서구의 'woman'과 개념적인 등가물로 사용되었는데, 이는 중국어 문체가 '근대화'되는 기점을 상징한다. 5.4 운동 기간에 여성이란 단어가 '서구화'와 '근대화'의 표식으로 여겨졌고, 이후 1930-40년대의 초기의 공산주의 해방 운동 기간에는 여성이란 단어는 서구 '부르주아bourgeois' 여성을 뜻하게 되었다.[2]

일련의 여성적 자질에 뒷받침되거나 선천적인 생물학적 기능에 근거한 친족-중립적 용어인 '여성'이란 표상은, 사실 전근대 중국에서 상당히 낯선 것이다. 분명 고대 문헌에선 여女는 본래 어린 미혼 여성을 지칭하였으며, 부婦는 기혼 여성을 지칭하는 데 사용되었다. 시기적으로 가장 이른 경전인 『시경』의 「관저關雎」는 가장 먼저 실려 있으며 많은 사람들이 알고 있는 시인데, 여기의 여는 귀족 남성과 잘 어울리는 완벽한 짝으로서 유덕한 소녀를 지칭한다. "얌전하고 수수한 여자, 군자의 좋은 짝이로다."[3] 전통적으로 여기에서 소녀는 오왕吳王의 새로운 신부를 가리키는 것으로 이해된다.[4] 『예기』에

---

2 여성이라는 용어의 발명과 정치적 담론에서 공산주의자들의 부녀婦女라는 용어 사용에 대해선, Bralow (1994a; 1994b) 참조. 5·4 운동 기간의 문학논단에서, 보편적인 '여성다움'을 여성女性이란 용어로 소설에서 재현한 점에 대해선 Ching-ki Stephen (1988) 참조.

3 Legge (1960) Ⅳ, 1 참조.

4 『시경』에서의 다른 예는 9번, 23번, 42번 그리고 58번의 시에서 찾아볼 수 있다 (Legge의 번역 중 시의 번호와 쪽수 번호의 변환에 대해서는, Legge (1960) Ⅳ, 「Concordance Table」, v–xiv 참조). 특정한 시(82번의 시 등)에서 여女라는 단어가 기혼여성을 지칭하는 것은 맞지만, 대부분 미혼 소녀나 젊은 신부를 지칭한다. 마찬가지로 공자가 소인小人과 함께 여자가 예의禮儀가 결여되어 있다고 폄훼

서 미혼 여성은 여자女子로 호칭하며, 미혼 남성은 남자男子라고 호칭한다.[5] 가장 이른 중국어 사전 중 하나인『설문』에 따르면, 여가 결혼을 하면 그녀는 관례적으로 부로 불리게 되었다. 또한 부라는 단어는 대개 부夫,남편와 쌍을 이루어, 유교의 사회적 관계[五倫] 중 하나인 부부 관계를 지시하곤 했다. '여성'에 대한 전통적 표상으로서 부녀는 젠더화gendering 과정에서 가족 관계가 갖는 우선성을 나타낸다. 여성은 주로 두 가지의 다른 사회적 범주에 속한다. 하나는 여(미혼 여성 또는 딸/시녀)이고, 또 다른 하나는 부(기혼 여성 또는 아내·어머니)이다.

중국 문학 전통에서 남녀의 젠더 관계를 나타내는 데 있어 오직 [생물학적인] 성적sexual 차이에 근거하는 관념은 찾아보기 어렵다. 모빈牡牝과 자웅雌雄이란 단어는 글자 그대로 암컷과 수컷을 의미하며, 이는 주로 동물을 지칭할 때만 사용되었다.[6]『묵자』에서 남녀라는 단어와 달리, 모빈과 자웅이란 단어는 날짐승·들짐승의 세계와 명시적인 관련이 있다. "성인께서 하늘과 땅에 관하여 전하심에 곧 천지와 사계절을 말씀하셨고, 음양과 인정人情을 말씀하셨고, 남녀와

한,『논어』의 악명 높은 구절(17.25)에서의 '여'는 아직 적절하게 의례화하지 않아 젠더화되지 않은 소녀를 지칭하는 것으로 거의 틀림없이 해석될 수 있다. 다만, 이것은 공자의 '성차별주의적' 발언에 대한 면피가 아니다. 오히려 여기서의 논점은, 유교 전통에서 친족 관계로부터 독립된 젠더 개념이 없었다는 것에 관심을 기울이는 데 있다.

5　『예기』「잡기하雜記下」와 그 주해에 대해선 Legge (1967) I, 137 참조.

6　'웅자雄雌'라는 용어는 인간과 자연계의 구별이 덜 뚜렷한『도덕경』에도 나타난다. 『도덕경』의 이해하기 어려운 문제는 웅자라는 용어의 명확한 해석을 어렵게 한다. 28장에서 언급된 '웅'과 '자', 10장에서 언급된 '자'라는 용어가 인간세계에서의 남녀의 젠더관계를 말하는지, 아니면 암컷과 수컷과 관련한 '남성적이고 여성적' 특징을 말하는지가 확실하지 않다.

날짐승·들짐승에 대해 말씀하셨다."[7] 남녀라는 용어가 구별적인 성 역할·관계를 함의하여 인간 세계에만 사용될 수 있는 반면에, 모빈과 자웅이란 용어는 생식기[의 차이]로 암컷과 수컷을 구별하는 날짐승과 들짐승의 세계에만 사용된다. 순자가 보기에 남녀를 사회적인 역할과 의무에 따라 구별한다는 것은 [짐승과 구별되는] 인류의 지표이다. "사람이 사람 된 까닭은 다만 그 발이 둘이고 털이 없어서가 아니라 그 변별 능력을 가졌기 때문이다. 무릇 날짐승과 들짐승에게 어미와 새끼는 있더라도 부자간의 친애하는 정은 없으며 암수는 있더라도 남녀 간의 분별은 없다[無男女之別]. 그러므로 사람의 도에 변별이 있지 않을 수 없다."[8]

여기에서 두 가지의 함의를 도출하자면 다음과 같다. 첫째, 인간의 남녀 구분은 동물의 그것과는 다르다. 왜냐하면 전자가 사회적 역할과 의무 간의 자각적인 구별인 반면에, 후자는 타고난 생식기관 간의 본능적 구별이다. 둘째, 현대 서구 페미니스트의 저작에서 널리 퍼진 섹스/젠더라는 불연속적인 개념 구별(역자 주: 섹스는 생물학적인 성을 의미하는 반면, 젠더는 사회적으로 구성된 성을 의미함)은 전통 중국 학계의 젠더 담론에서 다루어지지 않는다. 왜냐하면 생식기관 그 자체가 남녀를 구별하는 본래의 기준으로 간주되지 않았기 때문이다.[9]

---

7 『묵자』, 6장; Mei (1929), 26 - 27 참조. 본 번역은 김학주 역 (2003)의 『묵자 墨子 上』, 명문당, 100에서 인용함.

8 『순자』, 5장; Dubs (1966), 71 - 72 참조. 그러나 Eric L. Hutton의 번역에서 남녀 男女는 '수컷과 암컷'으로 표현되었다. Hutton (2003), 114 참조. 본 번역은 이운구 (2018)의 『순자 1』, 한길사, 124에서 인용함.

9 젠더를 타고난 생물학적, 성적인 sexual 차이로 확정하는 견해는, 아리스토텔레스까지 거슬러 올라갈 수 있다. 성 담론에서 아리스토텔레스의 생물학적 본질주의는, 보부아르의 『제 2의 성』에서 도전을 받았다. 보부아르 이후의 생물학적 성 sex과

문화화 및 사회화의 결과로 [인간은] 남녀를 뚜렷하게 구분 짓는 심리적인 특징·사회적인 역할을 갖게 되며, 날것의 육체를 함의하는 섹스sex는 [남녀를 구별하는] '기본 요소basic stuff'가 된다. 그러나 중국의 섹스는 그러한 기본 요소로 규정될 수 없다. 전근대 중국의 젠더gender는 남성과 여성의 선천적인 생물학적 차이의 한 쌍으로 가정되지 않았으며, 또한 남성과 여성의 사회적 범주와 연관된 여성적, 남성적 자질들의 한 쌍으로도 가정되지 않았다. 인간관계의 숙달을 통해 실천적 성취를 꾀하는 유교의 인격상을 고려해본다면, 전통 중국 학계에서 여성을 생물학적으로 성별화된 존재sexed being —사회적 관계와 무관한—로 규정하려는 시도는 다소 주변부적인 것이다.

[전통 중국의] 젠더에 대한 논의의 핵심은 바로 가족, 친족 내의 역할에 있다. 여성에 대한 초기 표상은 『오경五經』에서 발견되며, 이는 분명 가족적이다. '여성'의 범주는 그녀가 차지하는 역할의 차원에서 이해되지, 생물학적 존재 혹은 가족관계 밖의 초월적 주체라는 선천적 '본성nature'의 차원에서 이해되지 않는다. [고대 중국의 문헌에서] 여성이 가족적 역할과 구별되는 범주로 거의 언급되지 않았다는 점은 중국학자 리처드 기소Richard Guisso에 의해 관찰되었다. 그는 중국 여성에 대한 전통적 인식에 대해 체계적이면서도 때론 비판적으로 해석하였지만 그럼에도 다음과 같은 결론을 내렸다. "고전에서 여성을 인격체로 묘사하는 내용이 거의 없고, 다만 대부분 딸, 아내,

---

사회적 성gender의 개념적 분리는, 현대 페미니스트 담론에서 취하는 일반적인 가정이 되었다. 그러나 Judith Butler와 Denise Riley는 섹스와 젠더, 자연과 문화 등의 이원적 체계가 갖는 타당성에 의문을 제기했다. Judith Butler (1990; 1993); Denise Riley (1988) 그리고 Elizabeth V. Spelman (1988) 참조.

어머니라는 생애 주기의 이상적 역할에 대해 다루고 있다."[10]

여성의 범주가 딸, 아내, 어머니와 같은 가족적 역할과 공명한다는 것은 또한 중국의 여성에 대한 마저리 울프의 민족지誌학 연구에서도 드러난다. 현지 정보원이 여성과 그녀의 가족적 역할을 개념적으로 구별하지 않으려 한 것은 서구 관찰자들이 가지고 있는 현상주의적 가정 ― 여성적인 범주를 어떤 가족 관계 이전의 일련의 자질이나 속성으로 정의하는 ― 을 거부한 것이다. 울프는 다음과 같이 말한다. "중국 여성이 당신에게 참된 여성적 특성을 묘사하도록 하는 것은 불가능에 가깝다. 그녀는 당신이 제기한 문제를 바로 참된 아내나 딸, 며느리[의 특성을 묘사하라는 것으]로 바꾸어 이해해버리고, 당신이 이에 반대하면 그녀는 당신에게 좋은 딸에 대해서 이야기할 것이다."[11] 친족-중립적인 관점에서 젠더를 이해하는 서구와, 젠더를 가족·친족의 역할과 얽힌 것으로 보는 중국의 문화적 차이는 분명하다. 친족적 역할을 넘어 '여성'에 대한 규범적인 설명을 얻으려는 외부 관찰자의 시도는 현지 정보원이 계속 그 주제를 구체적인 가족, 친족의 역할을 묻는 것으로 바꾸어 이해하면서 좌절되었다. 하지만 중국 사회에서 여성은 오직 딸이고 아내이고 어머니이기 때문에 '여성'일 수 있다. 분명 엄밀한 '여성'적 자질은 존재하지 않는다. 따라서 '참된 여성proper woman'에 대한 묘사는, 반드시 딸, 아내, 어머니의 측면에서 부과된 가족적, 친족적 역할에 대한 규범적 표상과 맞물린다.

전통 중국에서 젠더를 가족 역할로 이해한 점은, 18세기의 교훈서

---

10 Richard W. Guisso (1981), 48.
11 Margery Wolf (1985), 112; Barlow (1989), 318에서 인용함.

인 진홍모陳弘謀의 『교녀유규 教女遺規』의 다음 구절에도 반영되어 있다. "무릇 가족에 머무를 때는 딸이 되고, 출가해선 아내가 되며, 자식을 낳아선 어머니[母]가 된다. 현명한 딸이 있은 연후에야 현명한 아내가 있을 수 있고, 현명한 아내가 있은 연후에야 현명한 어머니가 있을 수 있으며, 현명한 어머니가 있는 연후에야 현명한 자손이 있을 수 있다."[12] 비록 진홍모는 여성이 준수해야 하는 표준적인 예의범절을 규정하는 교훈서를 작성하고는 있지만, 여성 그 자체에 대한 근원적foundational 자격을 상정하지는 않았다. 여성들은 대신에 딸, 아내, 그리고 어머니라는 가족적 역할의 관점에서 이해되었다. 즉 타니 발로의 말을 빌리자면, 중국 여성은 가족 관계 이전 또는 그 너머에 존재하는 '초월적 주체'로 가정되지 않았다.[13] 오직 각각의 가족적, 친족적 역할을 맡을 때에서야 젠더화된 존재로서 '여성'이 만들어진다. 친족 관계는 인간을 '남성' 혹은 '여성'으로 인식할 수 있게 만들며, 곧 젠더화 과정은 친족 구조의 의례화 과정과 동시진행적이다. 전근대 중국의 젠더 체계는 혈연의 위계 구조에서 이해되어야 하며, 남녀에 대한 사회적이거나 생물학적 범주에 할당된 일련의 선천적 자질들에 의거한다고 보아선 안 된다.

그러나 음양 은유와 남성성/여성성이라는 현대 서구적 이원론이 갖는 유사성 때문에 음양 개념은 중국 젠더 체계의 지표로 여겨져 왔다. 음의 수용적 성질과 양의 팽창적 성질은 종종 중국 여성이 가부장적 가족 구조에 종속되는 이론적 근거로 간주되었다. 음양은 여성성과 남성성이라는 서구 이원론과 동의어가 된다. 그러나 이러한

---

12 Barlow (1994a), 255.
13 위의 책, 256.

등호는 문제시될 수 있는데, 왜냐하면 서양의 그것과는 달리 음양 은유는 철저히 상관적이고, 협력적이며, 상보적이기 때문이다. 이러한 논지를 입증하기 위하여 다음에서 우리는 음양 관념이 서구와 마찬가지로 남성/여성의 이원론적 대립을 반영하고 있다는 가정을 검토하고자 한다. 이어서, 우리는 음양 은유의 역사적 내원과 전통적 용례 그리고 음양이 오행五行과 건곤乾坤과 갖는 복잡한 연관성을 밝힐 것이다. 결국 우리는 음양과 젠더 위계 간에 밀접한 연관성이 존재한다는 기존의 가정을 문제시할 것이다. 여성성/남성성이란 서구의 이원론적 패러다임과는 달리, 대체적으로 음양은 비대립적이고 상보적인 이항이므로 중국의 성 억압을 정당화하기에 적합한 이론으로 기능할 수 없다.

음양과 남성성/여성성

구미의 작가들이 음양 은유를 논의하기 시작했을 때부터 음양은 주로 남성성/여성성의 서구 젠더 관념과 개념적 등가물로 여겨졌다. 음을 강조하는 무위자연無爲自然의 도가道家 전통이 주로 여성적인 측면이 있는 것으로 특징지어지는 반면에, 질서 있는 인간 사회의 필요성을 강조하는 유가 전통은 주로 남성적이라고 간주되었다. 중국사상사에서 도가와 유가 전통은 대립되고 변증법적인 두 세력으로 설정된다. 도가/유가 혹은 음/양을 이분화하는 흔한 경향은 저명한 중국학자인 조지프 니덤Joseph Needham의 저술에서 찾아볼 수 있다. 그의 『중국의 과학과 문명Science and Civilisation in China』에서 니덤은 "유가적 지식은 남성적이고 관리管理적이다. 도가들은 이런 유가를 비난했으며, 여성적이며 수용적인 지식을 구하고자 했는데 이는 전적으로 자연을 관찰함에 있어 수동적이고 순종적인 태도를 갖출 때에서만 가능하다."[14]

니덤은 유가와 도가를 개념화하기 위해 여성성과 남성성의 현대적 이분법을 채용하였다. 음 혹은 도교는 수동적인 여성성과 동일시되어 곧 자연과 연관되며, 양이나 유교는 능동적이고 호기심적인interrogative 남성성을 대표하여 곧 가부장적 사회와 연관된다. 니덤에 따르면, 도교의 여성 지향성은 중국 초기, 원시 단계의 모계 사회의 가능성을 함의한다.[15] 양이 남성적, 능동적, 인간 사회를 나타낼 때, 그것과 반대되는 음은 명백히 여성적, 수동적, 자연친화적이다. 음양 은유가 서구적 시각에서 투사되었을 때, 그것은 여성성/남성성이라는 서구적 패러다임의 개념적 등가물로 여겨진다.

니덤의 음/양, 여성/남성의 이분법은, 데카르트적 철학 체계 내의 남/녀의 대립적 이분법을 취하는 서구 페미니스트들의 해석선상에 있다. 합리적인 마음이 기계적인 마음보다 중요하다고 보는 데카르트적 심신이원론을 차용하여, 제너비브 로이드와 같은 페미니스트들은 [서구] 고전의 젠더 표상을 '명령하는 남성의 이성적 마음'과 '순종하는 여성의 기계적 몸'의 이원성으로 재해석한다. 이 때 전자는 주체subject 또는 행위자agent를 상징하는 데 반해, 후자는 객체ob-

---

14 Needham (1956) II, 33; Ames (1981), 1에서 인용함. 도교를 여성적이라고 간주하는, 유사한 평가는 Ellen Marie Chen에게서도 찾을 수 있다. "『도덕경』에서 도는 몇 번이고 여성적 원칙이라고 말한다. (…) 그것은 비어있고, 어둡고, 양보하는, 즉 여성의 모든 특성들이다." (1969), 399.
15 Needham (1956) II, 105; Ames (1981), 21에서 인용함. 주대 이전의 중국의 모계사회에 대한 추측은 Ellen Marie Chen (1969), 401–405에서도 찾아볼 수 있다. 고대 중국의 모계·원시사회의 존재와 도교의 연관성에 대해선 특히 Sandra A. Wawrytko (2000), 163–98 참조.

ject 또는 피동성passivity을 의미한다.[16] 데카르트적 심신이원론에 따라 여성성과 남성성이 설정되었으므로, 서구의 젠더는 무엇보다 형이상학적이고 존재론적인 범주로 인식된다. 둘째, 이성, 합리적 마음, 초월성과 같은 남성 또는 남성성은 신성한 것으로 인간 존재의 이상적인 측면을 나타내는 반면에, 열정, 무의식의 몸, 내재성과 같은 여성 또는 여성성은 물질적이고 [보편성이 결여된] 특수적인 것으로 인간 존재의 수동적 측면을 나타낸다. 데카르트적 틀 내에서 남성과 여성은 단지 다르고 위계적일 뿐만 아니라, 더 중요하게는 그 둘이 상보적이라기보다는 서로를 부정하는 모순적인 개념이다. 따라서 상관적 음양 은유를 여성과 남성의 개념과 동일시하는 것은 젠더에 대해 존재론적인 지위를 가정할 뿐만 아니라 더 중요하게는 젠더의 이원적이고 상호 부정적 성격을 가정하고 있다. [그러나] 음과 양은 모순 개념이 아니다. 왜냐하면 개념적으로 양은 이상ideal으로 기능하지 않고, 음은 결함으로 기능하지 않으며, 또 내재적이고 의존적인 음에 비해서 초월적이고 자율적인 양이 특권을 취하는 것도 아니기 때문이다. 오히려 그것들은 상관적이고 상보적으로 분리될 수 없는 두 요소이다. 음양의 상관적 이분법은 배타성과 비양립성 대신

---

16 Genevieve Lloyd (1984) 참조. 여기서 '데카르트적Cartesian'이란 용어는 데카르트 그 자신을 그다지 지칭하지 않는다. 사실 데카르트는 여성의 본성에 대해서 거의 언급하지 않았다. 오히려 그의 심-신의 형이상학적 이원론은, 18세기 계몽주의 작가들에 의해 성평등을 옹호하는 데 활용되었다. 여기서의 '데카르트적'이란 용어는 성 담론에서 데카르트주의의 역사적, 문화적 사용을 지칭하기 위해 사용된다. 여기에서 나는 Susan Bordo의 데카르트Descartes와 데카르트주의Cartesianism의 구분을 따르고 있다. "우리의 비판 대상은, 데카르트가 아니라 주류적인 데카르트주의의 문화적, 역사적 해석들이다." (Bordo [1999], 2). 데카르트 주의의 역사적 사용과 오용에 대해선 Stephen Gaukroger (1995) 참조, 특히 'Introduction' 부분.

에 상호성과 호혜성을 특징으로 한다. 남성과 여성의 대립적 이분법과 달리, 음과 양의 상관적 개념쌍은 배타적으로 여성 혹은 남성의 일방에 해당하지 않는다. 비록 한漢대의 우주론, 특히 전한 시대의 동중서董仲舒에 의해 작성된『춘추번로春秋繁露』에서 음양 은유가 때때로 젠더와 연관된 것이 사실이지만, 음양은 젠더와 무관한 개념이다. 복잡한 은유로서 음양의 운영 방식은 때때로 젠더교차적cross-gender이며 젠더초월적beyond gender이다. 상보적인 음양 관념은 천문학, 의학, 점술 등과 같은 다양한 분야의 지식을 구성하기 위한 기본적인 이원적 체계를 제공하였다. 이런 이유로, 음양은 자연계와 인간세계의 내부적 운용 방식을 설명하는 역할을 한다.[17] 요컨대 여러 학자들이 인정하고 있는 음양의 상관성은, 젠더에 적용될 수 있을지언정 젠더에 근거하고 있지는 않다.[18]

음양과 상관적 우주론

초기의 음양 관념은 인간관계를 나타내기 위한 것이 아니었다. 음陰-양陽은 무엇보다도 순환적이고 보완적인 우주론적 개념이다. 어원학적으로,『설문』에서 정의한 음은 산의 그늘진 쪽을 의미하고 양은 산의 양지바른 쪽을 의미한다.[19] 이러한 음양의 의미론적semantic 의미는 태양의 위치에 따라서 햇빛과 그늘이 규칙적으로 연속되고 그에

---

17 중국 우주관의 기본적인 이원 체계로서, 음양 상관론의 유형에 대해선 Graham (1986; 1989) 참조.
18 Black (1989), 185; Raphals 1998, 139–40.
19 음양 용어의 언어 구조와 의미론적 의미에 대한 자세한 내용은 다음을 참조. Xu Fuguan (1961), no. 19, pt. I, 4. 또한 Bernhard Karlgren (1957), no. 651, 173, no. 720, 188–98. Rubin (1982), 140–41. Graham (1986), 70–71.

따라 온랭(溫冷)의 기후 변화가 이루어지는 관찰에 기초한다. 음양은 문자 그대로 자연에서 두 가지의 순환적이고 보완적인 변화를 나타낸다. 이러한 빛-그늘 또는 따뜻함-차가움의 교대를 뜻하는 음양 용례는 여러 고대 문헌에서 등장한다. 『시경』에서 음과 양이 가장 먼저 출현하는데[20] 음은 흐리고 그늘진 날씨를 나타내는 비와 함께 사용된다. "온화하게 동풍이 불어오니, 음하여 비가 내린다[習習谷風, 以陰以雨]."[21] 대신에 양은 햇빛을 나타낸다. "흠뻑 맺힌 이슬이여, 오직 양만이 이슬을 말릴 수 있다[湛湛露斯 匪陽不晞]."[22]

음양(陰陽)이 한 단어로 가장 먼저 등장한 것은 『시경』「공류(公劉)」에서이며, 이 시는 공류 임금이 빈(豳) 지역을 주의 깊게 시찰한 후에 그곳으로 가장 먼저 정착한 이야기를 기록하고 있다. "후덕하신 공류께서 토지가 이미 넓고 길거늘 해그림자를 관찰하고 등성이에 올라가 음과 양을 보며 흐르는 물을 관찰하였다."[23] 낯선 땅으로의 새로운 정착이라는 맥락에서, 이 시에 나오는 음양이란 용어는 아마도 시

---

20 음양이라는 용어가 『역경』에서도 나타나는 것은 사실이지만, 진나라 말기나 한나라 초에 편찬된 것으로 추정되는 『역전』에서만 등장한다. 『역경』의 본문 부분과 이후에 첨부된 주석인 『역전』 사이의 중요한 차이점은 이후에 자세히 논의될 것이다. 『서경』을 보자면, 고문古文의 「주관周官」편에서만 음양이 한 번 등장한다. 학자들은 일반적으로 이 『고문상서』가 기원후 4세기 초에 작성된 후대의 위작偽作이라는 데 동의한다. 따라서 중국 문학에서 음양이라는 용어가 가장 일찍 등장한 것은 『시경』으로 합의되어야 하며, 『시경』「주서周書」의 [문헌적] 지위는 일반적으로 받아들여진다. 자세한 내용은 Edward L. Shaughnessy (1993b), 376 참조.
21 『시경』 35번 시; Legge (1960) IV, 55 참조. 본 번역은 성백효 역(2013)의 『시경집전詩經集傳 上』, 전통문화연구회, 95에서 인용하고 다소 수정함.
22 위의 책, 174번 시; 위의 책, 276. 본 번역은 성백효 역(2013)의 『시경집전詩經集傳 上』, 전통문화연구회, 398에서 인용하고 다소 수정함.
23 위의 책, 250번 시; 위의 책, 483. 본 번역은 성백효 역(2013)의 『詩經集傳 下』, 전통문화연구회, 266에서 인용하고 다소 수정함.

찰한 지역에 대한 일종의 자연적 특징 내지는 현상을 의미할 것이다. 중국학자 제임스 레게의 번역에서 음양은 언덕의 '양달과 응달'이다. 쉬푸관徐復觀의 견해는, 음과 양은 산의 북쪽과 남쪽을 가리키는데, 산의 남쪽이 햇빛을 받아 양이 되고 산의 북쪽이 그늘이 지므로 음이 되기 때문이다.[24] 어찌되었건 간에 주나라의 초기 고전인 『시경』에서 발견되는 음양은 『설문』이 각각 언덕의 그늘진 쪽과 햇볕이 잘 드는 쪽으로 정의한 언어적 기원과 상통한다.

밝음과 어두움에 대한 은유로서 음양은 개념적으로 서로가 서로를 부정하는 대립적인 이항이 아니라 상관적인 이항이다. 첫째, 빛과 그림자 또는 따뜻함과 추움의 질적 차이는 오직 상대적일 뿐이며, 좋음good과 나쁨bad, 옳음right과 그름wrong, 공public과 사private 등의 대립적인 이항들처럼 절대적이지 않다. 예를 들어 선과 악은 상호간에 다른 일방을 배타시하며 그 배타성은 절대적이다. 둘째, 대립적 이항에서 이상ideal은 그 상대방과의 상관관계에서 정의되지 않으며, 오직 그 자체의 본질에 의해 정의된다. 즉 나쁜 것과의 관계에서 좋음이 성립되는 것이 아니라, 그것이 좋음이게 하는 내재된 무엇인가가 있기 때문에 좋음이 그 자체로 성립한다. 마지막으로, 대립적 이항에서 이상ideal은 그 대립적 관계와는 독자적인 것이며, 그래서 대립적 이항의 관련성은 오직 표면적인 것일 뿐이다. 즉 나쁨이 부재하더라도 좋음은 여전히 좋음이다. 대조적으로 밝음-어두움, 따뜻함-추움이라는 상관적인 이항은 상호간에 모순되지 않는다. 개념적으로 따뜻함-차가움 또는 밝음-어두움은 연속적인 스펙트럼에 위치하

---

[24] Legge (1960) IV, 488; Xu Fuguan (1961) I, 4-5 참조.

고 있으며, 이 스펙트럼에서 춥고 따뜻한 상태는 항상 서로 상대적이다. 따뜻함과 추움의 상관관계는 [의미] 내부적인 것으로서, 하나의 존재가 다른 하나의 존재에 의존하고 정의된다. 차가운 음은 따뜻한 양과 항상 관련되어 있으며 얽혀있고, 그 반대도 마찬가지이다. 따라서 밝음-어두움 또는 따뜻함-차가움의 상관적 이항으로서 음양은 비대립적nonoppositional 이항으로 개념화하는 것이 마땅하다. 음양의 개념쌍을 비대립적 이항으로 활용한 것은 주대 이후에도 계속되었다. 기원전 4세기까지 음양은 사계四季와 오변五變을 일으키는 하늘의 육기六氣에 속한 두 기였고, 이 육기가 과도하면 인체에 6가지의 질병을 가져오게 된다. 우주는 육기로 구성되어 있다고 간주되었으며, 음양이 육기 가운데의 두 기를 뜻하는 용례는 기원전 5-4세기의 문헌인 『좌전』, 『국어』, 성립시기가 이른 『관자管子』의 일부분, 『장자』「내편內篇」 등에 반영되어 있다.[25] 육기의 언급은 『장자』「내편」에서 나타나는데, 참된 사람[眞人]은 "천지의 올바름을 타고, 육기의 변화를 거느린다."[26] 육기를 탈 수 있거나 다스릴 수 있는 것은 중요한데, 기는 유동적이고 생명에 필수적인 숨으로 우주와 인체가 하나가 될 수 있는 세계의 기본구성요소로 간주되었기 때문이다. "사람이 사는 것은 기가 모이기 때문이며, 기가 모이면 삶이 되고 기가 흩어지면 죽음이 되오. (…) 때문에 '천하는 하나의 기로 통한다.'고 한다.'"[27]

---

25 『관자』와 『국어』의 육기六氣에 대한 언급으로는 Raphals (1998), 148-49 참조.
26 『장자』 1장; Victor H. Mair (1998), 5 참조.
27 위의 책, 22장; 위의 책, 212. 본 번역은 안동림 역(2013)의 『장자』, 현암사, 535에서 인용함.

생명은 기의 응집[凝聚, coherence]에 의거하는데, 마치 이 세계의 운행이 기의 조화에 의거하는 것과 같다. 기의 결여 혹은 불평형은 재난을 초래한다. 『장자』에서 음과 양의 불균형은 점차 쇠잔해지는 신체의 맥락에서 논의된다. "굽은 등은 불쑥 나오고 오장五臟은 위로 올라가 있으며, 턱은 배꼽에 가려지고 어깨는 정수리보다 높이 올라갔으며, 목덜미는 하늘을 가리키고 있었다. [몸속의] 음양의 기가 어지러워졌다."[28] 건강한 신체는 기가 응집된 것이며, 쇠잔해지고 죽어가는 육체는 음양의 불균형이 발현된 것이다. 육기의 균형과 신체건강 사이의 상관관계는, 『좌전』에도 자세하게 설명되어 있다. 진晉나라 후작이 병이 든 이야기에서, 의사는 그의 불치병에 대해 설명하길 과도한 성행위로 신체 내의 육기가 불균형해졌기 때문이라 언급한다. "하늘에는 육기가 있사온데 (…) 그 육기는 음·양·풍風·우雨·회晦(어둠)·명明(밝음)입니다. 이것들은 봄·여름·가을·겨울의 사계절을 구분하며, 오행 ─ 금金·목木·수水·화火·토土 ─ 의 차례를 이루게 하는데, 그것이 지나치면 재해가 생깁니다." 의사가 설명하길 "음이 지나치면 한질寒疾이 나고, 양이 지나치면 열병이 나며, 풍이 지나치면 수족에 병이 나고, 우가 지나치면 복통이 나며, 회가 지나치면 망상이 생기며, 명이 지나치면 심장병이 납니다." 육기의 불균형과 그로 인한 신체상의 영향에 대해 설명한 후, 의사는 진 후작의 불치병이 과도한 성교 때문이라고 결론짓는다. "여자는 양이어서[女陽物] 어두운 때[晦]에 가까이하는 존재로, 지나치게 가까이하면 체내에 열이 나고 망상을 가져옵니다."[29]

---

[28] 위의 책, 6장; 위의 책, 58. 본 번역은 안동림 역(2013)의 『장자』, 현암사, 198에서 인용함.

흥미롭게도, 여기에서 여성은 음이 아닌 양과 관련지어진다. 여기서의 여성을 양으로 간주한 것은, 음-여, 양陽-남男이란 [통념적인] 상관성과는 명백히 일관되지 않으므로, 학자들이 이 구절에 대한 일관적인 해석을 구성하는 데 있어 어려움이 있었다. 그러나 비판적인 검토를 거칠 때 우리는 여성과 양 사이의 연관성은 단지 부차적인 것임을 알 수 있을 것이다. 여기서 양기는 음습한 기와 마찬가지로 어느 젠더에만 배타적으로 적용되는 젠더특성이 아니다(예를 들어 양은, 남성과 음의 여성에 배타적으로 적용되지 않는다). 오히려 여기서 주목되는 것은 신체에서의 과도한 양기와 체내의 음습한 기의 영향이다. 진나라 후작의 불치병은 성교의 과다로 인해 여성 체내에 양기와 음습한 기가 누적되었기 때문이다. 과도한 그것들은 진 후작의 내열內熱과 망상과 같은 질병을 기인하였다. 이러한 진단은, 의사가 초기에 육기의 불균형을 신체의 상응하는 질병과 연관 지었던 것과 전적으로 일치한다. 즉 과도한 양기는 열병熱病을, 과도한 음습한 기는 망상을 기인한다. 이 구절에서 여와 양陽의 연관성은 단지 우연적일 뿐이다. 사실 많은 학자들이 지적한 바와 같이, 이 구절은 그 당시에 음과 양이 특별히 젠더와 연관되지 않았음을 의미하는지도 모른다.[30]

또한 『묵자』에서 음양은 사계절의 교대―음양이 연속하는―로 연결되기도 한다. "그래서 하늘은 추위와 더위를 절기에 맞도록 해주고, 사계절이 조화되도록 해주며, 음양과 비와 이슬이 때에 알맞도

29 『좌전』, 소공원년. Legge (1960) V, 573 - 74, 580 - 81 참조. 본 번역은 문선규 역(2009)의 『春秋左氏傳 下』, 현암사, 43-44에서 인용함.
30 Raphals (1998), 147; Xu Fuguan (1961) I, 5 - 6; Graham (1986), 71.

록 해준다."[31] 또한 "성인께서 하늘과 땅에 관하여 전하심에 곧 천지와 사계절을 말씀하셨고, 음양과 인정을 말씀하셨고, 남녀와 금수(禽獸, 날짐승·들짐승)에 대해 말씀하셨다."[32] 이 두 인용문 모두 음양은 사계절과 관련되어 있다. 후자의 구절은 언뜻 보면 음양과 남녀의 위계적 유사성을 나타내는 것 같다. 그러나 사실 이 인용문의 음-양, 남-녀의 상관성은 비위계적이다. 이러한 논지는 음양과 젠더 위계에 대한 리사 라팔스의 연구에서 충분히 설명되었다. 가령 이 구절을 해석하기 위해 엄격한 위계적 은유를 채택한다면, 천天, 상上, 양, 남성, 수컷이 우월한 쪽에, 지地, 하下, 여자, 암컷이 열등한 쪽에 배치될 것이다. 그러나 동시에 비위계적인 요소들—사계절, 인정, 금수禽獸—을 엄격한 위계적 구조에 어떻게 배치할 것인지에 대한 어려움을 곧바로 느끼게 될 것이다.[33] 다음 표를 보라.

위계적 은유로서 음양

우수한 개념		열등한 개념
상上		하下
천天		지地
양陽	사계절	음陰
남자[男]	인정 人情	여자[女]
수컷[雄]	금수禽獸	암컷[雌]

(Raphals 1998, 159를 다소 수정함)

---

31 『묵자』, 27장; Yi-Pao Mei (1929), 144 참조.
32 7번 각주 참조. 본문 내 번역은 김학주(2003)의『묵자墨子 上』, 명문당, 314에서 인용함.
33 Raphals (1998), 158 – 60. 『묵자』에서 언급된 음양남녀 관념의 상보성에 대한 분석은, Raphals의 연구 성과에 큰 영향을 받았다.

이 인용문에서 음양을 위계적으로 읽게 되면, 곧 일관성이 없게 독해될 것이다. 그러나 만약 상보적인 관점을 채택한다면 그 독해는 논리적일 것이고, 또한 기원전 5-4세기의 음양 이해―음양을 여섯 기 가운데 두 기로 파악하고, 사계절과 관련지은―와도 일치할 것이다. 이에 대해서는 다음의 표를 참고하라.

상보적 은유로서 음양

-에 대한 지식	-로 표현
천지天地	상하上下
사계절	음양陰陽
인정人情	남녀男女
금수禽獸	암수雌雄

(Raphals 1998, 160을 다소 수정함)

여기서의 기본 가정은, 음-양, 남-녀, 암-수와 같은 상반된 용어가 좋음/나쁨, 자아/타자, 공적/사적과 같은 모순된 이원론이 아니라는 것이다. 오히려 온 세계가 본질적으로 위[上]-아래[下]라는 관계적인 공간 개념으로 표현되며, 온 사계절은 그것[사계절]을 구성하는 음과 양이라는 상호 보완적인 이항으로 표현된다.

음-양이 빛-그늘의 규칙적 교대, 따뜻함-차가움의 계절적 연속과 결부된 것은, 천문학 및 역법曆法을 관찰하는 데 주력했던 음양가陰陽家와의 역사적 관련성에 의해 더욱더 자세히 설명될 수 있다. 한나라의 위대한 역사가인 사마천司馬遷에 의해 편찬된 『사기』에선 음양가의 활동을 "사계절의 지극히 중요한 연속성을 바르게 정렬한다."[34]라고 특징화한다. 전한의 공식 역사서인 『한서』는 음양가의 연원에 대해 다음과 같이 설명한다. "음양가는 [요 임금의 신하인] 희

羲와 화和의 임명으로부터 비롯되었는데, 그들의 임무는 장엄한 하늘을 주의 깊게 관찰하고, 달력을 작성하고, 해·달·별자리의 움직임을 탐구하여, 사람들에게 계절을 주의 깊게 알려주는 것이었다."[35] 이러한 전통적인 설명에 의거하여, 중국학자 탕쥔이唐君毅는 다음과 같이 말하였다. "음양은 본래 천체의 현상[天象]과 기상[天氣]의 변화를 뜻한다."[36] 요약하자면 초기의 음양 이항은, 모순적이기보다는 상대적이고 상호 관계적인 사계절의 규칙적인 연속을 모델로 하였으므로, 철저히 순환적이고 상호 보완적이다.

기원전 3세기와 2세기의 음양 개념은, 본래 천의 여섯 기 가운데 두 가지를 지칭하는 것에서 모든 분화의 배후에 있는 궁극적인 기의 쌍 pair으로 의미가 변화하였다. 『장자』「외편外篇」, 『순자』, 『여씨춘추』, 『도덕경』과 같은 텍스트에서 그 의미 변화의 예를 찾을 수 있다. 초기의 음양 개념이 함의하던 상호 보완성은, 이 시기의 음양 개념에도 여전히 두드러진다. 『도덕경』은 음-양 및 남성-여성의 존재 양식이 상호 보완적이라는 것을 분명히 말하고 있다. "도[道]는 연속[一]을 낳고, 연속은 차이[二]를 낳으며, 차이는 다양함[三]을 낳으며, 다양함은 만 가지 것[萬物]을 낳는다. 만 가지 것은 음을 등에 지고 양陽을 품에 안고 있다. 기氣를 휘저어 조화[和]를 이룬다."[37] 또한 "그 수컷 됨[雄]을 알면서 그 암컷 됨[雌]을 지키면 하늘 아래 계곡이 된

34 『사기』, 권130; Rubin (1982), 141; Raphals (1998), 143n13 참조.

35 『한서』 권30; Rubin, 위의 책, 140–41; 또한 Raphals, 위의 책 참조.

36 Tang Chunyi (1976); Rubin (1982), 140에서 인용함.

37 『도덕경』, 42장; Ames and Hall (2003), 142–43. 모든 『도덕경』 번역은 Ames and Hall (2003)에 근거하되 약간의 수정을 가함. 또한 D. C. Lau (1963), 49 참조.

다. 하늘 아래 계곡이 되면 진정한 덕德이 떠나질 않을 것이다."[38] 음
-양과 남-녀의 조화는 큰 도[大道]를 깨우칠 수 있는 관건이 되는데,
비록 그것들이 각기의 개별적 특성을 갖고 있지만 말이다.

음양의 조화에서 파생되는 끊임없는 생명력은 남녀의 결합과도
유사하다. 도교 문헌에서 음양과 마찬가지로 남녀 또한 비대립적 이
항이다. 즉, 그것들은 만물을 형성함에 있어 서로와 모순되기보다 서
로를 완성한다. "그래서 천지란 형체가 큰 것이고, 음양은 기가 큰
것이다. (…) 음과 양이 서로 비추고, 서로 해치며, 서로 다스리고,
사계절이 서로 교대되며, 서로 생기고, 죽이며 (…) 암컷과 수컷의
분합分合이 늘 일어나게 되었다.[39] 사계절이 연속되며 서로 얽혀있듯
이, 『도덕경』과 『장자』의 도교 텍스트에서 언급되는 음양 또한 관계
적인 용어이며, 여기에서 다른 일방과의 역동적으로 상호 작용하고
상호 의존하는 음양의 용례는 음양 이항의 배경 가정을 형성한다.
예를 들어 『순자』에서 "그러므로 또 말하기를 하늘과 땅이 합하여
만물이 생기고 음과 양이 접하여 변화가 일어나며, 자연적인 본성[性]
과 의식적인 노력[僞]이 합해져서 천하가 다스려진다고 한다."[40] 하
늘-땅, 음-양, 자연적 본성-의식적 노력의 세 가지 이항은, 모순되
는 것이 아니라 상호 보완적이다. 하늘과 땅이란 이항이 조화하여
그 작용이 수많은 만물 존재에게 영향을 끼치는 것은, 음양이 조화
하여 그 작용이 여러 변화를 만들어내는 것과 유사하다. 그것은 또

38 Ames and Hall (2003), 120; D. C. Lau (1963), 33.
39 『장자』, 25장; Mair (1998), 264 참조. 본 인용문은 안동림 역(2013), 『장자』,
   현암사, 645-656에서 인용함
40 『순자』, 19장; Homer Dubs (1928), 235 참조. 본 인용문은 이운구 역(2014),
   『순자 2』, 한길사, 135에서 인용함

자연적인 것과 의식적인 것이 합쳐져[性僞之合] 그 결과로 세계의 조화가 이루어지는 것과도 유사하다.

음양의 상호적인 역동성에 대한 강조는, 기원전 3세기인 문헌으로 유가, 묵가, 도가를 절충한 문집인 『여씨춘추』에서도 찾을 수 있다.[41] 어떤 의미에서 그 저작물은 기원전 3세기에 받아들여진 주요 사상학파들을 종합한 것이었다. 『여씨춘추』「대악大樂」에서, 음과 양은 이 세계의 두 가지의 궁극적 본보기라고 간주되고, 음과 양이 함께할 때 [장章이] 완성된다. "음악이 유래한 바는 오래되었으니, 이는 도량度量으로부터 나왔고 도에 근본을 두고 있다. 도는 양의兩儀를 낳고 양의는 음양을 낳는다. 음양은 변화하는데, 하나는 위로 다른 하나는 아래로 각각 움직여 한데 모임으로써 형체를 이룬다."[42] 대체적으로 음양 이항은 철저히 관계적이고, 다른 일방을 통해 자신이 구성되는 특징을 가지고 있다.

음양의 상보성과 젠더 위계

그러나 어떤 사람들은 『역전易傳』—『역경』의 부록인—이나 『춘추번로』, 『백호통白虎通』[43]과 같은 한대 문헌의 음양천지와 음양남녀의 은유가, 위계적이며 젠더에 기반한다고 주장할지도 모른다. 음양에 관한 몇몇 인용문에서 볼 때, 한대의 우주론은 천·양·남이 지·음·

---

41 『여씨춘추』는 후대의 황실 서목書目에서 잡가雜家의 작품으로 분류되었다. 『여씨춘추』는 기원전 235년에 사망한 여불위呂不韋의 작품으로 추정되지만, 아마도 그의 문하생들이 기원전 239년 전후에 편찬하였을 것이다. 이 문헌의 기원과 신빙성에 대해선, Michael Carson·Michael Loewe (1993), 324 참조.

42 『여씨춘추』 5.2; Raphals (1998), 151 참조.

43 『백호통』의 관련 구절은, Raphals (1998), 164-65 n99-103 참조. 본 인용문은 김근 역(2020), 『여씨춘추』, 글항아리, 130에서 인용함

여보다 우월한 위계적 구조와 명확히 관련되어 있다. 예를 들어 『역경』의 부록과 주석에서는 건乾(䷀)은 전통적으로 순양純陽으로 간주되고 이는 하늘과 관련지어져 존귀한 반면에, 순음純陰인 곤坤(䷁)은 땅과 관련지어지고 비천한 것으로 여겨지므로, 건/곤 및 남/녀의 [위계적] 은유에 대한 명시적인 언급이 발견된다. 「설괘說卦」에 따르면, "건은 하늘이니 그러므로 아버지라 부른다. 곤은 땅이니 그러므로 어머니라 부른다." [44] 「계사상繫辭上」에 따르면, "하늘은 존귀하고 땅은 비근하니[天尊地卑] 건곤[의 하는 일]이 정해져, 낮고 높음이 나열되고 귀함과 천함이 [적절한] 자리를 잡는다." [45] 여기에서 보이는 건곤과 남녀의 관계는 위계적이라는 것이 매우 분명하며, 이는 후대의 양-남이 음-여보다 우월한 위계 구조와도 적확히 일치한다. 예를 들어 동중서의 『춘추번로』에서는 음/양, 천/지, 남/녀라는 위계적 질서를 명시적으로 드러내고 있다. 『춘추번로』 43편의 제목은 아예 '양은 존귀하고 음은 비천하다[陽尊陰卑]'이고, 남편은 양으로 부인은 음으로 간주된다. "남편[丈夫]의 [신분이] 비천해도 모두 양이고, 부인이 고귀해도 모두 음이다." [46]

그러나 『역경』과 『춘추번로』의 음양천지와 음양남녀의 은유에 있어, 그것들이 텍스트 그 자체와 역사적 맥락에서 진정으로 위계적이며 젠더에 기반하고 있는지는 의문스러우며 문제시된다. 이러한 문제를 논의하기 위해 우리가 고려해야 할 점이 두 가지가 있다. 첫째, 『역경』과 『역경』의 후대 주석으로 전통적으로 공자의 것으로 여겨

---

44 『역경』, 「설괘」, 3.10; Wilhelm·Baynes (1961), 294 참조.
45 위의 책, 「계사상」, IA, 1.1; Wilhelm and Baynes (1961), 301 참조.
46 『춘추번로』, 43장; Raphals (1998), 163 참조.

진 『역전』의 결정적인 차이이다. 둘째, 한대 우주론 및 젠더의 애매한 관계, 그리고 양을 존귀하게 여기는 것이 전략적으로 필요했던 정치적 풍토이다.

첫째, 『역경』을 후대의 주석인 『역전』과 구별하는 것이 중요한데, 한대 우주론의 음양 개념과 오행 개념은 관습적으로 『역경』 전통의 일부라고 가정되기 때문이다. 『역경』은 종종 음양 개념이 발휘된 작품으로 간주된다. 『장자』「잡편雜篇」에서 『역경』은 음양의 가르침[易以道陰陽]으로 특징화된다.[47] 『주역』에서 건과 곤 개념은 음과 양과 동의어로 여겨진다. 『역경』 그 자체가 한대, 특히 동중서의 『춘추번로』의 우주상관론의 토대가 되었다고 여겨진다. 그러므로 『역경』은 우주론뿐만 아니라 한대 이후의 여훈서에서도 유행하는 음양과 남녀 간의 위계적 상관관계를 이론적으로 정당화하는 기능을 했다고 간주된다. 그러나 『역경』을 자세히 들여다보면 음양과 남녀에 대한 대중적 연관성이 언급되어 있지 않을뿐더러, 더욱더 중요하게는 음양이라는 용어 자체 또한 없다는 것에 놀랄지도 모른다. 사실 음양과 남녀의 은유는 후대에 첨부된 『역경』의 주석 부분인 『역전』에서만 발견된다. 핵심적인 부분인 『역경』은 일반적으로 서주西周 시기 (대략 기원전 1045-722)의 텍스트라고 여겨지고 있으며, 여기에서 주요한 개념은 음양이 아닌 건곤이다. 『역경』에서 양효(─)와 음효(--)로 부호화되는 건과 곤은, 각 괘卦의 주요한 구성요소가 아니다. 학자들이 일반적으로 동의하듯 양효와 음효는 상나라(대략 기원전 1600-1045)[48]의 거북점을 대체하기 위해 간단하게 고안된 것이다.

---

47 『장자』, 33장.
48 예를 들어 Shaughnessy (1996), 1-13를 참조하라. Fung Yu-lan에 따르면

'궁극적인 두 기'라는 후대(기원전 3-2세기경)의 음양 개념과는 달리, 『역경』의 건과 곤은 본래 이원적 개념이 아니었다. 즉, 건과 곤은 『역경』 64괘의 기초가 되는 주요한 이진 체계로 활용되지 않는다. 『역경』의 기본괘인 8괘(☰, ☷, ☳, ☶, ☲, ☵, ☴, ☱)는 세 효로 구성되어 있는데, 즉 8괘는 건 혹은 곤이 무작위로 조합된 것이다. 그 다음으로 64괘는, 기본괘인 8괘 가운데 두 괘가 다양하게 조합된 것이다.[49] 즉 건과 곤, 또는 양효와 음효가 각 괘의 기본 구성 요소이기는 하지만, 각 괘의 의미는 건과 곤의 무작위적인 조합에 달려있으므로, 건과 곤은 이진 체계로 사용되지 않는다. 이에 대한 한 가지 반론이 제기될 수 있는데, 건과 곤이 쌍으로 언급되므로 어떤 의미에선 그것들이 이진 체계라는 것이다. 그러나 여기에서 중요한 점은 각 괘가 '2개의 건과 1개의 곤', '2개의 곤과 1개의 건', '3개의 건' 혹은 '3개의 곤'의 조합으로 파생된 것으로, 결코 1개만의 건 또는 1개만의 곤만으로는 괘가 성립될 수 없으므로, 이러한 건곤은 우주론의 궁극적 이원 체계인 음양과는 같지 않다.

게다가 점술서로서 『역경』의 초점은 64괘 가운데 그저 두 괘인 건과 곤에 있지 않았다. 점술을 위한 『역경』은 오히려 각 괘에 해당하는 본질적으로 모호한 징조를 일관성 있게 해석하는 데 관심을 기울이고 있다. 기원전 535년, 동주東周 시기에 행해졌던 점술에 대한

『역경』의 易은 본래 '쉽다[簡易]'는 의미이고, 따라서 『역경』은 '간이한 점'으로 이해될 수 있다. Fung Yu-lan (1952) I, 380; 또한 Graham (1989), 359 참조.
49 그러나 최근의 학계에서 64괘가 8괘의 기본괘에서 도출되었다는 가정에 대해 의문이 제기되었다. 서주 금문과 상대 갑골문에서의 모든 숫자부호는 3개조組가 아닌 6개조였기 때문이다. Edward Shaughnessy가 추측한 바와 같이, 8괘의 기본괘는 실제로 64괘보다도 늦게 출현했을지도 모른다. 어떤 경우가 맞던 간에, 건곤은 주요한 이원 체계가 아니었다. Shaughnessy (1993a), 216–28.

『좌전』의 비교적 완전한 설명에서, 『역경』을 활용할 때 건곤의 이원 체계에 의거하지 않았다는 점이 분명히 설명되어 있다.

위나라 양공襄公의 부인 강씨姜氏는 아들을 낳지 못했고, 애첩인 주압婤姶이 아들 맹집孟繁을 낳았다. [위나라의 재상인] 공성자孔成子가 하루는 꿈을 꾸었는데, 꿈에 위나라 군주의 선조인 강숙康叔이 나타나 그에게 이르길 "너는 원元을 군주로 세워라."라 하였다. (…) [양공의 애첩인] 주압이 아들을 또 낳으니, 이름을 원이라 했다. 큰아들인 맹집은 발이 불구이므로 걸음을 제대로 걷지 못했다. 공선자가 『주역』에 의거해 점을 치며 빌어 말하길 "원이 부디 이 위나라를 차지해 나랏일[社稷]을 주관하게 해주시옵소서."라고 했다. 그랬더니 둔屯(☳)괘가 나왔다. 그는 다시 빌어 말하길 "저는 맹집을 군주로 세울 것을 원하오니, 부디 운이 좋게 하옵소서."라고 하였다. 그랬더니 둔괘가 비比(☷)괘로 변하는 점괘가 나왔다. 그는 점을 쳐 얻은 점괘를 사조史朝에게 보였다. 그러나 사조가 말하길 "원형元亨(모든 것이 형통함)이라 하였으니, 의심할 것이 무엇이 있습니까?"라고 하였다. 이에 공성자가, "원은 윗사람인 맹집을 두고 한 말이 아니오?"라고 했다. "강숙께서 이름하셨을 땐에는 분명 장자를 이르셨을 겁니다. [그러나] 맹집이 [그가 절름발이이므로] 온전한 사람이 아니니[非人] 종가의 맏아들 노릇을 할 수 없으며 [원이] 장자를 이른다고 할 수는 없습니다. 그리고 둔괘 풀이에 '제후로 세움이 이롭다[利建候]'라 하였습니다. 장자가 [이미] 길하다면, 무엇 때문에 '세워야 한다'고 [굳이 따로 말해야] 했겠습니까? 여기서 세운다는 것은 장자가 세운다는 것이 아닙니다. 두 괘[둔과 비

괘]가 모두 그런 의미가 있으니, 어린 아이[여기서는 원을 지칭]가
세워질 것입니다.”라 하였다.[50]

위의 구절을 살펴볼 때, 점술을 위한『역경』의 초기 활용은 본질적으
로 모호한 징조를 해석하여 주어진 행위를 승인하는 데 초점이 있었
다. 양공의 사례에서 그의 둘째 아들이 그의 적법한 후계자라고 여겨
지는데, 둔괘의 괘사는 “크게 형통하고 [몸과 마음을] 바르게 함이 이
로우니, 갈 바를 두지 말고 후侯를 세움이 이롭다.”고 되어 있기 때문
이다. 이는 둘째 아들이 제후로 옹립되는 데 있어 상서로운 조짐으로
해석된다. 왜냐하면 먼저 둔괘의 괘사에서 언급되는 원은 둘째 아들
의 이름이기도 하다. 둘째, 계사에서 제후를 이어받으라고 하지 않고
세우라고 하였다. 비괘 육삼(역자 주: 아래에서부터 세 번째 효로, 비괘
에선 음효이다)의 효사에선 “[온전한] 사람이 아닌 자와 친해진다[比之
匪人]”라고 되어 있다. 그리고 이는 첫 번째 아들인 맹집이 그의 장애
때문에 온전한 사람이 아니며, 그러므로 그는 진정으로 적법한 후계
자가 될 수 없음을 말하는 것으로 여겨진다. 점술의 과정에 있어서
각 괘의 점사가 내재적으로 모호하기 때문에, 그 점사의 해석에 있어
서도 상당히 유연한 해석이 가능하다는 것은 명백하다. 또한 이 구절
에 근거해볼 때, 건곤 이항에 대해 다음과 같이 말할 수 있다. 첫째,
괘의 해석에 있어 건곤 이항은 전혀 기능하지 않는다. 둘째, 점사의
유연적인 의미(점사의 내재적 모호성 때문에)는 음양이나 건곤과 같이

---

50 『좌전』, 소공7년; Legge (1960), 614 – 15, 619와 Shaughnessy (1996), 7 – 8
참조. 본 번역은 문선규 역(2009)의『춘추좌씨전春秋左氏傳 下』, 현암사, 163-164
에서 인용하고, 다소 수정함.

개별적인 이원개념으로 체계화 혹은 환원되는 어떠한 방식을 배척할 수밖에 없다.

오직 후대에 첨부된 『역경』의 주석서에서만, 건곤이 음양의 이항과 대응되는 궁극적 이원 체계로 여겨졌다. 예를 들어 『역경』「계사하繫辭下」에서 "건곤은 역易(변화)의 문이다. 건은 양이고 곤은 음이다."[51]라고 하였다. 여기에서 건곤과 음양은 동의어처럼 보인다. 『역경』의 주석은 비록 전통적으로는 공자(대략 기원전 551-479)의 작품이라고 여겨지지만, 기원전 3세기의 진나라 말기 또는 한나라 초기에 편찬된 것으로 보인다.[52] A. C. 그레이엄은 다음과 같이 추측한다. "『역경』의 유교적 주석은 늦어도 한나라 초기부터 나온 것이다."[53] 그리고 "「십익十翼」이라고 불리는 주석의 모두 혹은 대부분이 (…) 후대에는 공자의 작품으로 간주되었지만, 기원전 200년 전후의 수십 년 동안에 작성되었을 것이다."[54] 만일 그러하다면 후대에 첨부된 『역경』의 주석서인 『역전』에서 보이는 체계적인 건곤 이항은 음양 개념이 기원전 3-2세기에 체계화된 점과 비견될 수 있는 것으로 보인다. 이 시기에 추연鄒衍(대략 기원전 305-240)의 음양오행설은 정치 영역에서 주류를 차지했다. 유교 전통에서 건곤과 음양 이항이 결합된 것은 기원전 3세기 중엽에 추연이 음양과 오행을 결합시킨 것에서 영향을 받았다고 보는 것이 합리적일 것이다(즉 비유교적 기원).

---

51 『역경』,「계사하」, 6.1; Wihelm/Baynes (1961), 369 참조.
52 예를 들어 Shaughnessy (1993a) 참조. 그는 다음과 같이 말했다. "공자가 『역전』을 쓰지 않았다는 것은 의심의 여지가 없다." 또한 "일반적으로 후한 시대의 것으로 추정되는 「설괘」를 제외하고, 『역전』은 기원전 3세기 중엽-기원전 2세기 초기에 현재의 형태를 이룬 것으로 보인다."
53 Graham (1986), 13.
54 Graham (1989), 359.

이러한 가설은 다음의 두 가지의 문헌적 발견에 의해 뒷받침될 수 있다. 첫째, 『역경』의 통행본에서 두드러지는 음양오행 개념은, 기원전 3세기 문헌인 『순자』를 제외한 한대 이전의 유가 문헌에서 확실히 존재하지 않는다. 『순자』에서 언급되는 오행은 5가지의 원소(금, 목, 수, 화, 토)가 아닌 도덕적 행위의 5가지 종류(인, 의, 예, 지, 신)를 언급하는 것으로 주로 해석된다.[55] 『순자』에서 언급되는 도덕적 행위의 5가지 종류로서의 오행이 금목수화토의 오행에서 파생된 것인

---

55 Graham (1986), 76 참조. 『순자』의 오행이 다섯 가지의 원소가 아니라 다섯 가지의 도덕적 행위라는 입론은, 공자의 손자인 자사子思가 저술한 『오행五行』의 발견에서 강화된다. 새로 발견된 문헌에서, 오행은 다소 다르지만 인仁·예禮·의義·지智·성聖을 지칭한다. 『맹자』 7B/24에서도 오행이라는 용어와 연관되지는 않았지만 다섯 가지 덕의 목록을 찾을 수 있다. 그러나 자사의 『오행』과 『맹자』 모두 오덕五德은 금목수화토의 오행과 연관되지 않았다. 문헌적 증거가 부족하기 때문에, 『순자』의 다섯 가지 형태의 도덕적 행위의 오행이 금목수화토의 오행에서 파생된 개념으로 기능하는지 아니면 완전히 독립된 개념으로 기능하는지는 여전히 불명확하다.
  추연의 오덕 이론은 이미 도덕적 행위의 다섯 형태를 오행에 편입시켰을 가능성이 있다. 오행이란 단어가 처음으로 등장하는 『서경』 「홍범」에서, 오복五福, 오사五事, 오사五祀, 삼덕三德, 육극六極이란 연관된 여타 용어를 찾을 수 있다.
  오행과 도덕적 행위의 다섯 형태와의 복잡한 관계는, 후한 시대의 텍스트인 『백호통』에서 찾아볼 수 있는데, 여기에서 다섯 덕목은 오행 이론에 편입되었다. 이는 다음의 표와 같다.

오행五行	목木	화火	토土	금金	수水
사계四季	춘春	하夏		추秋	동冬
사방四方	동東	남南	(중)	서西	북北
오색五色	청靑	홍紅	황黃	백白	흑黑
오장五臟	간肝	심장[心]	비장[脾]	폐肺	신장[腎]
오덕五德	인仁	예禮	신信	의義	지智

도표는 Graham (1989), 382에서 인용함. 『백호통』, 권8, 「성정 性情」 참조.

'오덕'과 오행의 비슷한 상관관계는 『예기』 「월령月令」에서도 찾아볼 수 있는데, 그것은 부분적으로 기원전 3세기 문헌인 『여씨춘추』에서 가져온 것이다. 보다 자세하게는 Rubin (1982), 136, 143 참조.

지 아니면 그것과 완전히 독립적인 것인지는 아직 분명하지 않다. 어쨌든 순자가 보기에 오행이론은 진지한 주의를 기울일 필요도 없는 신비하고 난해한 문제를 주로 다루기 때문에 비학문적이다. "그들은 지나간 옛일을 살펴서 새 설을 만들고, 이를 가리켜 오행이라고 말한다. 대단히 기이하고 상식에도 위배되니, [이를 포괄할] 적절한 범주[類]가 없다. 신비하고 수수께끼 같으니, 만족스러운 설명이 없다. (…)" [56] 오행이론의 난해한 지식에 대한 순자의 거부는, 공자가 그의 학설에 있어 괴력난신怪力亂神을 배제한 것과 잘 합치된다(『논어』 7.21 참조). 오행이론에 대한 순자의 부정적 평가는, 기원전 3세기에 오행이론이 유가담론에 [아직] 편입되지 못했다는 것을 말해준다. 그리고 오행이론이 본래 유교의 것이 아니었다는 점은 유교의 『사서四書』—『논어』, 『맹자』, 『대학』, 『중용』— 전체에 오행이라는 용어뿐만 아니라 음양이라는 용어가 아예 언급되지 않은 점에서도 어느 정도 설득력을 가진다. [57]

전통적인 주해에 따르면 『논어』「술이述而」의 역[五十以學'易']은 『역경』으로 풀이되었고, 그러하다면 이는 공자가 『역경』을 존숭했음을 보여주는 단 한 구절이다. 그러나 그 해석은 이제 논쟁거리가 되었다. 특히 에임스와 로즈먼트Rosement에 따르면, 통용되는 판본

---

56 오행에 대해선 『순자』, 6편 참조. 그리고 음양에 대해선 17편과 19편 참조.
57 순자는 6편에서 오행 이론에 대해 부정적으로 평가한데 이어서 공자의 손자인 자사와 맹자가 가치 없는 오행 이론을 퍼뜨리는데 일조했다고 말하였다. 다만 『맹자』의 현재 판본에서 오행 이론에 대한 언급이 전혀 없으므로, 이러한 주장은 입증될 수 없다. 그러나 맹자 사후에 그의 추종자들이 오행과 음양 개념을 맹학 전통에 편입시켰을 가능성이 있다. 자사에 관련하여, 최근에 그의 작품으로 추정되는 오행 이론에 관한 글의 진위 여부가 아직 제대로 평가되지 않았다. 그러나 『오행』의 작성연대는 대략 기원전 300년 전후이다.

가운데 역을 '亦(또한, 역시)'이라고 적는 경우도 있다.[58] 비록『순자』에서『역경』은 전적典籍으로 수차례 언급되기는 하였지만, 순자 스스로는『역경』을 학문 공부에 있어서 필수적인 고전이라고 생각하지는 않았다.『순자』의 첫 번째 장인「권학勸學」에서『역경』은 심지어 [학문공부에서 중요한] 5권의 책 ―『예』,『악』,『시』,『서』,『춘추』― 에 들어가지 못했다.[59] 그러나 만약『역경』의 부록이 기원전 5세기경에 공자에 의해 편찬된 것이 사실이라면, 순자가 학문 공부에 있어 필수적인 고대 문헌 가운데『역경』을 배제한 것은 당혹스러울 것이다. 또한 고대 '유' 사이에 음양오행 개념이 저변화되었다고 가

---

58 예를 들어 Ames and Rosemont (1998), 114‒15; Lau (1979), 88; Graham (1986), 9 참조.『논어』7.17의 '易'자를 일반적으로『역경』이라고 번역하는 것은, 사마천(대략 기원전 145-90)의『사기』「공자세가孔子世家」의 권위에 기대고 있다. 여기에서 공자는 인생 말년에『역경』에 대해 깊은 관심을 가졌다고 언급되고 있다. "공자는 만년에「역」을 좋아하여「단彖」·「계사」,「상象」,「설괘」,「문언文言」의 순서를 정하였으며,「역」을 자주 읽어 책의 가죽 끈이 세 번이나 끊어졌다(『사기』47; Ames·Rosemont [1998], 241n108; Raphals [1998], 145n19 참조)." 공자에 대한 사마천의 서술의 정확성은 평가하기 어렵다. 그러나 한 가지 염두 할 점은,『사기』가 기원전 2세기 후반과 1세기 초 무렵에 편찬되었는데, 이는 기원전 136년에『역경』이『오경』중 하나로 통합되고 제도화된 이후라는 점이다. 그리하여 한대 이후로『역경』과 공자 또는 유가사상을 연관 짓는 것은 자연스러웠고 필연적이었다.『장자』「외편·천문天文」에서는, 공자가『역경』을 비롯한『육경六經』에 정통하다고 말해진다. 이 장은, 현대 학자들이 지적하고 있듯, 아마도 기원전 2세기 후반에 편찬된 것이다. Roth (1993), 56‒57 참조.
59 『순자』, 1편; Dubs (1928), 36‒37 참조.『역경』은『순자』에서 중요한 역할을 가지고 있지 않다. 그러나『순자』를 오늘날의 형태로 편찬한 한대 학자 유향劉向에 따르면, 순자는『역경』에 정통했다. 또한 John Knoblock은『사기』에 순자학파의 한대 학자인 맹희孟喜가『역경』의 전문가로 기록되어 있다고 언급했다.『순자』5편에서『역경』은 권위 있는 책으로 언급되기 하였으나 음양이나 오행 개념과 연관되지는 않았다. 그리고 27편에서『역경』을 설명하는데 전념하는 세 단락이 있다. 전반적으로, 순자가 그의 저술에서 특별히『역경』이나 건곤, 음양 개념을 중시한 명백한 문헌 증거는 없다.『역경』보다도『시경』,『예기』와 같은 다른 경전들이 권위 있는 책으로 빈번하게 간주된다. Knoblock (1988) I, 42‒48 참조.

정할 때, 한대 이전의 모든 유가 문헌에서 음양오행 개념이 일률적으로 존재하지 않는 것은 상당히 의심스럽다. 대신에 이에 대한 더욱 간단한 설명은 다음과 같다. 『역경』의 주석에서 발견되고 이후에 한대 우주론의 기초가 되는 음양오행 개념은 비유교적 기원을 가지고 있으며 진대 말기나 한대 초기 전까지만 하더라도 유가학파에 편입되지 않았다.

『역경』의 주석과 음양오행 개념의 형성이 모두 기원전 3세기 중엽에서 2세기 초기 즈음에 이루어졌다는 다른 근거는 다음과 같다. 한대 이전의 유가 문헌에서 음양오행 개념이 모두 존재하지 않는다는 점이 기원전 3세기 이전에 건곤이나 음양의 이항이 [유가담론에서의] 주변성을 함의한다면, 아마도 『역경』의 부록은 추연의 오덕五德 이론이 지배적인 지위를 점했던 기원전 3세기 중반에 처음으로 편찬되었을 것이다. 건곤 이항을 음양 이항과 동등한 개념으로 간주한 『역경』의 부록이 이 시기에 편찬되었다는 점은 음양 개념이 궁극적 이원 체계로 발전한 것이 기원전 3-2세기에 이루어졌다고 본 우리들의 당초 추정과도 완전히 상응한다. 여기서의 요점은 만약 『역경』의 부록에서 발견되는 음양천지와 음양남녀의 상관성이 한대 문헌인 『춘추번로』에서 발견되는 음양과 남녀의 위계적 상관성에 대한 이론적 정당화 장치로 기능했다면, 음양오행 개념이 유가 학설에 처음으로 통합된 역사적 배경은 '음양=남녀' 은유의 기원을 이해하는 것과도 관련되어 있을 것이다. 특히 만약 우리가 동중서의 '음양=남녀' 은유를 적절한 역사적 맥락에 위치시켜 고찰해볼 때, 음양오행 개념을 유가학설에 편입시키고 비천한 음보다 존귀한 양을 강조한 것은 기원전 3세기 중엽에 추연의 오덕 이론이 정치 영역에서 흥기한 것에 대한 유학자 동중서의 적절한 반응이었을지 모른다.

중국학자들이 지적하는 바와 같이 음양과 오행은 본래 별개의 두 개념이었다.[60] 오행이 가장 먼저 언급된 것은 『서경』「홍범(洪範)」인데, 여기서 오행은 일상생활에서 필수적인 다섯 가지의 물질들(나무, 불, 물, 땅, 금속)을 나타내는 유(類)적 개념이었다. 이러한 오행의 초기 개념에서는 후대의 음양오행 개념과는 달리, 이들 다섯 가지 물질 사이에 순환적인 운동이 전제되지 않는다. 사계절을 음양 이기의 순환으로 보는 관점과 오행에 상극(相克) 이론이 결합된 것은 오직 후대에 발전된 음양오행론에서만 그러하다. 음양과 오행의 결합은 음양가의 창시자인 추연(대략 기원전 305-240)[61]에게까지 소급될 수 있는데, 그는 오덕 이론에서 음양오행 개념에 대해 십 만자 이상을 집필한 바 있다.[62] 안타깝게도 추연의 단 한 작품도 오늘날까지 보존되지 못했으므로, 추연의 오덕 이론에 대한 모든 정보는 주로 사마천의 『사기』에서 근거한 것이다. 『사기』에 따르면 추연은 5대 세력의 순환적 움직임에 대한 명확한 견해를 가진 전국시대(대략 기원전 479-222)

---

60 예를 들어 Rubin (1982); Xu Fuguan (1961) 참조.

61 전통적으로 음양과 오행 개념이 결부된 것은 동중서의 공헌으로 간주된다. 그러나 몇몇 학자들은 이러한 귀인에 대해 이의를 제기 하고 있다. Sarah A. Queen (1996), 3; 101 참조. Queen에 따르면, 음양과 오행 개념의 결부는 적어도 기원전 3세기부터 시작되었다. 또한 Queen은 동중서가 「오행」편들을 작성했을 것이라는 데 의문을 제기하는데, 이는 사실 후한 시대의 익명의 저자가 집필한 것일지도 모른다.

62 음양가에 대한 간략한 설명에 대해선 Wing-tsit Chan (1963), 244–50 참조. 또한 음양가에 대한 Chan의 서술에 대한 비판은 Vitaly A. Rubin, (1982), 131–32 참조. 『사기』에 기록된 추연의 일대기는 다음과 같다. "[추연은] 음양의 변화[消息]를 깊이 관찰하고, 괴상하고 바르지 않은 것에 대해 글을 지어, 「종시終始」, 「대성大聖」편 등 10만자 이상의 글을 남겼다. (…)"(『사기』, 권74); Rubin (1982), 142 참조.

의 유일한 사람이다. 그의 오덕 이론은 그의 이론을 경외심을 갖고 읽은 군주와 귀족 사이에서 명성을 얻게 되었다.[63] 추연의 오덕 이론이 가지고 있는 매력은 고대 중국역사에서 가장 폭력적이었던 시기인 전국시대에 다른 국가를 합법적이고 정치적으로 정복할 수 있는 강력한 이론적 근거를 제공할 수 있다는 점에 있다.

그러나 부유층과 권력층 사이에서 그의 명성이 자자했던 것과는 달리, 추연은 자신의 시기에 학술계에 속하지 않았다. 비록 추연의 음양가가 기원전 3세기 문헌인 『사기』에서 6대 학파 중 하나로 분류되고는 있지만, 그의 오덕 이론은 기원전 3세기의 학자들로부터 주로 무시되거나 부정적으로 평가되었다. 예를 들자면 앞에서도 언급했지만, 순자는 오덕이론이 신비스러워 학문 공부에 무가치하다고 생각했다. 『한비자』에서 추연은 부정확한 점술과 연관되어 언급된다. 『장자』 「천하天下」에선 모든 주요한 학파들이 논의되지만, 음양가는 전혀 언급되지 않고 있다. A. C. 그레이엄이 지적한 것처럼, 추연은 학계 밖의 세계에 속했을 가능성이 있다. 그는 신비스러운 지식을 가진 가장 최초의 방사方士로 기억되었는데, 범상치 않고 괴이한 지식은 공자가 경시하던 주제 중 하나였다.[64] 추연의 음양가와 맞닿아 있는 음양오행설의 비정통적 기원은 유가의 『사서』에서 음양오행 개념이 왜 하나같이 언급되지 않은지를 부분적으로나마 설명해준다. 분명 기원전 3세기의 학계에선 음양오행설은 주변부적인 지

---

63 사마광은 다음과 같이 말한다. "이때 [전국시대]에는 오직 추연만이 오덕五德의 움직임에 분명한 견해를 가졌으며, 드러나고 사라짐[消息.]의 다름을 드러내어, 제후들 사이에서 유명해졌다." (『사기』, 권26); "추연은 그의 음양론으로 제후들에게 명성을 얻었다. (…)" (『사기』, 권74); Rubin (1982), 142 참조.

64 Graham (1986), 12 - 13.

위를 점했을 뿐인데, 이는 한대 초기에 『역경』이 『오경』 중 하나이
자 유교 경전의 일부로 통합 및 제도화된 후에 음양오행론이 중국인
의 일상생활의 전 영역에서 걸쳐 중심부적 지위에 이른 것과는 뚜렷
하게 대조된다.

비록 동시대 학자의 눈에는 주변부적인 것이었겠지만, 추연의 오
덕 이론은 기원전 3세기 중반의 정치적 영역에서 상당한 중요성을
가졌다. 그의 오덕상극순환론은 몰락한 왕조의 정복을 설명할 수 있
는 강력한 이론적 토대를 제공하였고, 결국 이는 왕조 교체를 정당
화하는 근거가 되었다. 추연의 이론에 따르면 다섯 가지 덕의 상극
순환(토, 목, 금, 화, 수)에서 각 덕 뒤에는 그것을 정복하는 덕이 뒤따
르게 된다(즉 토는 목으로 교체되고, 목은 금으로 교체된다. 금은 화에 의해
녹고, 화는 수에 의해 꺼진다). 이는 봄·여름의 양은 반드시 가을·겨울
의 음에 대체되는 사계절의 순환과 일맥상통한다. 이러한 오덕의 전
개는 역사상의 전개와 맞물리는데, 어떤 왕조의 흥망성쇠는 그 왕조
에 해당하는 덕과 연관 지어 설명되기 때문이다. 예를 들어 추연의
이론에 따르자면, 순舜은 토의 덕이고, 그러므로 목의 덕인 하나라
에 정복될 수밖에 없었다. 그리고 상나라는 금의 덕인데, 화의 덕을
가진 주나라에 의해 전복되었다. 음양오행 우주론의 한 부분으로서
이러한 상극의 모형에 의거하자면, 주나라를 이어받을 다음의 왕조
는 반드시 수의 덕—겨울을 의미하며 가장 음[太陰]의 힘인—과 관
련되어 있을 수밖에 없다.

쇠락한 주 왕조는 기나긴 전국戰國의 분열시대를 거쳐 기원전
221년에 이르러 최초로 통일의 과업을 이룩한 진나라에 의해 대체
되었다. 천하를 통일한 진시황은 추연의 오덕 이론에 상당한 영향을

받았으며, 그는 그의 정권을 개시하면서 자신의 왕조가 수의 덕에 속한다고 선언하였다. 『사기』에 따르면 황제는 통치의 정당성을 상징하는 차원에서 그의 정권이 수의 덕에 근거한다고 했을 뿐만 아니라 황하黃河를 덕수德水로 이름을 바꾸어버렸다. 복잡한 음양오행론에 의하면 물은 검정색, 가을과 겨울, 가혹한 통치와 사망에 관련되어 있다. 결과적으로 진시황제는 황실의 색깔을 검정색으로 택하였으며, 가을이 시작되는 10월 1일을 새해의 기점으로 삼았고, 나랏일을 처리함에 있어 엄격한 벌과 가혹한 형벌을 사용하였다.[65]

이렇게 진나라가 겨울의 음과 함께 수의 덕을 현창한 점은 진나라를 계승한 한나라와는 크게 대조된다. 한나라는 유학을 국가의 정통 학설로 채택했으며, 유학은 봄의 양으로 비유적으로 표현되었고, 이는 결국 공자의 가르침인 인에 의거한 통치[仁政]을 상징한다. 한나라 초기에 음과 양의 덕에 대한 상징적 이야기는 동중서의 『춘추번로』— 윤리와 우주론이 혼재된 문헌—에서 확연하게 드러난다. 이에 따르면 음은 겨울과 형벌과 관련되어 있으며, 양은 봄과 덕과 관련되어 있다. "양은 하늘의 덕이요, 음은 하늘의 형벌이다. 양기는 따뜻하고 음기는 차갑다."[66] 또한 하늘이 덕에 힘쓰고 형벌에 힘쓰지 않는 것은 본래 그러한[自然] 이치이다. 동중서는 여러 장에 걸쳐 '양은 존귀하고 음은 비천하다'는 주장을 펼쳤다.[67] 양의 덕이 도덕적 통치를 음의 덕이 형벌과 죽음과 관련되어 있으므로, 『춘추번로』

---

65 추연의 오덕 이론과 그것이 진秦 왕조에 준 영향에 관해서는, 사마광의 『사기』권6; 권26, 권28, 권34, 권44, 권46, 권74, 권76 참조. Rubin (1982), 141–50; Graham (1986), 11–13, n15 참조.

66 『춘추번로』, 권43.

67 위의 책, 권43, 권44, 권46, 권51, 권53.

에서 [유학자인 동중서는] 존귀한 양에 대해 강조할 수밖에 없었다. 또한 진나라 왕조가 법률과 형벌을 강조했고, 이는 추연의 음양오행 우주론에서 음의 덕으로 상징되었으므로, [한나라 사람인 동중서로서 는] 음보다 양을 강조하는 것이 불가피하였다.

진나라가 수의 덕을 강조하고 법률과 형벌의 법가法家 전통을 선 호한 것을 추연의 오덕론에서 생각해보자면 다음의 2가지의 가설은 일리가 있다. 첫째, 진나라 후기와 한나라 초기의 유교전통에서 음양 오행론이 결합된 것은 음양오행론이 흥기했던 기원전 3세기의 정치 적 풍토에 대한 불가피한 대응이었다. 이 시기에 『역경』에 부속된 주석을 편찬하고 이것을 공자의 작품이라고 말한 것은 정치 영역에 서 우세한 지위를 점한 음양오행론과 경쟁해야 하는 유학자로서는 필요한 조치였다. 『역경』의 주석을 공자의 작품으로 돌림으로써, 유 학자들은 그 당시에 유행하였지만 본래는 비유가적 개념인 음양오 행을 유가 전통의 일부분으로 편입시켰다. 게다가 진나라의 억압적 인 분서焚書 정책 아래에서 의학·점술·농업에 관한 서적을 제외하 고 모든 학파와 고대 경전들이 금지되었다. 『역경』은 천지에 대한 신비스런 지식을 다루는 점술서로서, 진 조정으로부터 용인되었던 몇 안 되는 것 중 하나였다. 진나라 때 『역경』이 살아남았다는 점은 기원전 3세기에 유학자 사이에서 음양오행설이 유행하는 데 일정 부 분 공헌했다.[68]

둘째, 음양오행 우주론에서 양존음비를 강조한 것은 전한 시대의 유학자들, 특히 동중서에게는 전략적으로 필요했다. 동중서는 기원

---

[68] 『사기』, 권6; Graham (1989), 371-72 참조.

전 136년에 『오경』(『시』, 『서』, 『역』, 『예』, 『춘추』)이 국가의 정통 교리로 확립하는 데 중요한 역할을 하였다.[69] 그의 양존음비적 사유는 한편으로는 법률과 형벌을 중시한 진나라의 법가 전통과는 대조되는 유가의 인仁 전통을 강조하며, 또 한편으로는 이전의 실패했던 왕조로 수나 음의 덕 그리고 형벌에 근거한 진 왕조와 지금의 합법적인 한 왕조를 상징적으로 구별 짓게 하였다.

우리는 『역경』과 건곤음양 우주론이 두드러진 후대의 주석인 『역전』의 차이점을 염두에 두어야 한다. 또한 한나라 유학자들이 윤리와 우주론에서 양존음비를 주장하면서 음양오행론을 자신의 유가 전통에 처음으로 편입시킨 전략을 염두에 두어야 한다. 우리는 이제 다시 우리의 주요한 문제, 즉 상호보완적인 음-양 이항과 젠더 위계 사이의 상관성에 대한 질문으로 돌아가고자 한다. 『역전』과 『춘추번로』에선 하늘·양·남이 땅·음·여보다 우위에 있다. 한대 이후로 음양천지와 음양남녀의 위계적인 은유는, 지적인 담론 특히 딸, 부인, 어머니의 역할이 어떠한지에 대한 도덕적인 여성의 규범성에 관한 담론에 스며들었다. 『역전』과 『춘추번로』에서 묘사된 남편과 아내, 또는 아버지와 어머니의 관계는 확실히 위계적이다. 앞서 인용한 것

---

69 전한의 무제武帝 시기, 『역경』을 포함한 유가경전을 국가의 정통 학설로 확립하는 데 동중서의 역할에 대해서는 Queen (1996), 특히 「Introduction」, 2, 24-25, 「Conclusion」, 227-28. 또한 Sivin (1995), 36-37; Graham (1989), 378 참조.

한대 초기의 법가와 유가의 투쟁의 강도는, 공직자 채용 제도에서 분명하게 드러난다. 『한서』에 따르면, 기원전 141년에 모든 법가주의자들은 정부의 직무에서 제외되었다. 이에 따라서, 황실 학자의 수가 급격히 감소하게 되었고, 학자들에게 요구되는 지식이 『오경』으로 국한되었다. Hans Bielenstein (1980), 6장, 「Civil Service Recruitment」, 특히 138 참조.

과 같이, 『역전』에서는 건은 하늘이니 아버지라 부르고 곤은 땅이니 어머니라 부르며, 하늘은 존귀하고 땅은 비천하다고 말한다. 『춘추번로』에서는 양은 존귀하고 음은 비천하니, 남편이 비천해도 모두 양이고 부인이 고귀해도 모두 음이라고 말한다.[70] 그러나 한대 우주론의 위계적인 음양 개념 또한 상호 보완적인 이항이라는 것은 다음에서 명백해질 것이다. 즉 [한 대의] 음양천지와 음양남녀의 위계적인 상호 관계성에도 불구하고, 음-양 이항은 대립적인 이분법도 아니고 젠더에 근거한 개념도 아니다.

먼저, 존귀한 하늘·건·남과 비천한 땅·곤·여는 불평등한 지위에도 불구하고, 서로 모순되기보다는 서로가 서로를 완성시켜주는 상호 보완적인 [개념]쌍이다. 건곤 남녀의 위계성이 갖는 모호성은 『역전』의 다음과 같이 긴 구절을 통해 가장 잘 설명될 수 있으며, 이는 전체를 인용할 가치가 있다.[71]

하늘은 높고 땅은 낮으니, 건과 곤이 정해지고, 낮은 것과 높은 것이 진열되니, 귀한 것과 천한 것이 자리하고 (…) 건도는 남이 되고, 곤의 도는 여가 되었으니, 건은 큰 시작을 알고, 곤은 사물을 완성시킨다. 건은 쉬움을 알고, 곤은 간략함으로써 능하다. 쉬우면 알기 쉽고, 간략하면 따르기 쉬우며, 알기 쉬우면 친함이 있고, 따르기 쉬우면 공功이 있으며, 친함이 있으면 오래할 수 있고, 공이 있으면

---

70 『오경』에 대해선 44번, 55번 각주 참조. 『춘추번로』에 대해선 43번 각주 참조.
71 『역경』「계사상」 1.1, 4-7; Wilhelm/Baynes (1961), 301-308 참조. 본 번역은 성백효 역(2013)의 『주역전의 周易傳義 下』, 전통문화연구회, 522-526에서 인용하고 다소 수정함.

크게 할 수 있다. 오래할 수 있으면 현인의 덕이요, 크게 할 수 있으면 현인의 업業이다. 쉽고 간략함에 천하의 이치가 얻어지니, 천하의 이치가 얻어짐에 그 가운데에 완전함이 있다.

이 구절의 앞부분에서, 하늘·건·남이 땅·곤·여보다 우위에 있으므로 천/지, 건/곤, 남/녀의 상호 관계는 분명 위계적이다. 서구의 이원적 패러다임에 따르자면, 이러한 위계적 상관관계의 전자는 이상적인 것으로 기능하는 반면, 후자는 종속적이고 파생적인 것으로 기능하게 된다. 그러나 이 구절을 계속 읽다보면 그 명확한 위계적 체계는 사라지기 시작하고, 대신에 결국 끝부분에 남는 것은 이 세계의 지식을 완성하기 위해 건과 곤의 서로 다른 힘은 서로를 부정하기보다는 서로를 보완하는 상호 보완적 체계이라는 점이다. 위대한 시작에 대한 지식[大始]과 사물을 완성시키는 능력[成物], 오래할 수 있음[可久]과 크게 할 수 있음[可大], 또는 덕과 행위 사이에는 명확한 위계적 관계가 존재하지 않는다. 또한 건-곤 이항과 지식의 여러 형태들은 젠더에 근거하고 있지 않다. 앨리슨 블랙Alison Black 은 다음과 같이 결론 내렸다. "여기에서 아는 것[知]이 남성의 특수한 능력으로서, 하는 것[能]과 완성하는 것[成]이라는 여성의 특수한 능력과 대조적으로 소개되었다는 것은 분명치 않다. 그것은 아마도 젠더와 무관한 맥락에서 소개되었을 것이다."[72] 『역전』에서 젠더 위계와 건-곤 이원의 중국적 우주관의 관련성은 기껏해야 모호하다고 말할 수밖에 없다. 그리고 우리는 한 발자국 더 나아가, 건곤천지와 건곤남녀의

---

[72] Black (1986), 174-78.

위계적 은유가 상호 보완적이고, 또 어쩌면 젠더에 근거한 것이 아닐 수 있다고 말할 수도 있을 것이다.

『춘추번로』에서 양존음비를 명시적으로 말하고 있지만, 『춘추번로』에서 음양에 대한 상보적인 기술은 오히려 주류적이다. 비록 양은 덕과 만물을 생장시키는 봄과 관련되어 있고, 음은 형벌과 가혹한 겨울과 관련되어 있지만, 양은 그 자체로 절대적인 선이라고 생각되지는 않는다. 음과 양은 상호 의존적이고 상호 구성적이다. 전체의 효율성은 그 둘이 상호 보완적으로 작용하는지에 달려있다. 그러므로 "봄·여름의 양과 가을·겨울의 음이 하늘뿐만 아니라 인간에게도 있다. 사람에게 봄의 기가 없다면, 어찌 두루 사랑하고 대중들을 포용할 수 있겠는가? 사람에게 가을의 기가 없다면, 어찌 엄격함을 드러내 공을 이룰 수 있겠는가? 사람에게 여름의 기가 없다면, 어찌 왕성히 길러져서 삶을 즐길 수 있겠는가? 사람에게 겨울의 기가 없다면, 어찌 망자를 슬퍼하고 유족에게 동정할 수 있겠는가?"[73] 각자의 특징들이 뚜렷한 봄, 여름, 가을, 겨울이 다른 계절을 보완하여 사계절의 한 해를 이루듯이, 음과 양 역시 자신을 완성시키기 위해 다른 일방을 제외시킬 수 없는 가치와 중요성을 가지고 있다. 여기에서 강조할 것은 음이 본래적으로 열등한데 반해 양이 본래적으로 우열하지도 아니하며, 음이 의존적이고 수동적인데 반해 양이 자율적이고 주체적인 것도 아니라는 것이다. 초점은 음과 양 양자의 조화로운 작용에 있다. 동중서는 정확하게 "양 그 자체만으로 낳을 수가 없고, 음 그 자체만으로 낳을 수 없다. 음과 양이 하늘과 땅에 함

---

73 『춘추번로』, 권46.

께 참여하여야 삶이 있게 된다."[74]라고 말했다.

한대 우주론에서 음양 개념이 젠더 관념과 연관되어 있을지라도, 음양 개념은 젠더에 기반한 개념이 아니다. 그러니까 필자의 말은 음양 은유가 인간 세계에서 가정된 젠더의 위계 구조에 국한되지 않으며, 또한 거기에서 유래한 것도 아니라는 의미다. 여성성과 남성성의 서구적 젠더 이원론과는 달리, 한대 우주론의 위계적인 음양 은유는 종종 젠더를 교차하기도 하며 넘어서기도 한다. 예를 들어 『춘추번로』에서 음양은 부부 관계뿐만 아니라 부자, 군신 관계 등에도 적용될 수 있다. "군신, 부자, 부부의 의로움은 모두 음양의 도에서 근거하였다."[75] 비록 서구의 패러다임에서 여성적, 남성적 속성들이 '형태/물질'이나 '마음/육체'와 같이 무성별적인 존재에도 적용되기도 하지만, 젠더는 근본적인 양극兩極 을 전제한다. 즉 열등한 것은 여성화의 효과로 간주되고, 우월한 것은 남성화의 결과로 간주된다. 대조적으로 한대 우주론에서 아내, 아들, 신하 등의 사회적으로 지위가 낮은 것은 여성화된 결과가 아니다. 대신에 상급자와 하급자, 양과 음과 같이 위계적이면서 동시에 상호 보완적인 관계는 모든 사회적 관계가 토대를 두고 있는 기본적인 이원 체계로 기능한다. 따라서 존귀한 양과 비천한 음의 위계적 구조는, 비록 그것이 성별에 적용되기는 하지만, 성별 그 자체에 기초하고 있지 않다.

젠더가 음-양 이항에 기초하고 있지 않으므로, 양은 전적으로 남성이 아니며 음은 전적으로 여성이 아니다. 존귀한 양과 비천한 음의 위계적 관계는 우수한 것과 열등한 것을 각각 여성화하고 남성화

---

74 위의 책, 권70.

75 위의 책, 권53.

하지 않는 한에서, 모든 위계적 사회관계에 적용될 수 있다. 성별과 무관하게 타자와의 관계에서의 사회적 역할과 위치에 따라 한 사람은 양과 음이 동시에 될 수 있다. "군주는 양이고 신하는 음이다. 아버지는 양이고, 자식은 음이다. 남편은 양이고, 부인은 음이다."[76] 자식과의 관계에 있어서는 아버지는 양이지만, 군주의 신하된 자일 때는 음이 된다. 아들은 부-자 관계에서 음이지만, 부-부 관계에 있어서는 양이 된다. 아내가 자식을 낳으면 위계적 친족 체계에서 아들과 며느리보다 사회적으로 우위에 있는 사람이 된다. 음양은 선천적인 젠더 특성으로 이해해선 안 된다. 음-양 이항은 단지 위계질서를 나타내는 임의적 기호placeholder일 뿐이며, 또한 부-자, 군-신, 부-부, 덕-형벌, 그리고 봄-가을 등등과 같이 상호 보완적인 이항이라 할 수 있다.

음양의 상호 보완성과 비젠더적 특성은, 음양 이항이 고대 중국 의학 이론의 기본 구조를 형성하는 의서醫書에서도 설명될 수 있다. 중국 의서의 음양 은유에 대한 샬럿 퍼스Charlotte Furth의 자세한 연구에 따르면, "중국 우주론의 음과 양은 생물학적으로 성별화된sexed 몸의 속성이 아니다. 음과 양 그 자체는 젠더화된gendered 의미들―몸과 세상에 널리 확산된―의 토대이다." 음과 양은 남녀의 신체적 몸과 같이 선천적으로 성별화된 차이에 근거한 타고난 성적 특성이 아니기 때문이다. 대신에 음양의 기본 체계는 젠더가 그 젠더의 의미를 도출할 수 있는 원천sources이다. 중국 의학이론에 있어 음과 양은 의학적으로 이상적인 몸을 위한 독특한 양성兩性 모형을 제공한

---

76 위의 책.

다. 퍼스는 "『황제내경黃帝內經』에서 의학적으로 표준적인 몸은 음과 양의 관계를 포함하고 있으므로, 양성적이다."[77]라고 말한다. 중국 의학 이론은 퍼스가 고전 유럽 의학의 '단성' 모델onesex model 이라고 부른 것을 거부한다.[78] 대신에 음과 양의 균형은 건강한 인체의 이미지를 구성한다. 중국 의서의 음양 이항에 대한 리사 라팔스의 연구에서, 그녀 또한 음양의 조화가 신체 건강의 핵심이라는 동일한 결론을 내렸다.[79] 인체에 음이나 양이 지나치게 되면 화禍를 부를 수 있다. 고전 의학문헌인 『황제내경』에서는 다음과 같이 말한다. "음양과 사계절은 만물의 시작과 끝이요, 삶과 죽음의 근본이다."라고 말하고 "음이 넘치면 양이 병들고, 양이 넘치면 음이 병든다. 양이 넘치면 [몸에] 열이 나고, 음이 넘치면 [몸이] 차가워진다."[80] 건강한 몸은 음과 양이 균형 잡힌 몸이지, 한 쪽이 다른 한쪽을 지배하는 몸이 아니다.

요약하자면, 지금까지 논의된 음양 은유의 변천은 다음과 같다. 첫째, 기원전 4세기 이전에 편찬된 초기 문헌에서 음양은 하늘의 육기 가운데 두 기로서 사계절의 규칙적인 연속과 교대에서 모델링되었다. 이 단계에서 음-양의 이항은 순환적인 개념 쌍으로, 비위계적이며 성별에 근거하고 있지 않다. 둘째, 기원전 3-2세기에 이르러 음양이 기의 궁극적 쌍이 되었을 때, 음양과 젠더의 상관성은 단지 우연에 불과했다. 셋째, 심지어 『역전』과 동중서 『춘추번로』에서 음

---

77 Furth (1999), 301 - 302.
78 위의 책, 46, 52.
79 Raphals (1998), 169 - 93, 7장, 「Yin-Yang in Medical texts」.
80 위의 책, 182, 184.

양천지와 음양남녀 은유가 음양의 메타포로 흔하게 등장했을지라도 음양은 비록 명시적으로는 위계적이었지만 동시에 상호 보완적이기도 했다. 즉 음과 양은 그것들의 같지 않은 가치와 고유의 기능에도 불구하고 모순적이지 않다. 그리고 음양오행의 우주론에서 음양의 위계적인 메타포가 젠더를 포함한 사회관계들에 적용될 수 있을지라도, 음양 이항은 젠더에 근거한 개념이 아니었다.

　형이상학적 양극으로 젠더를 이해하는 서구 페미니스트들의 가정과는 달리, 중국 우주론의 궁극적인 체계로서 음양 이항은 젠더에 근거하고 있지 않다. 앨리슨 블랙은 음양 이항에 대한 그녀의 연구에서 다음과 결론 내린다. "[중국 우주론의] 기본적 양극으로서 음양은 성별의 속성이 아니라 해도 무방할 것이다. 음양은 '여성적', '남성적'을 어원적으로나, 반드시 주되게 의미하지 않는다. 사실 젠더가 그 자체로 중요한 어떤 것으로 발전하기 위해서는 너무나 많은 개념들에 의존한다."[81] 즉, 중국 우주론에서 음-양과 여성성/남성성은 동의어가 아니다. 게다가 음양 이항은 위계적인 사회관계와 관계되어있건 그렇지 않건 간에, 대체적으로 상호 보완적인 이항이다. 열정, 육체, 내재와 같이 여성적인 것들에 비해 이성reason, 마음, 초월과 같이 남성과 관련된 것들이 갖는 특권적 지위는 페미니스트의 해석에 따르면 서구에서의 성억압에 대한 이론적 설명의 기초가 된다. 그러나 이와는 대조적으로 음-양 이항은 남성과 여성 사이에 사회적 자원과 권력이 불평등하게 분배되는 것에 대한 이론적 설명의 기초로서 기능할 수 없다. 음-양과 위계적 젠더 관계의 상관관계만으

81　Black (1986), 185.

로는 왜 중국 여성이 평가 절하되었는지를 대표할 수 없으며, 또 그러한 이유를 설명할 수도 없다. 이론적 수준에서조차 양은 이상으로 기능하지 아니하며, 양 그 자체가 종속적인 것으로 추정되는 음과 별개로 떨어질 수도 없다. 이는 기계적인 몸과 별개로 합리적인 마음이 개념적으로 기능할 수 있다고 본 데카르트적 방식과는 대조적이다. 양은 음의 내재적 세계 밖에서 작용하는 초월적 주체도 아니고, 자연의 기계적 법칙을 넘어서 의지will 하는 칸트의 자율적이고 도덕적인 주체도 아니다.

이에 반하여, 음양의 보완성과 역동적인 상호 작용이 우주와 인체 모두에서 강조되는데, 이러한 점은 남성과 여성적 몸의 성적 다름 sexual difference 에 대한 상당히 유동적인 견해를 시사한다. 만약 이러한 유동적인 견해가 젠더에 적용된다면, 성역할에 대한 훨씬 관용적인 견해를 시사한다. 이러한 가능성은 샬럿 퍼스가 언급하였다. "중국의 생물학적 사고는 음-양의 우주론에 바탕을 두고 있다. 음과 양의 측면에서, 남성과 여성에 대한 고정적이고 불변하는 것은 없다. 원기元氣의 두 측면으로서 음과 양은 상호 보완적이며 상호 작용적이다. (…) 의학에서 음과 양은 신체에 스며들어 그 신체 기능들을 패턴화하는데, 다른 곳과 마찬가지로 [신체에서의] 음과 양은 상호 의존적이고 상호 강화되며, 또 다른 반대편으로 바뀔 수도 있다. 이러한 자연 철학은 성행위와 성역할의 다양성에 관한 포용적이고 관용적인 견해에 도움이 되는 것 같다."[82] 그러나 퍼스 또한 지적하였듯이, 중국 우주론과 의학 이론에서의 음-양 이항이 갖고 있는 유연

---

[82] Furth (1998), 3.

성은 실제로는 중국 젠더 체계에서의 경직화된 성역할과 뚜렷하게 대조된다.[83] 요컨대 상호 보완적인 음-양 메타포는 실제 사회현실에서 위계적인 성 역할이 있게 된 이론상의 결정요인이 아니다.

그러나 중국의 젠더 관계에 대한 초기 서구 페미니스트의 저술에서, 음의 수용적 자질은 중국 여성의 열등함과 예속성에 대한 이론적 근거로 받아들여졌다. 예를 들어 마저리 토플리Marjorie Topley 는 다음과 같이 썼다. "여성의 열등함은 여성을 음—어둡고 공허하고 부정적이며, 유가적 해석에 따르면 상서롭지 않은—의 우주적 요소와 동일시하는 이념적 상부 구조에 의해 뒷받침되었다."[84] 위 구절에서 음은 명백히 여성 혹은 여성적인 것으로서 열등한 것이며, 긍정적이고 상서로운 양과는 모순되는 개념이다. 그러나 이러한 음의 해석은 음이 본래적으로 열등하다는 배경 가정이 전제되고 또한 이 열등한 음과 여성 성별 사이에 인과 관계가 존재해야만 성립될 수 있다. 이러한 배경 가정은 젠더 간의 불평등한 권력 분배가 우월한 남성적 자질들과 결함이 있는 여성적 자질들에 근거한다고 본 서구의 이원적인 젠더 패러다임에 근거하고 있다. 그리고 이러한 서구적 패러다임에선 남녀 간의 호혜성이 전제되지 않고 남녀는 오직 남성적인 이상ideal 과의 관련을 통해서만 정의될 뿐이다.

그러나 음과 양은 하나라도 없어선 안 될 정도로 상호 보완적이

---

83 Furth (1998), 1. 그녀는 다음과 같이 말한다. "음양적 힘의 상호 작용에 기초한 중국우주론이 자연철학에서 상대적이고 유연한 양극의 성적 차이를 만들었다는 것은 잘 알려져 있다. 반면에, 유교는 엄격한 위계적 친족 역할을 중심으로 젠더를 구성하였다."

84 Topley (1975), 78. 비슷한 견해는 Lily Xiao Hong Lee (1994), 13; Olga Lang (1968), 43에서 찾을 수 있다. 음양 우주론과 젠더 위계의 상관성에 대한 최근의 연구로는 Bert Hinsch (2002) 참조.

다. 음-양 은유에 이원론적인 패러다임을 부과하는 것은 부적절하고 오해의 소지가 있다. 왜냐하면 중국 젠더 구성gender construction을 단지 선천적인 젠더 특질들의 모순적이고 존재론적인 두 집합으로 축소시킬 뿐더러, 더 중요하게는 중국 사회에서의 친족 역할이 나타내는 젠더의 관계적 측면을 간과하기 때문이다. 젠더는 여성적 음과 남성적 양과 같이 생물학적으로 성별화된sexed 몸의 타고난 속성으로 축소될 수 없고, 음-양이 모순적이지 않고, 젠더 그 자체가 구체적인 가족적 관계성을 넘어서서 존재론적 범주로 정립되지 않는 세계에선 더욱 그러하다. 이러한 이해를 토대로 해서, 다음 장에서는 내외 이항에 따른 사회적 역할이 구체적인 젠더 표식으로 기능하게 된 점에 대해 논의하고자 한다.

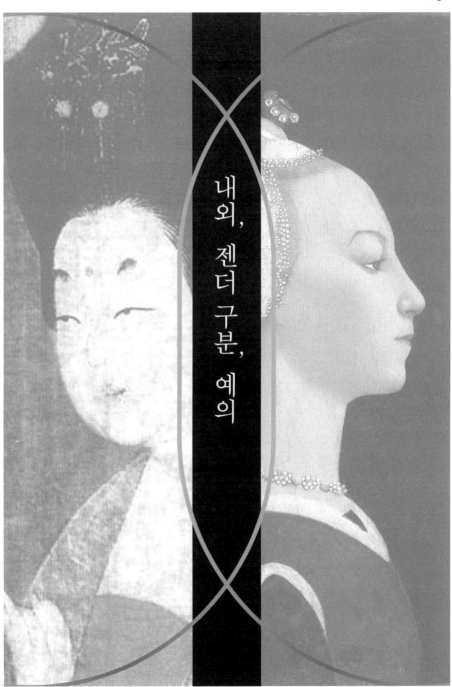

내외, 젠더 구분, 예의

Chapter 4

학자들에게 있어서 내-외의 공간 문제는 음-양 은유와 견주어볼 때 상대적으로 소홀하게 취급되었다.[1] 내-외라는 용어는 젠더와 관련지어 종종 가족과 국가라는 서로 반대되고 상충되는 두 영역과 동일시되며, 이는 다시 사적인 것과 공적인 것 또는 여성과 남성 사이의 뚜렷한 분리를 함의한다. 그러나 앞 장에서 살펴본 것과 같이 중국의 상관적·상호 보완적 사유에 서구의 이원적 패러다임을 부과하는 것은 적절하지 않다. 이런 상황에서 내-외가 '사적-공적' 내지는 '가족-국가'와 겉보기에 대응되는 데 문제가 없어 보인다면, 이는 사실 재검토될 필요가 있다. 중국의 젠더 구성을 이해함에 있어 남녀 분리의 본질을 문자적으로나 물리적인 관점에 국한하여 이해하는 기존의 관점은 젠더화 과정에서 내-외라는 역동적이고 상관적인 메타포가 갖는 상징적 기능들을 간과한다. 따라서 중국 사회의 젠더 관계와 이것

---

1 철학과 중국 젠더학 모두에서 내-외 용어에 대한 연구는 다소 미흡하였다. 내-외에 대한 심도 깊은 연구로는 Raphals 1998, 특히 8장과 9장. 내-외 경계선의 역동적 특징에 대한 간략한 논의로는 Ames (1994), 204–205; Ko (1994), 12–14, 143–47; Mann (1997), 15, 223–24, Ebrey (1993), 23–27; Hu Ying (1997), 72–99 참조. Hu의 논문은 소설에서 내를 친근한 조국으로, 외를 이민족의 외지로 묘사하는데 초점을 맞추고 있다.

이 유교와 맺는 관계성에 대한 초기의 분석들 역시 편향적이다. 서양인의 눈에선, 내-외 이항은 젠더 구성에 있어서 불변적인 체계로 이해되었고, 견고한 가족 구조와 함께 중국의 봉건성을 함의하였다. 초기의 중국학자인 올가 랑Olga Lang은 비록 중국 문화에 대해 동정적인 태도를 보이지만, 중국의 가족과 사회에 대한 그녀의 대표작에서 다음과 같이 썼다. "제국 중국은 정체된static 문명이며" 유교는 "중국 문명의 정체된 특징을 강화시키는 커다란 힘"이다.[2] 중국에 대한 서구의 인상에 관한 푸코Foucault의 요약은 중국 문화의 경직성을 강조한다. "우리의 전통적인 인상에서 중국 문화는 정말 세심하며 정말 엄격하게 질서정연하다. 그들은 세상의 일에 대해선 가장 관심이 없으며, 공간의 순수한 묘사에는 가장 집착한다. 우리는 중국 문화를 영원한 모습의 하늘 아래에 펼쳐져 있는 둑과 제방의 문명이라 생각한다. 우리는 중국 문화를 만리장성으로 둘러쌓은 대륙의 지표면 전체에 퍼져있고 굳어있는 모습으로 이해한다."[3]

시간의 흐름에 멈춰있고 단단한 장성과 성문으로 둘러싸여 정체된 문명으로 공유되는 중국에 대한 서구의 이미지는 중국의 가족·사회 구조에 의해 부분적으로 뒷받침된다. 이 중국의 가족·사회 구조에선 남녀 모두가 내외라는 구분에 따라 규정된 분리된 공간을 갖고 있으며, 이 각각의 공간에는 다른 성의 진입을 허용하지 않는다. 그러나 젠더적 구별과 행동양식을 표시하는 내-외의 이항은 중심적인 것과 주변적인 것, 또는 근본적인 것과 파생적인 것 사이의 역동적인 상호 작용이라 할 수 있다. 내외의 경계는 사회적, 정치적 맥락

---

2 Lang (1968), 10 - 11, 333.
3 Hay (1994), 8에서 인용함.

의 독특한 구성에 따라 끊임없이 달라지고 재조정된다. 내-외의 이항을 가족과 국가, 사적인 것과 공적인 것과 대응된다고 이원화하여 고정시켜 묘사한다면, 여성에 대한 억압은 여성이 가정생활—남성의 공적생활과 분리된—에 격리된 것으로 간편하게 요약될 것이고, 이는 내외의 다층적 의미를 담아낼 수 없다. 남녀의 성별에 따라 개인적, 사회적, 정치적 영역이 획일적으로 분리된다는 내-외에 대한 관습적인 이해방식은 중국의 젠더 관계에 대한 수많은 연구들에서 지적하고 있듯, 적절하지 않다.[4]

내-외 구별은 젠더 관계에서의 적절한 행동 양식 그 이상을 의미하며, 그것은 문명성의 표식으로 기능한다. 즉 내외 관념은 젠더화와 의례화儀禮化 과정뿐만 아니라 문명화 과정을 체현한다. 리사 라팔스가 제안한 바와 같이, 남녀구별[男女之別]에 대한 개념과 함께 "내-외의 공간적 이원성은 엄격하고 경직된 물리적, 사회적, 지적知的 분리—학계에서 너무나 자주 가정되어 왔던—라기보다는, '남자와 여자의 기능적 구별'"[5]으로 이해하는 것이 바람직하다.

다음에서 우리는 유가의 『사서오경』과 『관자』·『묵자』·『순자』의 한대 이전 문헌 그리고 『염철론鹽鐵論』·『회남자淮南子』의 한대 문헌에서 내-외의 공간적 이항의 역사적 기원과 이와 관련된 남녀구별 및 예禮 개념에 대해 탐색해보고자 한다. 우리는 이러한 역사적, 문헌적 연구를 통해 내-외 관념의 철학적 뿌리를 밝혀낼 수 있을 것이다. 젠더화 과정에서의 경계 짓기라는 상징적 기능들은 젠더 영역

---

4 예시로는 Raphals (1998) 특히 8장과 9장; Ko (1994); Mann (1997); Ebrey (1993) 참조.
5 Raphals (1998), 213.

밖으로 확장되어 문명사회의 특징들과 본질적으로 얽혀졌다. 내-외 관념의 역동적이고 다층적인 의미들이 분명해지면, 젠더화 과정에서 내외가 어떠한 상징적 기능을 수행하는지에 대해서 초점을 기울일 수 있을 것이다. 즉 내-외의 상징적 작용이 [여성을] 가정환경의 영역에 한정시킨 성역할 가정假定과 어떤 관련성을 갖고 있으며 젠더 위계인 '삼종지도三從之道'와도 어떠한 관련성을 갖는지 살펴볼 것이다. 내외의 가변적인 본질성과 문명성·젠더적 행동양식을 규정하는 내외의 상징적 기능에 대해 파악하지 않고서는 젠더의 복잡성은 충분하게 이해될 수 없다. 남녀의 분리 ― 내외의 경계를 따라 특징지어진 ― 에 의해 지탱되는 젠더 위계는 겉보기에는 문제없어 보이지만, 중국 친족 구조에서 어머니의 상당히 높은 권위나 실제 역사에서 가끔씩 젠더 경계를 넘나들고 다시 그려지는 것이 사회적으로 승인되었던 점을 고려해볼 때, 젠더 위계 문제는 실제로 더욱 복잡하다. 내-외, 젠더 위계, 사적-공적 혹은 가족-국가 사이의 즉각적인 일치성을 가정하는 대신에, 우리는 텍스트 분석을 통해 내-외 이항의 역사적 기원을 밝히고 내-외, 의례화, 문명성 간의 은폐되었지만 존재한 것으로 보이는 애매한 연관성을 드러낼 것이다.

내외, 의례, 문명

적절한 젠더 관계와 젠더 양식을 규정하는 내-외 관념이 후대의 의례서와 지침서에서는 현저하게 드러나지만, 정작 초기 경전 문헌에서는 눈에 띄지 않는다는 점은 흥미롭다.『오경』가운데 전한 시대에 편찬된『예기』와 전국 말기나 전한 시대에 저술된 것으로 보이는『역전』을 제외하고선, 내외는 주변부적인 개념이었고 젠더와도

148

연관되지 않는다.[6] 또한 내외는 『시경』과 『춘추』에 언급되고 있지 않으며 『서경』에서는 거의 사용되지 않는다.[7] 『사서』로 보자면, 내외 관념은 『논어』에 존재하지 않는다. 『대학』과 『중용』 모두 내외는 젠더와 연관되지 않고, 대신에 덕德과 부富와 관련되어 있고 인이나 지혜[智]와 같은 덕목들과 관련 있었다. 『대학』에서 군자는 그들의 덕을 우선 닦아야 한다고 말하고 있으며, 그리하여 "덕은 근본[本]이요 재물은 말단[末]이다. [만약 군자가] 근본을 밖으로 하고 말단[財]을 안으로 하면, 백성들을 다투게 하고 [백성들에게] 도둑질을 가르치는 것이다."[8] 이 인용문에서 내內가 자기 수양이라는 유교적 과업에서 도덕성이 중요함을 강조하는 반면에, 외外는 잘 통치되고 있는 사회의 결과물로서 외재적 부귀를 상징한다. 내와 외는 음과 양과 마찬가지로, 대립되지도 충돌하는 개념이 아니다. 대신에 그것들은 서로를 보완하고 완성시킨다. 『대학』의 다음 인용문 역시 이 점이 반영되어 있는데, "성誠, creativity은 스스로 자신을 이루는 것만이 아니라, 남을 이루게 해주는 것이다. 자신을 이루게 함은 인仁이요, 남을 이루게 해줌은 지智이다. 성은 성性의 탁월함이니, 내외를 합한 도이다. 그러므로 때에 따라 이러한 탁월함을 실천한다면, [모두] 마땅할 것이다."[9]

---

6 예를 들면 『예기』 「내칙內則」에서는 남성과 여성의 적절한 젠더 영역이 내와 외의 경계를 따라 정의된다. Legge (1967) I, 449-79 참조. 『역경』의 경우는 37번째의 가인家人(☲)괘 참조; 번역으로는 Wilhelm/Baynes (1977), 214-24 참조.

7 Legge (1960) III, IV & V 참조. 그러나 『좌전』에는 내-외의 용어가 존재한다. 『좌전』의 편찬시기에 관해서는 Loewe (1993), 67-76 참조.

8 『대학』, 10장; 번역으로는 Legge (1960) I, 375-76 참조. 본 번역은 성백효 역 (2011)의 『中庸·大學集註』, 전통문화연구회, 60-61에서 인용하고 다소 수정함.

9 『중용』, 25장. 『중용』의 모든 번역은 Ames and Rosemont의 것을 다소 수정하였

『맹자』에서는 내-외의 상호 보완적이고 상호 의존적인 특징이 더욱 강조된다. 인간 본성에 대한 맹자와 고자告子와의 유명한 논쟁에서, 고자는 인/의義 그리고 성/명命을 이질적인 범주로 엄격하게 분리시킨 반면에 맹자는 이러한 고자의 주장을 수차례 반박하였다. 맹자에게 있어 내와 외의 구분은, 더 정확하게 말하자면 질적인 구분에 가깝다. 그것들은 정도의 차이이지, 종류의 차이가 아니다. 성과 명을 [완전히 다른 것으로 보는 고자의] 잘못된 이분법에 대해 맹자는 다음과 같이 썼다. "입이 좋은 맛을, 눈이 좋은 색깔을, 귀가 좋은 음악을, 코가 좋은 냄새에 있어서, 사지가 편안함을 원하는 것은 성이지만 이것은 명에 달려 있으므로, 군자는 이것을 성이라 말하지 않는다. 부자 사이의 인과, 군신 사이의 의와, 손님과 주인 사이의 예와, 현자의 지와, 성인의 천도天道는 모두 명이지만 이것은 본성에 달려 있으므로, 군자는 이것을 명이라 이르지 않는다."[10] 참으로 성과 명은, 내와 외의 관계처럼 서로 겹치는 관계적인 범주이다.

만일 우리가 내-외의 공생성과 상호 의존성을 염두에 둔다면, 맹자의 내외와 젠더 사이의 연관성을 보다 잘 이해할 수 있을 것이다. 『서경』에 기록된 과거 성왕聖王의 황금시대에 대하여 맹자는 이렇게 말한다. "그 시절에는 안으로는 원망하는 여자가 없었고, 밖으로는 결혼하지 못한 남자가 없었다."[11] 이 구절에 대한 초기의 주해에서는 내외는 가정의 안과 밖으로 제시된다. 비록 이러한 번역이 해당 본문에 국한되어 있지만, 내-외의 상호 의존성을 간과하고 있다. 내

음.; Ames and Hall (2001), 106 참조. 또한 Legge (1960) I, 418–19 참조.
10 『맹자』7B/24; Legge (1960) II, 489–90.
11 『맹자』1B/5; Legge II, 164.

영역에서의 여성의 만족이 외 영역에서의 남성의 [결혼] 조건과 밀접하게 연관되고 있다. "안에 있는 것은 반드시 밖으로 나타나기 마련이다."[12] 이렇게 젠더와 내-외가 연관된 것은 유교『사서』가운데 『맹자』의 이 구절에서만 드러나며, 여기서의 연관 관계는 다소 느슨하게 이루어진다. 따라서 유교『사서』에서 나오는 내-외 관념은 남녀 관계를 의미하고자 한 것이 아니라, 대체적으로 자기 수양의 과정에서 다양한 상관적인 덕목들이나 행위 형태를 함의한다고 추론할 수 있다.

내와 외가 이원적 용어로 사용된 최초의 용례는『서경』에서 찾아볼 수 있는데, 여기에서 내-외는 주로 황실 조정이 관리하는 내적 內的·문명적 영역과 외지外地의 군사작전 영역 사이의 경계를 나타내는 공간 개념이다.『서경』「홍범」에서 내-외는 나랏일에 대한 점占을 치는 상황에서 언급된다. "네가 따르고 거북점이 따르며, 시초점이 거스르고 경사卿士가 거스르고 서민庶民이 거스르면 안의 일을 하는 것은 길하고 밖의 일을 하는 것은 흉할 것이다." 이 구절에서 내와 외는 각각 황실의 내무·민정民政과 외지의 외무·군무軍務를 의미한다. 황실의 명령은 왕 자신에 의해 결정되는 반면에, 군무의 성패는 귀족과 평민의 적절한 활용에 달려있다.[13] 이러한 내외의 용례는『서경』「주고酒誥」에도 보이는데, 여기에서 내는 황실과 그 신하들을 다루는 내부 영역을 의미하고 외는 국제 사무를 다루는 외부 영역을 의미한다.[14] 초기의 용례에서 내-외는 특정한 성별에 국한되

---

12 『맹자』6B/6; Legge II, 434.
13 『서경』「주서·홍범」; Legge (1960) III, 337-38 참조. 본 번역은 성백효 역
　　(2013)의『서경집전書經集傳 下』, 전통문화연구회, 74에서 인용함.

지 아니하며 주로 질서정연한 황실과 혼란스러운 외부 세계 사이의 공간적 경계를 나타낸다. 그리고 그 경계는 결국 문명적인 것과 야만적인 것의 경계가 된다. 그리고 후대의 내-외 관념이 적절한 젠더 구분을 정의함에 있어 그 근거를 확보한 것은 초기의 내-외 용례-즉 문명과 야만을 나눈 상징적 경계—에서 비롯되었다.

내-외 관념과 의례화의 관계(즉 예와 구별[別]의 개념)가 비록 명시적이진 않지만, 그것은 이민족의 한화漢化(문명화) 과정에서 남녀구별이 내-외 관념에 기초하여 이루어진 상징적 기능을 이해하는 데 있어 중요하다. 이민족의 침략은 춘추전국시대(대략 기원전 722-481)에 시작되었고, 한나라 초기(약 기원전 206년경)에 절정을 이르렀다. 중국학자 위잉스余英時, Yu Ying-shi 는 한나라 시기의 이민족과의 경제 관계에 대한 연구에서, 이민족의 침략 문제가 문명과 야만의 경계짓기를 기인했으며, 이는 특히 한나라 황실의 자기표상self-representation 에 있어 더욱 그러하였다고 지적하였다.[15] 한족과 이민족 사이의 경계 짓기는 여러 수준에서 이루어졌다. 기원전 3세기에 진나라는 북쪽 국경에 장성長城 을 세웠고 이 장성은 명대(16세기 말-17세기 초)에 더욱 확장되었는데, 이것이 바로 그 경계 짓기의 예이다.[16] 야만적인 세력이 한나라 황실의 질서를 어지럽히는 것을 막기 위하여 물리적인 경계를 설정한 것 이외에도, 남과 여를 적절히 구별 짓는 것은 한漢 문명의 지표로 상정되었다. 한족의 묘사에 따르면, 이민족

---

14 위의 책, 「주서·주고」; Legge (1960) III, 407 참조. 내외 용어를 포함한 다른 구절들에 대해선 Legge III, 654, 664 참조.

15 Yu Ying-shi (1967), 4.

16 Hay (1994), 12 참조.

들은 무엇보다도 남자와 여자를 구별하지 않는 것으로 특징지어졌다. 한대 문헌인 『염철론』에서, 흉노匈奴 ―서북 지방의 가장 강력한 이민족―는 "그들은 사막에 거처하고, 곡물이 자라지 않는 곳에서 자란다. 그들은 하늘이 천히 여겨 버린 자들이다. 그들은 기거할 곳이 없으며, 남녀를 구별하지도 않는다."[17]로 평가된다. 『후한서後漢書』에서 남쪽의 이민족인 남만南蠻은 같은 방식으로 특징화된다. 그들은 남녀 모두가 같은 냇물에서 목욕을 하며, [그러므로] 그들은 위아래[老少]도 구별하지 않는 짐승들과 마찬가지라고 평가된다.[18] 분명 한족과 야만인 사이의 경계선은 상징적으로 남녀의 적절한 구별짓기 여부에도 그어졌지만, 또한 불평등하지만 상호적인 사회적·친족적 역할의 구별 여부에도 그어졌다.

미개한 야만인을 한 황실과 분리시키는 공간적 경계로서 내-외는 단지 국경의 벽과 문으로 구체화된 정치적·물리적 경계에 머무르지 않으며, 그보다 더 중요하게는 혈족과 사회적 역할의 구별을 통한 예의범절이 표현되는 문화적·상징적 경계이기도 하다. 또한 중국인들의 인식에서 젠더는 몸의 물리적 특징이나 선천적인 젠더 특성에 고정되어 있지 않다. 그러므로 가계 구조에서 젠더화 과정은 의례화 ―모든 상이한 사회적 역할이 분화되는―의 과정과 얽혀있다. 다시 말해서 상이한 사회적 역할을 수행하는 젠더는 각 젠더에 적절한 의례에 대한 경계 짓기와 같이 시작하며, 그 젠더적 의례를 경계 짓는 행위 그 자체 또한 불평등하지만 상보적인 사회적 역할에 대한

---

17 Yu Ying-shi (1967), 40 참조.
18 『후한서』, 권116. 다른 이민족에 대한 비슷한 서술은 『후한서』 권115-120에서 보인다.

구분의 출발점이다. 경계 짓기는 예와 구별 개념과 얽혀있다.

취퉁쭈瞿同祖,Chu Tung-tsu가 주의하였듯이, 예는 단순히 의식儀式(예식)만을 의미하는 것이 아니다.[19] 예를 의식에 대한 준수로 단순히 환원하는 것을 거부하는 점은, 주周나라 말기의 역사적 서사까지 거슬러 올라갈 수 있다. 『좌전』에 따르면, 노魯나라 소공이 진晉나라를 방문했을 때(대략 기원전 536년) 제례의식을 꼼꼼히 따랐음에도 불구하고 예를 알지 못한다고 비판을 받았다. "[노나라 소공이 따른 것은] 외면적인 행동양식[儀]이었지, 예라고 말할 수 없다."[20] 또한 소공 25년의 기록에도 비슷한 구절을 찾을 수 있다. 자대숙子大叔은 절하고, 웃어른에게 사양하고, 주선周旋하는 의례들에 대한 질문을 받았을 때, 그는 다음과 같이 대답했다. "그것들은 외면적 행동양식의 문제이지, 예가 아니다."[21] 대신에 『좌전』의 여숙제女叔齊에 따르면, 예는 국가와 인민의 질서가 유지되는 기반이다. "예는 [통치자가] 국가를 유지하고, 정부의 명령을 수행하며, 백성을 잃지 않게 하는 것이다."[22] 이러한 예에 대한 이해는 『좌전』의 또 다른 구절에도 반영되어 있다. "예는 국가를 경영하고, 사직社稷을 정하며, 인민人民을 질서 세우고, 후사에게 이롭게 하는 것이다."[23]

예—외부에서부터 부과된 비인격적인 법률이나 외부적 규제가 아닌—는 국가 통치의 기본이다. 『논어』의 공자가 말하길, "법法으로 인도하고 형벌[刑]로 질서를 세우면, 백성들이 형벌만 면하려 하

---

19 Chu Tung-tsu (1965). 예의 개념에 대해서는, 7장 참조, 특히 226-41.
20 『좌전』, 소공5년; Legge (1960) V, 601, 604 참조.
21 『좌전』, 소공25년; Legge V, 704, 708.
22 20번 각주 참조.
23 『좌전』, 은공11년; Legge V, 31, 33.

고 부끄러워함이 없을 것이다. 덕으로 인도하고 예로 질서를 세우면, 백성들이 부끄러워함이 있고 또 선에 이를 것이다." 또한 『예기』에서 공자는 다음과 같이 말한다. "정치에 있어 예가 먼저이니, 예는 정치의 근본이 아니겠는가."[24] 순자가 설명했듯이 "사람은 예가 없으면 흥성할 수가 없고, 일에 예가 없으면 이루어질 수 없고, 나라에 예가 없으면 평화로울 수 없다."[25] 예는 형식적 규칙이나 의례적 형식 그 이상을 함의하는데, 오히려 예는 국가의 질서가 확립되고 유지될 수 있는 기초이다. 그러므로 『좌전』에서 노나라 소공은 외국을 방문할 때 의례를 올바르게 지켰음에도 불구하고 예를 알지 못한다고 간주되었는데, 그것은 소공이 집안을 잘 다스리지 못하고 사람들을 올바로 활용하지 못하여 노나라가 불화를 겪고 있기 때문이다. 진정으로 예를 안다는 것은 예식을 올바르게 아는 것 그 이상이다. 최소한의 수준에서 예를 안다는 것은 자신의 위치에 따라 적절한 사회적·정치적 질서를 만들고 유지하는 방법을 아는 것이다. 예는 자신의 위치에 따른 모든 사회적·상호적 교류의 적절성을 측정하는 척도이다. 순자가 말하길 "예는 군주가 여러 신하들을 잴 표준을 삼는 근거이다. 여기에는 인간의 유형이 다 들어있다."[26]

예의 주요한 기능은 구분·구별하는 것으로, 조화를 이루는 음악[樂]의 기능과는 반대된다. 『예기』에서 말한 것과 같이 "음악의 목적

---

[24] 『예기』, 「애공문哀公問」; Legge (1967)II, 266 참조.

[25] 『순자』, 권2; 번역은 Dubs (1928), 45 참조.

[26] 『순자』, 권8; Dubs, 118 참조. 비슷한 구절이 같은 책, 권11에서 등장한다. "나라에 예가 없으면 바르게 되지 않는다. 예가 나라를 바르게 하는 함은, 비유하자면 마치 저울이 무겁고 가벼움을 재고, 먹줄이 굽고 곧은 정도를 재며, 규구規矩로 사각형과 원[方圓]을 재는 것과 같다." 본 번역은 이운구 역(2018)의 『순자 1』, 한길사, 201; 287에서 인용함.

은 조화시키는 데 있고[同] 예의 목적은 구분[異]하는 데 있다. 조화로워야 서로 친애하며[親] 구분함이 있어야 서로 존경[敬]하게 된다." [27] 그리고 "음악은 하늘과 땅을 조화시키며, 예는 하늘과 땅의 차례를 매긴다. 조화로부터 모든 것들이 변화하며, 차례로부터 모든 것들이 구별된다." [28] 순자에 따르면 사람이 짐승들과 구별되는 지점은 사람이 구분·구별하는 능력을 가진 데 있다. 그리고 "변별은 사회적인 구분보다 더 큰 것이 없고, 사회적인 구분은 예보다 큰 것이 없으며 예는 성왕聖王보다 더 큰 것이 없다." [29] 요약하자면, 예는 지위가 높은 사람과 낮은 사람을, 귀한 사람과 천한 사람을, 윗사람과 아랫사람을 사회적으로 구분 짓는다.

예는 서로 다른 사회적 지위와 역할 사이의 사회적 구분·구별을 만들고 유지하는 것이다. 『회남자』에 따르면, "예는 [지위의] 높고 낮음과 귀하고 천함을 구별하는 바이다." [30]라고 하였다. 『한비자』에서는 "[예는] 군신 및 부자간의 교류를 통해 귀함과 천함, 현명함과 어리석음을 구별하는 것이다." [31] 서로 다른 사회적 지위와 역할을 구분하는 수단으로 예를 이해하는 점은 『한서』에서도 드러난다. "나아가고 물러남에는 경계가 있고 높고 낮음에는 구분이 있으니, 이를 일러 예라 한다." [32] 순자에 따르면 이렇게 불평등하지만 상호적인 사회적 구분을 만드는 목적은 인간의 욕망을 조절하고 인간의 필요

---

27 『예기』, 「악기」; Legge (1967)II, 98 참조.
28 위의 장; Legge (1967)II, 100.
29 『순자』, 권5; Dubs (1928), 71 참조. 본 번역은 이운구 역(2018)의 『순자 1』, 한길사, 124에서 인용함.
30 『회남자』, II, Ia; Chu Tung-tsu (1965), 233n25에서 인용함.
31 『한비자』, 권20; Chu, 위의 책, 233n26.
32 『한서』, 권58,3b; Chu, 위의 책, 233n31.

를 충족시키기 위함이다.

> 사람은 나면서 욕망을 갖는다. 욕망을 가지고 얻지 못하면 구할 수
> 없다. 구하면서 기준과 한계가 없으면 다투지 않을 수 없다. 다투면
> 어지러워지고, 어지러우면 궁해진다. 선왕은 그 어지러움을 싫어한
> 다. 그래서 예와 의를 제정하여 구분을 짓고, 그렇게 함으로써 사람
> 의 욕망을 기르고, 사람의 욕구를 채우며, 욕망으로 반드시 사물에
> 궁하지 않게 하고, 사물의 욕망에 굴하지도 않게 하여 양자가 서로
> 버티며 자라게 하려는 것이다. 바로 이것이 예의 기원이다.[33]

구별하고 경계를 짓는 수단인 예는 사회적 조화와 좋은 통치를 달성
하기 위한 사회적 분업의 필요성 때문에 비롯된 것으로 이해할 수
있다.

　예는 사회적·정치적 단결을 위한 관건이다. 왜냐하면 예는 불평
등하지만 상호적인 사회적 지위·친족적 역할을 정의하고 반영하는
규범적인 표현·제도의 핵심이기 때문이다. 모든 사회적 구분들 가
운데 남녀에 대한 구분은 인간을 짐승과 구별시키는 가장 기본적인
구분 척도이다. 재차 순자의 설명은 다음과 같다. "사람이 사람인 까
닭은 (…) 그 변별 능력을 가졌기 때문이다. 무릇 금수에게 어미와
새끼는 있더라도 부자간의 친애하는 정은 없으며 암수[牝牡]는 있더
라도 남녀男女 간의 분별은 없다. 그러므로 사람의 도에 변별이 있지
않을 수 없다."[34] 젠더 역할의 의례적이고 규범적인 구분은 남녀의

---

33 『순자』, 권19; Dubs (1928), 213. 본 번역은 이운구 역(2018)의 『순자 2』, 한길
　사, 117에서 인용함.

신체적 차이와 대비되는데, 바로 그러한 의례적이고 규범적인 남녀 구별은 날것의 야수성에서부터 인간성이 구별되는 점이다. 또한 전한 시대 한족들은 남녀를 적절히 구분하는 것이야말로, 자신들이 이웃의 야만족과 구분되는 문명적 특징이라고 생각했다. 문명성과 야수성 혹은 한족과 이민족을 구별하는 경계로서 내-외는, 사실상 남과 여를 구별해주는 관념과도 얽혀 있다.

'남녀지별'의 개념은 때론 남과 여의 엄격한 분리separation로 간주되기도 하지만 기능적인 구분distinction이라고 이해하는 것이 보다 바람직하다. 중국을 정체된 문명으로 보는 서구적 인식은 필연적으로 중국의 젠더 체계를 남녀의 엄격한 분리로 보는 편향적인 이해로 이어진다. 그러나 반소—최초이자 가장 중요한 여성학자이자 관방역사가—의 경우와 같이 역사적 현실에서 경계 넘기가 수많이 사회적으로 용인되었음을 심사숙고할 때에서야, 우리는 중국 젠더 체계에 대한 편향적인 이해방식이 갖는 결점을 이해할 수 있다. 의례적 교류ritual exchange가 가능한 장소를 표시하는 성벽과 성문이 경계 짓기의 가시적인 표현으로, 이러한 것이 중국인의 예의禮儀 인식의 기초가 된 것은 사실이다. 그러나 존 헤이John Hay는 『중국의 경계선들 Boundaries in China』에서, 성벽과 성문 형태의 견고한 경계 짓기와 같이 인체가 정태적인 성질을 갖고 있다고 생각해선 안 된다고 경고했다. '적절한 장소'와 '부적절한 장소' 사이에 물리적 경계를 그려야 하는 생각에는 대조적으로 신체적 유동성에 관한 중국적 인식인 기氣 혹은 세勢의 관념이 반영되어 있다. 이 개념은 에너지의 배열로서, 신

---

34 『순자』, 권5; 위의 책, 72. 본 번역은 이운구 역(2018)의 『순자 1』, 한길사, 124에서 인용함.

158

체의 물리적 경계가 쉽게 겹쳐진다.[35] 중국 세계에서는 전적으로 육체가 정태적인 것으로 인식되지 않으므로, 물리적인 경계를 눈에 보이는 표식으로 그려야하는 것이다. 벽과 문으로 실체화되는 남성과 여성의 물리적 분리는 비록 그것이 젠더 규범의 필수적인 부분을 이루긴 하지만 남성과 여성의 젠더화된 몸의 정태적 특성을 나타내지는 않는다.

더욱 의미심장하게는 리사 라팔스가 보여주듯, 몇몇의 한대 이전의 문헌과 한대 문헌에서 '남녀에 대한 적절한 구분'은 인간 문명의 특징으로 간주된다.[36] 남녀 간의 적절한 구분이 있다는 것은 질서정연한 상태를 의미하며, 남녀 구분이 부재함은 무질서의 상태를 의미한다. 『묵자』의 몇몇 구절에서는 남녀를 구분하는지의 여부를 '유덕한 것과 사악한 것' 혹은 '문명적인 삶의 방식 혹은 원시적인 삶의 방식'의 구분들과 연결 지었다. 『묵자』「상현尙賢」편에서는 만약 통치자가 현명한 자를 숭상하지 않아 그들을 조정에 채용하지 않는다면, 집에서는 부모들을 사랑하지 않으며 마을에선 윗사람을 공경하지 않으며 남자와 여자 사이를 분별하지 못하는 타락한 자들만이 통치자의 좌우에 있게 될 것이라고 말한다.[37] 대조적으로 「비명非命」편에서는 성왕이 현명한 사람을 숭상하면 서민들은 집에서는 부모에게 효도와 자애를 다하고 마을에서는 윗사람에게 공경하며 남자와 여자의 사이를 분별할 것이라고 말한다.[38] 남녀 사이의 적절한 구분

---

35 Hay (1994), 12-19.
36 Raphals (1998), 207.
37 『묵자』, 권9; Yi-Pao Mei (1929), 40 참조.
38 『묵자』, 권35; Mei, 185-86. 남녀지별의 개념을 다루는 『묵자』의 더 많은 구절은, Raphals (1998), 207-208 참조. 『묵자』권19에서는, 상나라 주紂왕의 몰락이

을 지키는 것은 성왕의 유덕하고 질서정연한 통치를 의미한다. 그리고 젠더의 구분은 진실로 국가의 조화로운 질서를 뜻하는 기표이다.

또한 기원전 4-3세기 문헌인 『관자』는 남녀의 구분이 문명 및 국가적 질서의 중요한 표식임을 언급하고 있다. 관자에 따르면, 불평등한 사회적 지위와 남녀 사이의 구분을 만들고 유지하는 것은 문명화된 인간 사회의 출발점이다. "옛날에는 군신 상하의 구별도 없었고, 남녀가 정해진 짝도 없이 짐승처럼 모여 살면서 서로 공격을 일삼았다. 이때는 지혜로운 사람이 어리석은 사람을 속이고, 강한 사람이 약한 사람을 능멸하여 노인이나 약한 사람은 참담하게 고독하여 편안히 살 수 없는 세상이었다. 그러므로 지혜로운 지도자는 여러 사람의 단결된 힘을 빌려 포악한 행위를 못 하게 하고, 백성이 자신을 해롭게 하는 것에서 벗어나 스스로 이익을 도모할 수 있게 해주었다. 백성의 덕을 바르게 하자 지혜로운 이를 백성의 영도자라고 생각했다. 이로 인하여 도술과 덕행이 현인에게서 나왔다. 백성이 의와 이치[理]에 순종하려는 마음을 일으켜서 정도正道로 되돌아가게 하였다."[39] 불평등하지만 호혜적인 사회적 지위 사이에 구분을 만들고 경계를 그음으로써, 국가적 질서가 이룩된다.

묵자와 마찬가지로 관자는 남녀의 적절한 구분이 없는 상태를 무질서와 야만적 생활양식과 동일시하였으며, 그 구분의 상실은 인간

여자가 남자로 변하는 것을 포함한 일련의 자연적 기이현상과 연관되는데, Raphals는 여기서의 여자는 매희妹喜를 가리킨다고 추측하였다. 그러나 매희는 상나라가 아니라 하나라의 사람이다. 그러므로 젠더의 경계를 가로질렀다는 것으로 비난받은 그 여자는 내 추정에 따르자면 아마도 상나라의 달기妲己일 것이다. Raphals (1998), 208 참조.

39 『관자』, XI, 31편, 「군신하君臣下」; 번역은 Rickett (1985) I, 412 – 13 참조. 본 번역은 김필수 외 역(2012)의 『관자』, 소나무, 434에서 인용함.

성이 야수성으로 추락한 것으로 보았다. 관자에 따르면 만약 장관들이 그들의 삶을 온전히 하기 위해 쾌락과 욕망에 탐닉한다면, 그렇다면 "방종하고 망령되이 행동하고, 남녀의 구별이 없어져 금수의 상태로 돌아간다. 그러하면 예의염치가 서지 않아서 군주가 자신을 지키지 못한다."[40] 또한 묵자가 그러했던 것처럼 관자는 성별 간의 구분을 선한 통치자 치하에서의 강하고 질서정연한 국가의 표식으로 받아들였다. "안으로 군주가 수신하지 않으면, 먼 곳의 군주가 조회하러 오게 할 수 없다. 이 때문에 군신과 상하 사이의 적절한 행위 [義]를 바르게 하고, 부자·형제·부부사이의 적절한 행위를 바르게 한다. 그리고 남녀 사이의 구분을 촉진시킨다."[41] 남녀 또는 내외의 구분은 문명 질서의 표식이다. 관자가 더욱 자세히 설명했듯이, "재상이 믿음직스럽고, 다섯 관직의 사람[五官, 사도司徒·사마司馬·사공司空·사사司士·사구司寇]이 엄숙하고, 사인이 청렴하고, 농부가 우직하고, 상인과 장인이 진실하면, 통치자와 그 백성들은 하나가 될 것이며 바깥과 안이 구별된다."[42] 간단히 말해서 성별간의 적절한 구분은 좋은 통치의 필수적인 부분이며 문명화된 인간사회의 결정적 특징이 된다. 그리고 이는 상이한 것 사이에 어떠한 구분도 하지 않는 원시적인 삶의 방식과는 반대된다.

내-외 개념과 관련하여 무엇이 문명적이고 무엇이 야만적인지의

---

40 『관자』, XXI, 65편, 「입정구패해立政九敗解」; Rickett I, 110-11 참조. 본 번역은 김필수 외 역(2012)의 『관자』, 소나무, 772에서 인용함.

41 『관자』, XXI, 66편, 「판법해版法解」; Rickett I, 145 참조. 본 번역은 김필수 외 역(2012)의 『관자』, 소나무, 788에서 인용하고, 다소 수정함.

42 『관자』, X, 30편, 「군신상君臣上」; Rickett I, 403 참조. 본 번역은 김필수 외 역(2012)의 『관자』, 소나무, 421에서 인용함.

경계선은 정태적이지 않다. 한족을 이웃한 야만족들과 구분하는 공간적 이미지는 국경 그 자체의 물리적인 성벽과 성문에만 전적으로 기반 하는 것이 아니라, 보다 중요하게는 한족 질서의 문화적 이해에 대한 상대적 이해 정도에 기반하고 있다는 점이다. 내-외 경계의 가변적 성격은 『서경』의 오복五服 이론에서 잘 묘사되어 있다.[43] 한족과 이민족 간의 관계에 대한 중국학자 위잉스의 연구는, 오복 이론을 통해 내-외 경계의 상대적인 성격에 대한 간결한 이해를 제공한다. "하대 이래로 중국은 다섯 개의 동심원적이고 계층적인 구역으로 나뉘었다. 전복甸服의 '중앙 구역'은 황실의 영역이고, 왕조의 직접 통치를 받는다. 이 황실 영역은 왕이 세운 열국列國들에 둘러싸여 있는데, 이 열국들은 총체적으로 후복侯服의 '제후의 영역'으로 알려져 있다. 제후의 영역 너머에는, 통치하는 왕조가 [새롭게] 정복한 중국의 땅으로, '진압된 영역' 즉 수복綏服 혹은 빈복賓服으로 불렸다. 나머지 두 영역은 이민족의 것이다. 수복 혹은 빈복 너머에 사는 이민족들은 요복要服의 '통제되는 지역'에서 살았는데, 이는 그들이 중국의 통제를 받았지만, 다소 느슨한 종류의 통제를 받았을 것으로 추정되기 때문이다. 마지막으로 통제되는 지역 너머에는 융戎과 적狄의 야만인들이 있었고, 그들은 이 '야생의 영역'인 황복荒服을 통제하였고, 이 지대는 중국 중심의 세계 질서는 더 이상 적용되지 않는 곳이다."[44]

한족의 인식에 따르면 이 세계는 내림차순의 연속적 동심원으로

43 『서경·우서虞書』,「고요모皐陶謨」; Legge (1960) III, 74 참조. 오복 이론의 자세한 내용에 대해서는 Yu Ying-shih (1986), 379n6 참조.
44 Yu Ying-shih (1986), 379-80.

배열되는데, 한 왕실의 영역이 중심이고 그 주변부가 외부 영역으로 되풀이되어 확장된다. 오복 이론에 따르면, 한족의 세계 질서는 불가피하게 위계적이지만 또한 본질적으로 상관적이고 불확정적이다. 왜냐하면 내부 혹은 외부의 지역인지의 여부는, 왕실의 중앙[王畿]과 상대적으로 얼마나 근접했는지에 달려있기 때문이다. 내-외는 가깝고 멀다는 상대적 범주로서, 맥락에 따라 변화할 수 있다. 중심과 주변부의 상대성은 『춘추번로』의 다음 구절에서 더욱더 구체화된다. 군주의 올바른 방식은 "가까운 것에서부터 먼 곳으로 나아가야 한다. (…) 그러므로 나라 안[수도]에서부터 바깥 제후국으로 나아가야 하며, 안의 제후국으로부터 바깥의 이민족으로 나아가야 한다."[45] 귀족의 지역은 왕실의 중앙에 비해서는 상대적으로 바깥이 되지만, 더욱 바깥의 이민족들과 비교해서는 안의 지역이 된다. 같은 방식으로 한족의 중심에 견주어 문명과 야만의 경계를 상대적으로 표시한 오복 이론에 대해 위잉스는 다음과 같이 말한다. "[그것은] 기본적으로 그리고 현실적인 용어로서, 내부와 외부 영역 사이의 상대적인 이분법 그 이상으로 설명되지 않는다."[46]

한 왕조의 중심에 따라 측정된 내-외의 상대적 구분은 수많은 한족의 역사적 서사에도 반영되어 있다. 앞에서 지적한 바와 같이, 한족과 비한족의 구분은 기초적인 차원에서 장벽과 성문의 물리적 경계를 통해 그려진다. 177년 후한 시대의 관료인 채옹蔡邕은 만리장성과 변경邊境의 안쪽 지역은 한나라의 직접적인 지배하에 있으며 그 바깥쪽 지역은 이민족들에게 맡겨졌다고 진술한 바 있다.[47] 내는

---

45 『춘추번로』, 6편, 「왕도王道」
46 Yu (1986), 381-82.

제국의 중앙집권적 통치를 상징하는 반면, 외는 한나라의 문명적 영향권 밖에 있는 야만인들이 거주하는 곳이다. 내-외 경계는 물리적인 장벽과 성문에 고정되어 있지 않는데, 왜냐하면 내-외 구분은 계속하여 한나라의 내부지역에도 적용되었기 때문이다. 예를 들어 한나라 때 왕실의 중앙과 근접한 내륙 지방은 내군內郡이라 불렸고, 국경에 따라 있는 외부 지방을 외군外郡이라 불렀다.[48] 외군은 내군에 비해 상대적으로 바깥에 있었지만, 이민족들이 거주했던 더 바깥의 지역에 비해서는 상대적으로 안에 있었다.

이러한 내-외의 상대적 구분은 계속하여 바깥의 이민족 지역에도 적용되었다. 초기 한나라 때 확립된 조공 제도를 통해 한나라 조정에 정기적으로 조공을 바치는 이민족을 내이內夷라 불렀고, 불규칙하게 조공을 바치면서 침략을 일삼던 이민족을 외이外夷라고 불렀다. 보색만이保塞蠻夷(국경을 지키는 오랑캐)와 내속內屬(내지의 백성이 된 자들)이란 용어는 『사기』와 『한서』 같은 왕조의 역사서에서 정복된 이민족을 묘사하는 데 자주 사용되었다.[49] 내와 외의 구분은 질적인 것이기 때문에, 정복된 이민족은 침략을 일삼는 이민족에 비해 상대적으로 문명적이라고 여겨졌고, 변방의 한족은 조정의 직접적인 영향권에 있는 내군의 사람들에 비해서는 상대적으로 야만적으로 여겨졌다. 내-외 이항은 두 개의 상충되고 호환되지 않는 영역을 표시하는 절대적인 공간적 경계를 묘사하는 것이 아니라, 일련의 내림차순의 동심원에서 '중심과 주변부' 혹은 로저 에임스가 말한 '중

---

47 Yu (1967), 66–67.
48 위의 책, 67.
49 한 대의 소수민족 정책에 대해선, Yu (1967), 4장, 91 참조.

심foucs과 장field' 사이의 상대적이고 가변적인 경계에 가깝다.[50]

지금까지 해석한 바와 같이, 내-외 이항은 우선 기초적인 수준에서 한족과 인접한 이민족을 물리적인 성벽과 성문을 통해 분리하는 공간적 경계이다. 두 번째, 상징적인 수준에서 문명성과 야만성을 나누는 내-외의 경계는 또한 의례화·젠더화의 과정을 나타내는데, 이 과정을 통해 지위가 높은 자와 낮은 자, 나이 든 자와 어린 자, 남자와 여자 사이의 사회적 구분과 호혜적 의무를 확립되고 유지된다. 그리고 이러한 내-외의 구분은 곧 문명화된 사회의 표식이 된다. 또한 상징적 차원에서 내-외의 경계는 적절한 사회적·젠더적 구분을 만들고 유지함으로써 인간사회의 예의범절이 표현되는 의례적·문화적 경계이기도 하다. 예의범절과 야만성의 경계는 민족적 경계라기보다 문화적 경계이다. 그러므로 한족과 비한족의 경계는 중국 문화의 수용을 통해 한 제국의 중심과 얼마나 상대적으로 근접한지에 의존하게 되며, 따라서 그 경계 역시 가변적인 경계라고 할 수 있다. 내-외 이항은 간단히 말해서, 도로시 코Dorothy Ko의 말에 따르자면, "맥락에 따라 경계가 변화하는 일련의 중첩된 위계들을 설명하는 관계적인 범주"[51]이다.

내외, 기능적 구별, 젠더 위계

한 제국의 중심부에 준하여 중국 문화를 받아들인다는 것은 정치와 조공의 방면에서의 형식적 복종 그 이상의 것을 수반한다. 그것은 더욱더 실질상으로는 중국인의 의례적 생활방식을 순응하는 것을 통해

---

50 Ames (1994), 204-208.
51 Ko (1994), 144-45.

표현되는데, 이는 차례로 적절한 성별 구분을 만들고 유지하는 것과 얽혀 있다. 남녀를 적절히 구분하는 것이야말로 한족을 이웃의 야만인들과 구분하는 지점이었다. 문명화의 과업은 남녀 간의 노동 분업과 함께 남녀의 의례적 경계를 그리는 것에서부터 시작하였는데, 여기에선 남녀 모두가 서로 다르지만 상호보완적인 의무와 활동을 갖는 것으로 간주되었다. 전통적인 설명에서 남녀의 노동 분업은 '남경여직男耕女織'으로 정의되는데, 이는 남자는 밭을 갈고 여자는 베를 짠다는 뜻이다. 황실의 연례 제사의식은 봄에 밭을 가는 황제의 의식과 누에를 치는 황후의 상징적 의식이 짝을 이루고 있으니, 이는 남녀의 노동 분업에 대한 전통적 설명을 반영한다. 이러한 의식에 대한 『백호통』의 설명에 따르자면, "왜 왕은 친히 밭을 갈며, 황후는 친히 [누에를 위하여] 뽕잎 따기를 하는가? 온 천하에 농사와 양잠을 진작시키기 위함이다."[52] 수잔 만Susan Mann 의 말에 따르자면, 농사와 양잠의 황실의식은 상징적으로 "황제와 황후를 나라의 백성의 모범이 되는 원형原型적인 아버지와 어머니"[53]로 만든다. 황제와 황후가 밭을 갈고 누에를 치는 의식활동은, 남성이 밭을 갈고 여성이 베를 짜는 규범적인 성별 분업을 정의하고 반영한다. 그리고 예의범절의 표식으로서 적절한 성별 구분은 부분적으로 규범적인 성별 분업으로 표현되기 때문에, 남경여직의 관념은 젠더화의 과정뿐만 아니라 문명화의 과정도 상징한다.

규범적인 성별 분업과 문명화 과정 사이의 숨겨진 연결고리는 언

---

52 『백호통』, 17편, 「경상耕桑」; 번역은 Tjan Tjoe Som (1952) 참조. 부분 번역의 경우 Paul R. Goldin (2003), 170 – 76 참조.
53 Mann (1997), 151.

뜻 보기에는 터무니없지만, 한나라 후기와 위魏나라 초기의 '중국화' 아니 보다 정확하게는 '문명화' 프로젝트를 통해 가장 잘 설명될 수 있다. 그 때 한족에 의해 정복된 이민족들은, 본래 유목생활을 택하였지만 이제 한 곳에 정착하여 노동 집약적인 경제를 발전시키도록 장려되었다. 『후한서』에서 따르면, 남쪽의 이민족은 황실관원인 자충茨充으로부터 양잠을 위해 뽕나무를 심고 짚신을 생산하기 위해 대마를 심도록 격려 받았다.[54] 또한 『삼국지三國志』에 따르면 3세기 초 황실관원 양습梁習의 관할 아래 있었던 흉노족은 농업과 양잠을 동시에 발전시키도록 격려 받았다.[55] 중국학자 위잉스는 이점에 대해 다소 당혹스러워했는데, 이민족에 대한 한족의 처리 방식에 대한 그의 연구에서는 다음과 같이 말한다. 국경선 부근의 외군을 통치하기 위해 파견된 황실관원들은 "이민족들에게 쟁기질하고 베를 짜도록 가르치는 것을 항상 그들의 당면한 의무라고 생각했다."[56] 그러나 이러한 현상은 정확하게는 남자가 밭을 갈고 여자가 베를 짜는 규범적인 성별 분업이 단지 성별간의 적절한 구분의 차원일 뿐만 아니라 한족 문명의 중요한 구성 요소이기 때문이다. 한족의 농업과 양잠의 노동집약적 경제는 재화 생산에 있어 남녀의 구별되지만 보완적인 역할을 상정하고 있으며, 그러므로 그러한 경제 체제는 한족의 젠더 규범과 민족적 정체성과 밀접하게 관련되어 있다.

실질적인 측면에 보면, 남자가 밭을 갈고 여자가 베를 짜는 그러한 성별 분업은 보다 정착된 삶의 방식에 기여한다. 그리고 이러한

---

54 Hisayuki Miyakawa (1960), 31.
55 Yu (1967), 87.
56 위의 쪽.

정착 생활은 가계의 존속을 장려하고, 지역사회의 단결을 발전시키며, 중앙집권적인 감독과 과세를 촉진한다. 사실 16세기 후반 명나라 중기에 도입된 조세 개혁 이전에는 모든 가구에 곡물뿐만 아니라 직물에도 세금이 부과되었다.[57] 황제의 쟁기질과 황후의 누에치기로 예시된 규범적인 성별 분업은 중앙의 조세제도에 의해 강화된다. 그리고 가정경제에서 주요한 생산자로서 남성과 여성의 역할은 조정에서 [농사와 직물 모두에 세금이 부과되므로] 모두 동등하게 인정된다. 상징적인 의미에서 '남경여직'은 성실, 근면 그리고 효행의 도덕적 품성을 구성한다. 규범적인 남녀 분업의 도덕적 중요성은, 『곡량전 穀梁傳』―진秦 나라 때 작성된 『춘추』의 해설서―에 명시되어 있다. "천자는 친히 밭을 갈아 기장을 [제사상에] 올리고, 왕후는 친히 누에를 쳐서 제복祭服을 올린다. 이것은 나라에 좋은 농부와 여공이 부족하다는 것을 의미하지 않으며, 다만 남들이 생산한 것으로 조상을 섬기는 것은 자신이 생산한 것으로 조상을 기는 것만큼 바람직하지는 않다."[58] 황제와 황후의 효행은 그들의 특권적 지위와 상관없이, 서민들과 마찬가지로 밭을 갈고 베를 짜는 성별 분업에서 표현된다.

다음 장에서 보다 자세히 다루겠지만, 여성의 미덕은 베짜기, 실뽑기, 수놓기의 작업을 통해 어느 정도 표현된다. 부녀자의 노동은, 여성을 위하여 여성에 의해 작성된 『여사서』에서 정의된 네 가지의 여성적 덕목[四德] 중 하나이기 때문이다. 규범적인 성별 분업은 질서 정연한 사회에서 인간의 욕구를 충족시키기 위하여 협동적인 삶

---

57 Francesca Bray (1995), 132.
58 『곡량전穀梁傳』, 4/7b, 「환공 14년 8월」; Mann (1997), 151-52 참조.

이 요구되어서였기도 하지만, 가계경제에서 남성과 여성 모두가 고유하지만 상보적인 역할을 맡는 문명성과 젠더 규범의 표식이기도 하였다.

다만 남녀의 노동 분업은 오직 젠더 구분의 예의범절을 부분적으로 담아낼 뿐인데, 젠더화의 과정은 사람이 태어나서부터 공간·신체·소유·의례용품의 사용을 규제함으로써 시작된다. 예를 들어 『예기』에 따르자면, 태어날 때의 아이 성별을 나타내기 위해 서로 다른 의례용품들이 활용된다. "자식이 태어나면 남자는 문 왼쪽에 활을 놓고, 여자는 문 오른쪽에 손수건을 걸어놓는다."[59] 활은 활쏘기를 의미하는데, 활쏘기는 소년들을 위한 유교의 '육예六藝' 교육 중 하나이다.[60] 『예기』의 구절은 다음과 같이 계속된다. "3일이 지나면 비로소 아들을 안는다. 이 때 아들이면 활쏘기 의식을 행하고, 딸이면 하지 않는다."[61] 활쏘기와 대비되게 소녀의 탄생을 상징하는 손수건은 베 짜기, 실뽑기, 수놓기라는 부녀자의 노동이 중요함을 나타낸다. 이 부녀자의 노동은 여성의 4대 덕목 중의 하나인데, 그것에는 부덕婦德(부녀자가 지켜야 할 덕행), 부공婦功(부녀자의 노동), 부언婦言(부녀자의 말씨), 부용婦容(부녀자의 몸가짐)이 있다.

『예기』에 따르면, 소녀와 소년은 7세가 되면 자기의식적으로 서로 다른 역할을 취하고 예의바른 자세를 갖추기 시작한다. "7세가 되면 소년과 소녀는 자리를 함께 하지 않으며 한 자리에서 같이 식

---

59 『예기』, 「내칙」; Legge (1967) I, 471 – 72 참조.
60 유가의 '육예'는 활쏘기, 셈하기, 예절, 음악, 말타기 그리고 글쓰기이다. Tu Wu-ming (1985), 76 참조.
61 『예기』, 「내칙」; Legge (1967) I, 472 참조.

사하지 않는다. 8세가 되면 들어가고 나갈 때와 자리에 나아가서 음식을 먹을 때에 반드시 어른보다 뒤에 하도록 하여 사양하는 일을 가르치기 시작한다. (…)"[62] 일단 자기의식적인 젠더화 과정이 시작되면 두 개의 적절한 젠더적 공간의 경계 짓기도 이루어진다. 소년과 소녀는 두 가지의 다른 교육 과정을 통해 두 가지의 다른 영역에 상주한다. 소년은 외의 영역 ─ 고전학습의 영역 ─ 에 속해있고, 여기에서 그는 육예, 경전, 그리고 공직을 염두에 둔 공순한 행동을 배운다. 소녀는 내內의 영역 ─ 집안일과 가사 관리의 영역 ─ 에 속해있고, 여기에서 부녀자의 노동인 베짜기, 실뽑기, 수놓기, 제사를 위한 음식 준비, 아내의 공순한 태도를 배운다.[63] 내-외의 기능적 구분 ─ 남녀의 적절한 젠더적 영역을 정의하는 ─ 에서 파생된 성별간의 차이는 사실 중국 사회에서의 젠더 문제의 기저가 되었다. 이 논점은 6장에서 더욱 자세하게 설명될 것이다. 지금으로서는 내-외 구분 ─ 성별 구분을 구성하는 데 일조한 ─ 이 남자와 여자에 해당하는 젠더적 영역을 수반시켰다고 말하는 것으로 충분할 것이다. 남자와 여자를 물리적으로 분리segregation 하는 것에 대해서 『예기』는 다음과 같이 말하고 있다.

> 예의는 부부 사이를 삼가는 것에서 시작한다. 집을 지을 때에는 안
> 과 밖을 구분하여 지어서 남자는 밖에 거처하고 여자는 안에 거처
> 한다. 안채는 깊숙이 하여 문지기로 하여금 지키게 하고, 남자는 안
> 채에는 들어가게 하지 않으며 여자는 바깥채에 들어가지 않는다.[64]

---

62 위의 책; Legge I, 478.
63 위의 책; Legge I, 478-79.

게다가 "남녀는 같이 앉지 않으며, 함께 사용하는 옷걸이를 갖지 않으며, 같은 수건과 빗을 사용하지도 않고, 주고받음에 손으로 직접 하지 않는다."[65] 젠더 구분을 정의함에 있어 장벽과 성문으로 실체화된 남녀의 물리적인 분리가 중요한 점은, 내정과 국방에 관심을 기울인 『관자』의 다음 구절에서도 추론될 수 있다.

> 큰 성은 완전하지 않으면 안 된다. 성곽 주위는 외부와 통하면 안 된다. 마을의 경계는 어지럽게 가로질러 통하면 안 된다. 마을의 문은 문짝이 없으면 안 된다. 집의 담장과 문의 빗장은 튼튼히 수리하지 않으면 안 된다. 큰 성이 완전하지 않으면 난을 일으키는 사람이 기회를 노린다. 성곽 주위가 외부와 통하면 간사하게 도망가고 넘나드는 사람이 생긴다. 마을의 경계가 어지럽게 가로질러 통하면 도적의 무리가 그치지 않는다. 마을의 문에 문짝이 없으면 안팎이 서로 통해 남녀 사이에 분별이 없다.[66]

이 구절에서 젠더 구분은 성벽과 성문으로 구체화된 물리적·공간적 경계와 얽혀져 있으며, 이는 차례로 질서와 안전에 대한 관심으로 연결된다. 그리고 내-외 이항에 대한 이러한 이해는 내부의 황실과 외부의 이민족의 세계의 경계를 국경의 성벽과 성문으로 구획화한 초기의 용례와도 일치한다.

---

64 위의 책; Legge I, 470.
65 위의 책; Legge I, 77.
66 『관자』, V, 13편, 「팔관八觀」; Rickett I, 226 참조. 본 번역은 김필수 외 역 (2012)의 『관자』, 소나무, 196에서 인용함.

그러나 상징적 수준에서의 장벽이란 경계는 존 헤이가 중국의 경계에 대한 그의 연구에서 표현했듯이 "그 자체가 [분리한다는] 의미를 위한 장소일 뿐이며, 경계의 기능을 넘어선 고유한 의미를 갖고 있지 않다."[67] 즉 질서와 안전을 보존하기 위하여 사용되는 물리적인 장벽과 성문은 사실상 의례적인 경계선이다. 장벽과 성문은 통치자의 예의범절, 생산의 양식, 성별의 구별이라는 의례적이고 윤리적인 표상에 의해 유지되기 때문이다. 위 구절에서 관자가 국방과 관련하여 말하였듯이, "영토의 보존은 성곽에 달려있고, 성곽의 보존은 병사에 달려있다. 병사의 보존은 사람에 달려 있고, 사람의 보존은 곡식에 달려있다. 그러므로 국토를 개간하지 못하면, 성곽도 견고하지 못하다."[68] 국가의 보존은 결국 물리적 장벽과 성문이 아니라 국토의 적절한 개간에 달려있는데, 이는 남자가 밭을 갈고 여자가 베를 짜는 규범적인 성별 분업과 결부된다. 그러므로 장벽과 성문으로 구체화된 남녀의 물리적 격리 또한 실제의 장벽과 성문에 얽매여 있지 않으며, 적절한 장소에 자기를 정위시킴으로써 젠더 예절이 표명되는 의례적 표상임을 유추할 수 있다.

젠더 예절의 상징적 의미는 바로 구별짓기differentiation에 있다. 패트리샤 에브리Patricia Ebrey가 송대 여성의 삶에 대한 그녀의 연구에서 쓴 것과 같이, 남성과 여성은 "다른 일을 하거나, 혹은 같은 일이라도 다르게 해야 하기 때문이다."[69] 예를 들어 전통적인 장·상례에서

---

67 Hay (1994), 13.
68 『관자』, I, 3편, 「권수權修」; Rickett I, 95 참조. 본 번역은 김필수 외 역(2012)의 『관자』, 소나무, 52에서 인용함.
69 Ebrey (1993), 24.

남자와 여자는 그들의 친족적 신분에 의거하여 각각 다른 상복을 입어야 한다. 그리고 각각의 그들은 다른 방식으로 동일한 애도의 의무를 수행해야 한다.[70] 여기서의 강조점은 의무나 역할의 구별이 필요할 만큼이나, 젠더의 구별이 필요한지에 있다. 그리고 이러한 구별하는 능력은 인간과 짐승, 문명과 야만을 구분하는 것이다. 순자에 따르자면 "구분이 없다는 것은 인간의 큰 해가 되고, 구분이 있다는 것은 천하의 주된 이익이다[無分者, 人之大害, 有分者, 天下之本利也.]."[71] 순자는 계속해서 구별짓기의 중요성을 설명했다. "사람이 태어나서 무리지어 살지 않을 수 없으니, 무리지어 살면서 구분이 없으면 다투게 되고 다투면 어지러워지며 어지러우면 곤궁해진다."[72] 남자와 여자를 외와 내라는 두 개의 다른 젠더적 영역으로 구별하는 그 행위는 질서 있고 번영하며 문명화된 사회의 시작점이다.

『예기』에서 발견되는 젠더적 예의범절은 의례적 표상에 있어 내-외라는 경계선을 따라 명확하게 정의되었으며, 그것은 물리적인 성벽과 성문과 결부된 두 개의 다른 젠더적 영역과 관련된다. 그럼에도 내-외 이항은 사적-공적 혹은 가족-국가라는 서구의 이원적 패러다임과 상응하지 않는다. 그러나 이러한 불일치는 내-외 이항에 대한 논의에서 종종 무시되곤 한다. 도로시 코가 요약한 것과 같이 두 가지의 일반적인 오해가 종종 발생한다. 첫째, 불구이면서 속박된 두 발을 가진 여성이 안채에 완전히 격리되는 것으로, 이 내부 공간

---

70 위의 책, 24n7 참조.
71 『순자』, 10편, 「부국富國」. 본 번역은 이운구(2018)의 『순자 1』, 한길사, 248에서 인용함.
72 위의 편. 본 번역은 이운구(2018)의 『순자 1』, 한길사, 248에서 인용함.

에서의 벽과 문은 그녀의 움직임과 활동의 한계를 획정한다. 둘째, 여성의 가정 영역과 남성의 정치 영역이 병치되고, 결과적으로 사적이 공적에서, 가족이 국가에서 분리된다.[73] 서구의 시각에서 볼 때 내와 외는 종종 사적과 공적, 또는 가족과 국가의 이원론적 패러다임과 동일한 개념으로 취급된다.

송나라 사마광司馬光의 『거가잡의居家雜儀』는 『예기』에 제시된 의례규칙에 근거하여 가족 구성원에 대한 엄격한 규칙이 제시하고 있는데, 여기에서 [학자들에게] 자주 인용되는 다음의 장문의 구절은 종종 내와 외의 상호배타성을 뒷받침하는 데 이용되곤 한다.

무릇 집을 지을 때는 반드시 내외를 구별하여야 하고 집을 깊게 파되 문은 견고하게 하여야 한다. 내외는 우물을 함께 쓰지 않으며, 욕실도 함께 쓰지 않으며, 화장실도 함께 쓰지 않는다. 남자는 바깥일[外事]을 처리하고 여자는 집안일[內事]을 처리한다. 남자는 낮에 이유 없이 사실私室에 거처하지 않으며, 부인은 이유 없이 중문中門을 엿보지 않는다. 남자는 밤길에 촛불을 밝히고 다녀야 하고, 부인은 이유가 있어 중문을 나가게 되면 반드시 그 얼굴을 가리고 다녀야 한다. 사내종이 수리할 일이 있거나 큰 변고가 있지 않다면, 중문에 들어가지 않는다. [사내종이] 중문에 들어간다면 부인은 반드시 피해야 한다. 피할 수 없다면, 반드시 소매로 그 얼굴을 가려야 한다. 여종이 이유 없이 중문 밖으로 나가선 안 되며, 이유가 있어 중문에 나가면 반드시 그 얼굴을 가려야 한다. 심부름하는 종들

---

73 Ko (1994), 12.

174

이 안과 밖의 말을 전달해주고 내외의 물건을 전달해주는 일을 담당할지라도, 마음대로 방이나 주방에 들어가선 안 된다.[74]

위 구절은 남녀의 물리적 분리와 안채에서의 여성의 절대적 격리에 대한 믿음을 지지해주는 것으로 보인다. 그러나 중국의 여성에 대한 수많은 역사적 연구는 엄격한 성별 분리를 부인해왔다. 사회적·역사적 현실에서 여성의 활동과 성취는 내의 숙소와 가사기술을 훨씬 뛰어 넘어 확장되었고, 가정세계의 여성 영역은 정치의 남성 영역과 분리된 외딴 독립체로 취급되지 않았다. 그보다는 내는 공적인 덕목들의 근원이다.[75] 사마광의 가훈家訓에 대한 보다 적절한 독해는 그것을 규제적인 이상ideal로 취급하는 것이다. 남자 혹은 여자를 위해 지정된 단절된 공간은 일종의 의례적 공간으로 해석되어야 한다. 왜냐하면 예의바른 태도와 상징적 행동을 통하여 남녀의 예의범절을 표현하는 것이야말로, 물리적 벽과 문으로 경계 지어진 남녀 간의 실제적 분리보다도 항상 더욱 중요하기 때문이다. 의례적 경계만큼이나 남녀 간의 물리적 경계는 가변적이고 모호하다. 도로시 코가 말한 것처럼 내-외의 경계는 "두 개의 통약불가능한 영역이라기보다는, 내와 외가 상대적인 연속선상에 자리하는 교섭적인 경계이다."[76] 그러나 규제적인 이상으로서 내와 외라는 규범적인 젠더 영역은 정말 남녀에 대한 이론상의 통제장치로 기능한다. (내에서 파생된 여성에 대한

---

74 Ebrey (1993), 23-24n2 참조: 또한 Hu Ying (1997), 79; Ping Yao (2003a), 414-18 참조.
75 Ko (1994); Mann (1997); Widmer (1989) 참조.
76 Ko (1994), 12.

구조적인 제약의 정도에 대해서는 6장에서 논의할 것이다.) 이는 일상생활에서 불가피한 내-외 경계의 위반이 허용되거나 허용되지 않는지에 대한 정당화 작업이 항상 왜 필요한지를 설명한다.

그러나 내-외는 사적-공적 또는 가족-국가의 서구의 이원론적 패러다임과는 다르다. 첫째, 가족과 국가는 두 개의 별개 영역으로 취급되지 않는다. 둘째, 아리스토텔레스, 홉스, 로크, 루소, 헤겔 등의 고전적인 서구정치이론에서 가족이 정치의 시민 담론에서 배제된 것과는 달리, 유교윤리학에서 여성이 위치하는 '내' 영역은 정치질서의 중심이다. 공자의 가르침에서 부모에게 효도하고 형제를 아끼는 것은 사실상 공적 덕목인 인의 뿌리로 인식된다(『논어』 1.2. 참조). 공공적 영역에서의 군자의 유덕한 행위는 가정 영역의 효제孝弟라는 가족적 덕목에서 근원하였다. 『맹자』에서 말한 것과 같이 "사람들이 늘 하는 말이 있으니 '천하와 나라와 가족이다.' 천하의 근본은 나라에 있고, 나라의 근본은 가족에 있다. 가족의 근본은 그 자신에게 있다."[77] 또한 동일하게 『대학』에서 "옛날에 밝은 덕[明德]을 천하에 밝히고자 하는 자는 먼저 그 나라를 다스리고, 그 나라를 다스리고자 하는 자는 먼저 그 집안을 가지런히 하고, 그 집안을 가지런히 하고자 하는 자는 먼저 그 몸을 닦는다."[78] 사람이 가장 먼저 위치하는 가족은 [자아의] 출발점이자, 내림차순의 연속된 '동심원들'―가족, 사회적 환경, 정치 영역이 다른 것과 얽혀있는―의 중심적 영역이다.[79]

77 『맹자』, 4A/5; Legge (1960) II, 295 참조.
78 『대학』, 경 1장; Legge III, 357 참조. 본 번역은 성백효 역(2011)의 『中庸·大學集註』, 전통문화연구회, 33에서 인용

가정은 국가의 정치적 영역과 분리되지 않기 때문에, '내'의 가정 영역에 위치한 여성들은 '외'의 남성적 영역과 단절되어 있지도 않고 여성들이 별도의 안채에 격리되지도 않는다. 공적 덕목과 상대해 보았을 때, 가족적 덕목은 주변부로 취급되지 않는다. 경전과 여훈서에서 반복적으로 강조된 바와 같이, 내 영역에서의 여성적 덕목과 예의범절은 가족, 공동체, 국가라는 동심원들 가운데 구심점이다. 한나라 때 편찬된 최초의 여훈서인 『열녀전』에서 부부관계의 올바름은 다섯 가지 핵심적 사회관계들의 기초가 된다. "부부의 도는 인륜의 시작이다." [80] 『순자』에서도 유사한 표현이 등장하는데, "부부의 도는 올바르지 않으면 안 되니, 군신과 부자 관계의 근본이다." [81] 『중용』 또한 "군자의 도는 그 단서가 부부관계에 있다." [82] 내와 외가 본질적으로 관계적이며 상호적이므로, 여성이 '내'에서 하는 것은 '외'에 영향을 미친다. 국가와 그 구심이 되는 아내의 미덕이 병치된 것은 『맹자』의 다음 구절에 나타나는데, 여기에서 맹자는 나라의 변화가 두 여성의 공헌에서 비롯되었다고 말한다. "화주華周 와 기량杞梁 의 처가 남편의 죽음에 대해 애절하게 곡하였기에 나라의 풍속을 변하게 하였다. 안에 있는 것은 반드시 밖으로 드러난다." [83] 간단히 말해서 가족과 국가, 또는 내와 외는 모순적인 영역이 아니라 관계적

---

79 동심원의 비유에 대해선 Tu Wei-ming (1985), 171 – 81 참조. 이에 대한 스토아적 기원에 대해선 James Tiles (2000), 314 – 15 참조.

80 『열녀전』, 「소남신공召南申公」(4.1). 『열녀전』의 전체 편명에 대해서는 Raphals (1998), appendix one, 263 – 67 참조. 부분 번역으로는 Pauline C. Lee (2003), 149 – 61 참조.

81 『순자』, 27편, 「대략大略」; Hutton (2003), 117 참조.

82 『중용』, 12편; Legge (1960) I, 393.

83 『맹자』, 6B/6; Legge II, 434. 또한 Bryan Van Norden (2003), 108 참조.

인 영역이다.

사적인 것과 공적인 것을 분리하려는 서구의 주장은 중국의 과거나 미래에 '시민사회civil society'나 '공공 영역public sphere'이 존재하는지/할 수 있는지에 대한 서구 역사가와 철학자들의 논쟁에 반영되어 있다. 그러나 수잔 만이 비판적으로 평가한 것과 같이, 이 논쟁의 바로 그 전제에 문제가 있다. 왜냐하면 가족의 사적 영역에서부터 분리된 시민사회의 패러다임을 [중국에] 부과하는 것은 중국문명의 발전과 공로를 종종 서구적 기준에 따라 판단하는 서구학문의 뿌리 깊은 '오리엔탈리즘Orientalism'을 반영하기 때문이다.[84] '시민사회'나 '공공 영역'의 개념은 서구 자유주의 전통의 발명품이다. 그리고 '시민사회'의 존재를 [이상적인] 규범으로 가정하는 것은 사실상 서구의 역사적 현실을 비서구사회의 이상화된 발전 경로로 투영하고 결과적으로 대안적인 발전 모델의 가능성을 배제한다. 이 논쟁에서의 서구적인 이상화된 자기 투영self-projection은 윌리엄 로William Rowe에 의해 잘 포착되었다. 그가 쓰길 "단순히 이 질문[중국은 시민사회를 가진 것이 있는가?]을 하는 것만으로도 우리는 실제로 지역 문화의 특수성을 초월한 사회정치적 발전의 '정상적인' 경로를 가정하고 있지는 않는가? 우리가 찾고자 하는 것은 단지 우리 자신의 문화에 한정된 특정한 발전 경로인가, 아니면 더 나쁘게는 우리 자신의 경로를 단지 이상화하는 것인가? 우리의 질문이 논쟁 자체가 불가능한non-

---

[84] Mann (1997), 223. '시민사회' 논쟁의 자세한 내용에 대해선 *Modern China* 19:2 (April 1993), special issue, 특히 William T. Rowe, 「The Problem of 'Civil Society' in Late Imperial China」: 139–57; Frederic Wakeman, 「The Civil Society and Public Sphere Debate: Western Reflections on Chinese Political Culture」, 108–38 참조.

controvertible 명제를 중심으로 동어반복적인 형태이지는 않는가?(역자 주: 시민사회가 존재하는 것이 이상적이고, 중국에는 그 시민사회가 결여되어 있으므로 후진적이라는 것은 일종의 순환논법임.) 즉 우리가 더 나아가 초기 근대의 유럽사와는 상당히 다르지만, [서구적 발전 모델과] 균등하게 승인할 수 있는 중국의 일련의 발전들을 상상해볼 수 있을까?"[85] 참으로 "중국에 '시민사회'가 있는가?"라는 질문은, "중국에서 어떤 사회가 발전하고 있는가?"라는 질문과는 확연히 다르다. 전자의 질문은 가정의 '사적 영역'으로부터 분리된 '시민사회' 혹은 '공적 영역'에 규범적 가치를 상정하고 있으며, 후자의 질문은 역사적 지역과 문화적 특수성과 같은 복잡성을 고려하고 있다.

중국의 지적 전통에서 공公과 '공적'이, 사私와 '사적'이 반대로 보이지만, 이는 분명 서구의 자유주의 전통과는 다르다. 서구의 자유주의 전통에서 '시민사회' 혹은 '공공 영역'은 국가와 구별되는 자율적 실체를 의미한다.[86] 서구에서 '시민사회'의 등장은 자본주의의 출현, 도시의 부르주아 계급의 부상과 지식인intelligentsia의 자유로운 결사와 밀접하게 관련되어 있다. 중국에서는 서구와 상응하는 발전이 이루어지지 않았는데, 국가와 상업, 국가와 문인의 분리가 명확하게 정의되고 이루어지지 않았기 때문이다. 종교, 상업, 사학私學 등의 국가의 후원을 받지 않는 모든 조직체는 다만 국가 통제로부터 상대적인 자율성을 누릴 뿐이다. 실제로 자율성과 국가 통제 사이의 균

---

85 Rowe (1993), 139.

86 William Rowe에 따르면 '시민사회'의 초기 용례는 통치받는 상태를 가리켰다. 즉 '시민사회' 혹은 '정치 사회political society'는, 통치되지 않은 '자연 상태State of Nature'와 대조된다. 국가와 대비되는 자율적 실체로서의 '시민사회'는 후대의 용례이다. Rowe (1993), 141-42.

4장 내외, 젠더 구분, 예의   179

형은 대체적으로 "지속적인 협상과정의 결과"이다. 현대 중국의 정치 문화에 대한 분석가들이 발견한 바와 같이 "조직의 자율성은 (…) '전부 아니면 제로'의 문제라기보다 '연속선상'에서 이해하는 것이 가장 좋다."[87]

역사적 현실에서 중국의 문인들은 과거시험 때문에 항상 국가 관료제도의 일부분이었다. 또한 중국 문인의 대부분의 경우 국가 관료였으며, 이 사대부들이 자유로운 결사를 통해 국가 권력을 견제하기 위하여 독립적인 목소리를 낸다는 관념은 사실상 존재하지 않았다. 벤자민 엘먼은 송명 시대의 정치파벌에 대한 연구에서, 그는 오직 황실의 의견만이 공 혹은 공적 의견에 해당하며 정부의 후원을 받지 못하는 문인의 의견은 사 혹은 사적 의견에 해당한다고 언급하였다. 정규의 국가직무 밖에서 비슷한 계급과 지위를 가진 사람들과 자유롭게 결사를 맺은 문인들은 일반적으로 이익과 권력의 추구자라고 비판 받았으며, 종종 당黨이라는 꼬리표가 붙었다.[88] 황실의 영향에서부터 독립적인 지식인들의 자치적인 당을 만드는 것에 대해 반대하는 오랜 전통이 있어왔다. 사람들이 흔히 인용하는 『논어』 "군자는 무리를 짓되 당을 만들지 않는다."의 구절은 황실 조정의 안팎에 있는 당파들의 정당성을 부정하는데 활용되곤 했다.[89] 당파에 대항하는 유교적 정치 이념은 역시 『서경』「홍범」에 근거하고 있는데, 여기에선 정치적 결속에 있어 당파의 부재[無黨]가 필요함을 강조한

---

87 Rowe (1993), 148, 147. 또한 M. Bonnin and Y. Chevrier (1991), 579–82 참조: Rowe, 147에서 인용함.
88 Elman (1990), 27.
89 『논어』 15.22, 7.31 참조.

다.[90]

게다가 공과 사의 개념은 개별적인 가정에 함께 적용된다. 안채가 사적구역으로 간주될 때, 외채는 공동구역으로 간주되었고 공동의 조상을 모시는 사당은 공당公堂으로 명명되었다. 중국 세계에서 공과 사의 구분은 관계적인 개념인 내-외와 마찬가지로, 상대적인 연속선상에 있다. 내와 외는 정말로 서구의 사적/공적, 가족/국가 패러다임과 개념적인 등가물이 아니라고 말할 수 있다. 또한 중국인의 인식에서 '공과 사' 그리고 '나라國와 가족'家의 개념 모두 분리된 두 영역이 아니다.

내-외 구분이 성별에 적용될 때 남성과 여성의 역할이 각각 가족 밖과 가족의 관계에서 이루어짐을 나타낸다. '내'는 여성의 활동 공간으로서, 이 가정 영역에서 여성은 딸, 아내, 어머니의 역할을 맡음으로 사회적으로 인정받는 '여성'—적절히 성별화된 사회적 주체—이 된다. 대조적으로 '외'는 구심점이 되는 가정 영역을 넘어서는 확장된 장場, 말하자면 '비가족적nonfamilial' 영역을 상징한다. 이 영역에서 남자는 아들, 남편, 아들의 가족적 역할뿐만 아니라 초가족적 관계망에서 비친족적 역할(관직 등)을 맡음으로 젠더화된다. 젠더화 과정에서 남자와 여성의 불공평한 격차는 부인할 수 없다. 그러나 가족 영역에 여성을 국한시킨 것은 그 자체로 여성의 선천적인 열등성이나 남성에 대한 여성의 종속을 의미하지는 않는다. 대조적으로 딸, 아내, 어머니로서의 여성적 역할의 가족적 영역[내]은 중심적 영역으로서, 이는 비가족적 영역[외]의 기초가 된다. 게다가 중국 세계

---

90 『서경·주서』, 「홍범」; Legge (1960) III, 331.

에서 가족, 친족적 영역 밖의 '여성' 범주는 실재하지 않는다. 젠더화 과정은 사실상 계층적인 친족 구조 내―연장자가 연소자보다 특권을 갖는―에서의 의례화 과정과 같이 한다. 중국 세계의 젠더 격차는 필연적으로 친족 위계와 얽혀 있다.

중국 젠더학에서 친족 위계와 젠더 격차 사이의 연관성 문제가 중요하게 취급되기 시작했다. 그러나 삶의 모든 측면에 걸쳐 여성이 남성에 획일적으로 예속되어 있다고 더 이상 인식되지 않는다. 대신에 젠더 격차는 친족 관계라는 복잡한 망에 위치하고 있는데, 이 친족 관계에서 젠더 격차는 연장자와 연소자 사이에 존재하는 사회적 불평등의 부분일 뿐이다. 성별은 그 자체로 인생에서 자신의 위치를 결정할 수 없다. 또한 성별은 반드시 나이, 세대, 결혼, 계급 등의 요소와 결합될 때서야 의미 있는 것이 된다. 그리고 자신의 적당한 사회적 지위를 확인하는 위계적 친족 구조 또한 호혜적이다. 즉, 친족 제도에서 연장자와 연소자의 지위는 고정되어 있지 않다. 이러한 불평등한 친족 역할을 타니 발로는 '상호적 불평등'[91]이라고 불렀다. 위계적 친족 구조에서의 상대적인 지위에 의거하여, 각자는 연소자에서 연장자로 신분이 변하기도 하고 혹은 동시에 그 두 개의 신분을 겸비하기도 한다. 친족 구조의 지위는 반드시 평생에 걸쳐 계산된다.

일부 학자들은 더 나아가 중국의 친족 제도는 친족 위계의 조직 원리가 성별이 아닌 가계 서열에 기초하고 있다는 점에서, '성별과는 무관하다고asexual' 주장한다. 그러므로 젠더 격차의 문제는 사실

---

[91] Barlow (1989), 325.

상 친족 위계의 문제에서 파생된 역사적 문제이다.[92] 중국의 친족 제도에서 같은 계급·신분의 남성과 여성이라면 그들이 누리는 사회적 특권과 자원은 같은 성별을 갖고 있으나 다른 친족적 지위를 가진 사람들에 비해 더욱 비슷하다. 이러한 관점에서, 한 사람의 친족적 지위는 여성 또는 남성의 성별보다도 우선한다. 한 사람의 친족적 지위가 주된 반면에 젠더 정체성은 부차적이라는 주장은 위계 사회에서의 젠더와 섹슈얼리티 sexuality 에 대한 셰리 오트너 Sherry B. Ortner 의 인류학적 연구에 의해 부분적으로 뒷받침된다. 그녀의 연구가 주로 폴리네시아 사회에 집중되어 있긴 하지만, 그녀가 도출한 결론은 교차 문화적 함의를 함축한다. "비성별적인 사회조직의 원리들이 성별 그 자체가 사회조직의 원리인 것보다 우선한 점이 [그 사회의] 위계 체계가 갖는 고유 특징이라 하겠다."[93] 성별에 기반을 두지 않은 가계 서열의 원칙은 불평등한 사회적 위치를 유지하는 데 공통적 이해관계가 있는 동일 계급의 남자와 여자를 나누기보다 오히려 사실상 하나로 묶는다. 오트너가 결론지은 것처럼, 성별에 기반을 두지 않은 친족적 서열 원리를 가진 위계적 사회는 사실상 동일한 사회적 계층에서 남녀 간의 평등을 지향하는 경향이 있다.[94]

그럼에도 불구하고 젠더의 문제는 친족 구조의 비성별적 원리에 호소함으로써 축소되거나 해명되어져선 안 된다. 결국 다른 위계적 사회들과 마찬가지로 중국 사회에서도, 오트너가 말하였듯이, "그

---

92 예를 들어 Francis L. K. Hsu (1968), 83, 592 – 93; Kay Ann Johnson (1983), 25. Rubie S. Watson (1991), 363에서 인용함.

93 Ortner (1981), 396 – 97.

94 위의 쪽.

시스템에는 여전히 남성에 대한 전반적인 편향이 존재하며" 또한
"계층strata 내에서 남성은 공식적으로 여성보다 우월하고, 사회적 리
더십에 거의 독점적으로 접근할 수 있으며, 조직 전체의 중요한 문
제에 대한 의사결정을 지배해버린다."[95] 중국의 젠더 구성은 비성별
적 가계 서열이 조직 원리가 된 친족 구조와 얽혀 있으나, 친족 구조
에서 연소자가 연장자에게 공식적으로 예속되는 것보다도 젠더 격
차의 문제가 더욱더 심각하다.

　역사적·사회적 현실에서 발견되는 많은 모순적 현상들은 중국 여
성들이 처한 곤혹스러운 입장─젠더 불평등이 다른 형태의 불평등
과 교차하는─을 분명하게 드러낸다. 즉 루비 왓슨은 중국 사회의
결혼 제도와 불평등에 대한 그녀의 선집에서 이러한 모순적 현상들
에 대해 숙고하였다. "여성은 재산 소유자일 수 있지만 재산에 대한
법적 권리가 거의 또는 전혀 없을 수 있으며, 여성은 의사 결정자일
수 있지만 의사를 결정할 권한은 없을 수 있으며, 여성에게 신체적
이동은 있을 수 있지만 사회적·경제적으로 제약되며, 여성은 황제
의 권한을 [대신하여] 행사할 수 있지만 황실의 칭호를 얻을 수는 없
다."[96] 중국 여성의 삶에서 이러한 곤경은 부분적으로나마 규제적
이상인 내-외 관념으로 설명될 수 있다. 그 내-외의 경계를 실제 뛰
어넘는 것이 허용이 되는 것은 오직 공식적이고 의례적인 젠더의 예
의범절이 준수되는 한에서만 가능하다. 내-외 구분은 젠더적 예의범
절을 규정하는 기능적이고 젠더적 구분이기 때문에, 여성은 공식적
인 권리가 부여되지는 않아 오직 암암리에서만 '외'의 정치적·사회

95 위의 책, 397.
96 Watson (1991), 348.

적·문학적 영역에 진입할 수 있었다. 그리고 모든 계층의 여성들은 '외'의 영역에 진입할 수 있는 공식적인 권리 내지는 사회적 정당성이 결여되어 있으므로, '삼종지도'라는 원칙을 준수해야 한다. 이 원칙에 따르면 공식적으로 '내'의 가정 영역에 국한된 여성들은 그녀들의 삶의 여러 단계에서 아버지, 남편, 아들에게 의존해야만 한다.

삼종지도는 『예기』에 처음 등장했으며, 이는 여훈서 뿐만 아니라 『열녀전』, 『백호통』, 『공자가어孔子家語』 등의 경전 주석서에도 빈번하게 인용되었다. 『예기』에서 삼종지도는 결혼 예식과 관련하여 다음과 같이 설명된다. "대문을 나서면 남자는 여자보다 앞서며 여자는 그 남자를 쫓으니, 부부의 의가 여기에서부터 시작된다. 무릇 여자는 다른 사람을 좇는 사람이니, 어려선 아버지와 형을 따르고, 시집을 가서는 남편을 따르며, 남편이 죽어서는 아들을 따라야 한다. 부夫는 장부丈夫이니, 장부는 지혜로 다른 사람을 이끄는 자이다."[97] 이 원칙은 또한 『공자가어』에 정교하게 기술되어 있다. "여자는 남자의 가르침을 순종하여 그에 따라 그들의 사리를 키워야 하는 자이다. [여자가] 혼자서 결정하지 않아야 하므로, 삼종지도가 있게 되었다. [삼종지도는] 어려선 아버지와 형을 따르고, 시집을 가서는 남편을 따르며, 남편이 죽어서는 자식을 따르며, 두 번 시집가지 않음을 말한다."[98] 언뜻 보기에 이러한 원칙은 인생의 세 단계 모두에서 남성에 대한 여성의 종속이 요구하는 것으로 보이고, 삼종지도는 종종 남성에 대한 여성의 선천적 열등성이나 예속의 표식으로 간주되었다. 사실 중국 사회의 삼종지도는 여성의 친족 지위에도 불구하고

---

97 『예기』, 「교특생郊特牲」; Legge (1967) I, 441 참조.
98 『공자가어』, 26편, 「본명해本命解」.

그 예속적 지위를 강조하기 위해 종종 '삼종三重의 종속obedience 혹은 예속subordination'으로 번역되곤 하였다.

그러나 여성의 삶의 세 단계 모두에서 여성이 남성에게 종속되는 것으로 가정하여 삼종지도를 '삼중의 종속'으로 해석하는 데 지지하는 사람들은 중국 사회의 어머니가 갖는 권위 문제에 직면하게 된다. 사회·역사적 현실에서 어머니는 어떠한 형태나 형식으로든 아들에게 종속되지 않았으며, 오히려 그 반대가 사실이다. 어머니는, 특히 과부가 되면 아들이 황제라 할지라도, 아들에 대해 막강한 권력을 가지고 있었다. 아들에 대한 어머니의 권위는 [아들이] 어린 시절에만 국한되지 않는다. 황제, 장군, 정승이 될 장성한 아들에게 어머니들이 가정사뿐만 아니라 조정의 일에 대해 지속적으로 가르치고 훈계해온 것은 상당히 흔한 일이다.

뛰어난 관료들이 종종 그 공을 자신들의 현명한 어머니에게 돌리는 사례는 『열녀전』의 모자 교육에 관한 언급에서뿐만 아니라, 6세기 문헌인 『안씨가훈顔氏家訓』의 교훈서, 그리고 여러 왕조의 역사서들에서 수없이 발견된다.[99] 어린 시절 맹자를 가르쳤을 뿐만 아니라, 그가 유명한 유학자가 된 이후에도 예의와 국정에 대해 계속해서 가르치고 훈계했던 맹자의 홀어머니는 유덕한 어머니의 대표적인 아이콘이다.[100] 황실에선 태후太后의 섭정이 제도화됨으로써 모친의 권

---

99 『열녀전』, 권1, 「모의전母儀傳」, "노계경강魯季敬姜(1.9)", "초자발모楚子發母(1.10)", "추맹가모鄒孟軻母(1.11)", "노지모사魯之母師(1.12)", "제전직모齊田稷母(1.14)"; 권3, 「인지전仁智傳」, "노장손모魯臧孫母(3.9)", "위곡옥부魏曲沃負(3.14)", "조장괄모趙將括母(3.15)"; 권6, 「변통전辯通傳」, "초강을모楚江乙母(6.2)". 보다 자세한 내용은 Raphals 1998, Appendix Two: The Intellectual Stories, 271–76, 218n15 참조. 『안씨가훈』의 부분번역으로는 Ping Yao (2003b), 245–49 참조.

위가 더욱더 분명해졌다. 전한 시대 이후부터 어린 황제의 폐위와 혼인에 대한 권한이 완전히 태후의 손아귀에 있게 되었다.[101] 권력이 막강한 태후는 왕조 역사의 여러 장면을 장식했다. 왕위를 통제할 수 있는 태후의 권한은 아버지가 부재해 어린 황제가 성인으로 될 동안 그를 가르치고 지원해야한다는 본래의 목적을 분명 넘어섰다. 몇 가지의 사례만 나열하자면, 전한의 최초 황후인 여呂 황후는 황제만의 권한으로 간주되는 '칙령'을 내렸으며 그녀의 아들인 혜제惠帝가 죽은 후에 사실상의 황제 노릇을 하였다. 당나라의 측천무후則天武后는 자신의 아들을 폐위시키고 자신을 새로운 왕조 주周의 건국 황제로 선포하였는데, 그녀는 중국 역사상 최초의 그리고 유일한 여성 황제였다. 그리고 청나라 서태후[慈禧]의 섭정은 태후 권력의 전성기를 상징하는데, 20세기 초 그녀가 죽을 때까지 그녀는 청나라를 실질적으로 통치했다.

중국 사회의 남성에 대한 여성의 종속을 논함에 있어 태후의 제도화된 권력은 모권母權이라는 수수께끼 같은 문제의 극단적인 사례이기는 하지만, 일상생활에서의 어머니의 권위는 의례서에서 높이 평가되는 유덕한 어머니의 상징적 이미지에 국한되지 않는다. 어머니의 권위는 사실 자녀에 대한 부모의 권위를 인정하는 황실의 법률에 의해 지지되었다. 중국법률사를 연구한 취퉁쭈는 부모가 불효자를 처벌할 수 있는 법적 권리를 인정했을 뿐만 아니라, 불효자가 지방 당국으로부터 처벌될 수 있는 권리도 부모에게 부여하였다고 언급

---

100 『열녀전』, "추맹가모鄒孟軻母(1.11)".
101 태후의 섭정은 기원전 87년 한대부터 시작되었고 마지막 왕조인 청대(20세기 초)까지 지속되었다. Hans Bielenstein (1980), 151 참조.

했다. 분명 청나라 법령에는 "아버지나 어머니가 아들을 기소할 때, 당국은 심문이나 재판 없이 [그 기소를] 인정한다."[102]고 명시되어 있다. 왕조에 따라 부모가 불효자에게 체벌을 가할 수 있는 정도는 상이하였지만, 부모가 가정이나 황실에서 불효자를 처벌할 수 있는 권리와 당사자의 합의 없이도 아들의 배우자를 내쫓을 수 있는 권리는 어느 왕조에서나 항상 인정되었다.[103]

중국 사회에서의 어머니에 대한 존경심은 19세기 후반의 중국을 관찰한 영국인 토머스 메도스Thomas Taylor Meadows의 다음의 장황한 논평에 잘 나타나 있다. 서구와 비견하여 중국 여성의 열등한 처지에 대한 지나친 논증에도 불구하고, 중국 사회의 모권에 대한 메도스의 상세한 관찰은 유효하다.

앵글로색슨인보다도 중국인에게 있어 여자는 여전히 남자의 노예와 같다. 그러나 중국 여성의 노예적 수준은 아들이 부모 모두에게 보답해야 한다는 원칙에 의해 상당히 완화되었다. 황실조정은 외동아들인 관료가 연로한 홀어머니를 돌보기 위해 휴가를 요구한다면 감히 거절할 수 없었다. 조정에서 그가 휴가를 요청하는 진짜 이유가 당면한 어려운 공무를 회피하려는 데 있다는 것을 알지라도 말이다. (…) 중국 남자들은 가장 친한 친구를 아내에게 소개하려 하

---

102 Chu Tung-tsu (1965), 25, 28 - 29.

103 예를 들어 당나라와 송나라의 법률 하에서 자녀를 죽인 부모의 처벌의 경우, 불효자를 죽인 경우에 자녀를 고의적으로 죽인 경우보다 처벌이 한 등급 낮았다. 그러나 원나라, 명나라, 청나라의 법률에서는 불효자를 죽인 부모는 처벌 받지 않았다. 게다가 청나라 법률에 따르면, 부모는 불효자를 돌려달라고 요청하기 전까지 외딴 지방으로 추방할 수 있게 법정에 요청할 수 있었다. Chu Tung-tsu (1965), 23 - 27, 121 참조.

지 않을 것이다. (…) 반면에 [친구를] 어머니에게 소개하는 일은 드물지 않다. 소개된 친구는 부인 등에게 머리를 조아려 경의를 표할 것인데, 즉 그는 부인 앞에 무릎을 꿇고 이마를 반복적으로 땅에 닿게 할 것이다. 아들은 [절하는] 친구를 막지 않지만, 그는 친구에게 무릎을 꿇고 절을 하며 답례할 것이다. 따라서 중국에서 두 남자 그리고 종종 고위직에 있는 회색 수염의 남성들이 같은 계층의 여성에게 경의를 표하기 위하여 바닥에 머리를 찧는 것을 종종 볼 수 있다. 여기에 [사례를] 추가하자면, 어머니가 지방수령 앞에서 아들을 고발하면 아들은 그 특정한 혐의에 대해 심문 없이 처벌된다. 독자들은 중국 어머니의 이 강력한 사회적·법률적 권위가 여성의 지위를 높이는 데 역할하고 있다고 결론지을 것이다. 그리고 실제로 그러하다. 비록 여자들의 실제 결혼 생활에 있어서는 그녀들이 수동적인 도구에 머무르지만 말이다.[104]

연소자가 연장자에게 예속되고 효孝의 덕목을 강조하는 중국의 위계적 친족 구조로 인해, 어머니에게 많은 사회적 존경과 법률적 권위가 부여된다. 이러한 어머니의 권위를 생각하면, 삼종지도를 '삼중의 종속 혹은 예속'으로 표현하는 것은 부적절할 것이다. 사실 취퉁쭈는 더 나아가 "아버지가 죽은 후에 어머니가 아들에게 종속되었다는 이론을 뒷받침할 증거가 없기 때문에, 어머니의 종속 문제는 다른 형태의 여성 종속과는 분리되어야 한다."[105]고 주장하였다.

아마도 여성의 종속에 대한 보다 일관적인 접근은 삼종지도를 '삼

---

[104] Yang Lien-sheng (1992), 17에서 인용함.
[105] Raphals (1998), 219, n17에서 인용함.

중의 종속'으로부터 '삼종의 추종following 혹은 의존dependence'으로 수정하는 것이다. 중국 사회에서 법에 의해 지지되고 의례서를 통해 고양되는 어머니의 권위를 생각해볼 때, 삼종지도가 말하는 것은 그들의 친족적 지위와 관계없이 여성이 남성에게 절대적으로 예속된다는 것이 될 수 없다. 삼종지도에 대한 보다 그럴듯한 독해는 공식적으로 '내'의 가정 영역에 국한된 여성들이 가계 순위 가운데 최연장의 남자를 따르고 의존해야 하는 필요성으로 보는 것이다. 여자가 '외'의 영역에 합법적으로 접근하기 위해 최연장의 남자는 그 연결고리 역할을 하기 때문이다.

　삼종지도는, 쑹 마리나Marina Sung의 추정에 따르면, 여성의 상례 복장 규정에서도 비롯된 것이다. 여성은 결혼 전에는 아버지의, 결혼 후에는 남편의, 과부가 되어서는 아들의 지위에 맞게 상복을 입어야 했다. 삼종지도의 의미라 함은 "여자는 가정에서 가장 중요한 남자가 가지고 있는 사회적 지위에 자기 자신을 맞추어야 한다. 여성의 지위는 결혼 전에는 아버지의, 결혼 후에는 남편의, 과부가 되어선 아들의 지위에 의존한다."[106]는 것이다. 삼종지도는 여성의 선천적인 열등성이나 친족적 지위와 무관하게 남성에 대한 예속된다는 것보다도, 가계에서 가장 높은 지위를 갖는 남성을 따르고 의존해야 하는 실질적 필요성을 의미한다.

　일반적으로 여성은 작위[爵]가 없었기 때문에, 여성이 남성을 따르는 것은 현실적으로 불가피하였다. 여성의 사회적 신분과 지위는 여성의 아버지, 남편, 아들의 지위에 의존한다. 그러한 의존은 '외'

---

[106] Marina H. Sung (1981), 69n30.

영역에 대해 합법적인 접근 권한이 없는 여성에게 부과된 구조적 제약을 필연적으로 반영하며, 결과적으로 여성에게 이름, 칭호, 작위가 부여되지 않았다. 그럼에도 불구하고, 삼종지도는 특히 남편과 아내 사이의 성평등 감각을 제공한다. 그러한 평등감은 『예기』에서 삼종지도가 올바른 혼례의식이 연관된 바로 그 다음 구절에서 잘 드러난다. "[남편과 아내는] 같은 제물을 함께 먹으니, 그 존귀함과 비천함이 같다. 그러므로 아내에게 작위가 없을 때, 남편의 작위를 따르며 남편의 위치에 따라 자리를 잡는다."[107] 아내는 남편과 같이 [동등하게] 존중받는데, 그녀는 남편이 가진 것과 동일한 특권과 지위를 누릴 권리가 있기 때문이다. 비록 그녀의 지위는 남편의 지위에서 유래되지만, 그럼에도 불구하고 부부는 서로 동등한 하나의 몸으로 개념화된다. 『백호통』에서 설명하듯, 처妻,qi 라는 단어의 어원은 같음[齊, qi]이라는 뜻이고, 아내가 남편과 동등하기 때문이다[與夫齊體]. 그리고 『백호통』에서 처가 남편과 동등하다고 설명한 뜻은 위로는 천자 아래로는 서민에게까지 적용된다.[108] 의례에서의 부부의 평등은 사회적 지위에 관계없이 모든 사람에게 적용되는 규범적 이상ideal 이다.

부부의 동등성에 대한 강조는 아내 역할의 중요성에서 어느 정도 기인한다. 아내는 부계 혈통을 지속하고 조상숭배를 돕는 어머니의 후계자이다. 『백호통』에서 설명한 바와 같이 혼인의 예의범절은 아

---

107 『예기』, 「교특생」; Legge (1967) I, 441 참조. 『백호통』, 3편, 「익謚」에서는 제후의 배우자라 할지라도 그녀는 작위가 없기 때문에 시호를 받아서는 안 된다고 말한다. Tjan I, 373 참조.
108 『백호통』, 40편, 「가취嫁娶」; Tjan I, 261 참조.

내 역할의 기능적 측면을 보여준다. 신랑이 신부를 만나러 갈 때, 아버지는 아들에게 이렇게 타이르곤 하였다. "가서 너의 배필을 마중하여 우리 종묘의 제사 일을 잇게 하라. [그녀를 이끌길] 공경으로서 하여 [그녀가] 네 어머니의 후계자가 되게 하라."[109] 가계와 조상숭배가 지속되어야 함은 아내 역할이 존엄하고 중요한 것으로 인식하게끔 한다. 『예기』에서 설명한 바와 같이, "혼례는 장차 두 가문[姓]의 우호를 결합하여, 위로는 종묘를 섬기고 아래로는 후세를 잇는 일이다."[110] 아내는 이 두 가지의 결혼 목적을 달성하는 데 필수적이므로, 남편은 아내를 존중과 경애로 대해야 한다. 위 인용문의 다음과 같이 계속된다. "신부가 오면, 신랑은 신부에게 절하고 안으로 들어가 같은 제물을 함께 먹고 한 술잔으로 같이 마신다. [이는] 몸을 합하고 그 존비를 같이함으로, 친하게 하려는 까닭이다."[111] 한계가 없는 것은 아니지만, 부부 관계는 대체적으로 일방적인 지배 관계라기보다는 상호존중의 평등으로 이해되었다.

요약하자면, 내-외 이항은 음-양 이항과 마찬가지로, 문맥에 따라 경계가 변하는 상관적이고 관계적인 이항이다. 그러나 음양과는 달리 내외 구분은 두 젠더 영역의 적절성과 표준적인 성별 분업을 정의하는 기능적인 구분이기도 하다. 내외의 경계는 주로 의례적 경계일지라도, 여성은 공식적으로 '내'의 가정 영역 — 집안일과 가사 관리의 영역 — 에 국한되고 남성은 '외'라는 비가족적 영역이라는 확장된 장 — 문학, 문화, 기억의 영역 — 에 할당한 내외 구분의 규제

109 위의 편; Tjan I, 249-50.
110 『예기』, 「혼의 昏義」; Legge (1967) II, 429.
111 위의 편; Legge II, 429-30.

력은 사회적 현실과 분리된 단순한 이론적인 이상에 그치지 않았다. 여성의 사회적 지위나 문학적 성취와 관계없이 여성의 고유하고 제한된 공간을 정의한 내-외의 규제력을 이해하기 위해서, 우리는 이제 중국의 문학적 전통—역대 역사서 중 유덕한 여성에 대한 전기나 여성 교훈서—에서 발견되는 유덕한 여성의 표상에 대해 눈을 돌리고자 한다. 여성은 여성의 고유 공간인 '내'의 제한적이고 비문학적인 영역에 의해 정의되고 제한되는 대상object 이기도 하지만, 동시에 여성의 문화를 정의하고 전달하는 주체subject 이기도 하였다.

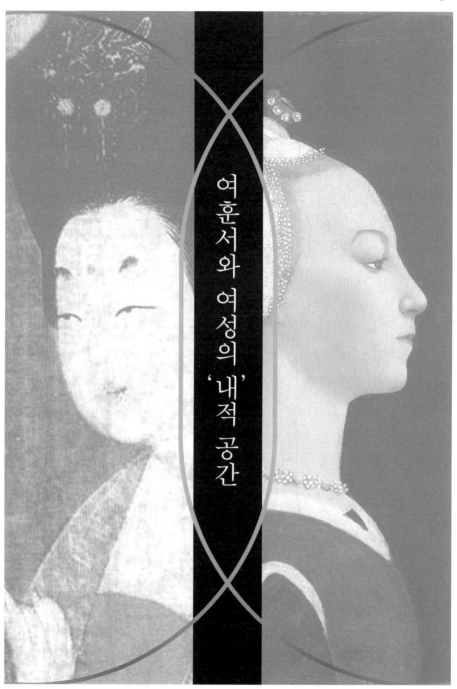

여훈서와 여성의 '내'적 공간

Chapter 5

내-외 개념은 맥락에 따라 경계가 바뀌는 비이원적·비대립적·상보적인 이항이다.[1] 그래서 내-외 구분이 젠더를 지칭할 때, 그것은 남성과 여성 각각에 대한 고유한 기능과 공간을 구분할 필요성을 시사한다. 남성이 확장된 장extended field 의 '외'라는 넓은 영역을 차지할 때, 여성은 내부의 중심적 영역focused center 인 '내'라는 협소한 영역에 속한다. 이러한 젠더 간의 경계는 두 개의 '고유'하면서도 '상보적인' 영역에 대한 기능적인 구별이다. 그러나 '내'의 여성적 영역은 주변부적이고, 중국 여성들은 순종적이고 억압받으며 문맹으로 전형화하여 특징짓는 것이야말로, 페미니스트의 저작들에서 관습적으로 취해져 온 관점이라 하겠다. 이에 대해 도전하기 위해 우리는 '내' 영역의 유덕한 여성을 표현한 문학 작품으로 여행을 시작하고자 한다. 이를 위해 우리는 두 가지의 중요한 문학 장르를 살펴볼 것이다. 첫째는 황실 역사의 열녀列女 전통으로, 유덕한 여성에 대한 전기傳記 자료는 관방 역사의 일부로 기록되어 있다. 둘째, 여성이 여성 스스로를 위해 여성이 어떤 예의범절을 갖춰야 하는 지를 기록한 『여사서』

---

[1] Raphals (1998), 6n15 참조.

등의 여훈서이다.

후한 시대부터 관방 역사의 일부를 구성한 열녀 전통은 황실과 유학자들에게 좋은 통치의 표상이었다. 열녀 전통은 여성이 '내' 영역에 올바르게 자리매김하는 것과 그에 따른 여성의 역할이 중요하다는 것을 [본보기로서] 증언한다. 여성의 과거에 대한 체계적이고 역사적인 기록이 부족하여 여성의 역사를 끊임없이 재창조해야 하는 서구와는 달리, 중국의 열녀 전통은 전한의 궁중역사가인 유향으로부터 최후의 왕조인 청대까지 지속되었으며 어떤 의미에서 '여성에 대한 역사적 기억들'[2]을 만들었다. 서양과 달리 중국의 열녀 전통은 역사 기록에서 여성들에게 고유한 위치를 부여하였고 역사 속 여성들에게 연대감을 제공하였다. 그리고 전근대의 서구 문학계에 여성의 목소리가 사실상 존재하지 않았던 것과는 달리, '내'의 여성적 예의범절을 정의하는 여성 작가는 그 정당성이 인정되었을 뿐만 아니라 사대부들에 의해서도 널리 지지받았다. 네 권의 규범적인 교훈서인『여사서』는 여성을 위해 작성되었을 뿐만 아니라 더 중요하게는 여성에 의해 작성되었다. 이렇게 여훈서를 통해 여성을 '내'의 영역으로 자리매김하는 것은 도덕과 훌륭한 통치를 논하는 담론에서 여성의 역할이 중요하다는 것을 의미할 뿐만 아니라 더 중요하게는 역설적이게도 여성 작가의 권위와 독자로서의 식자층의 지위를 정당화하기도 하였다. 비록 여성을 가사라는 좁은 영역으로 가두는 '내'의 제약에도 불구하고 말이다.

그러나 여성이 가족 영역을 넘어 정치·군사·문학적 영역에서 성

---

2   Mann (1997), 205.

취할 수 있는 경계 넘기boundary crossing가 간헐적으로 이루어질지라도, 젠더 구분으로서 내-외 개념의 규범력은 완전한 인격성을 갖출 수 있는 '외' 영역에 여성이 합법적으로 접근하는 기회를 박탈한다. 이 '외' 영역에 이르러야만 인간은 효를 실천하며 [도덕적으로] 올바른 인간에 머무는 데 그치지 않고 온전히 학식과 교양이 있는 인간일 수 있다. 제한된 여성의 성역할은 열녀 전통과 여훈서의 유덕한 여성에 대한 문학적 표상을 검토해봄으로써 설명할 수 있다. 중국역사에서 유덕한 여성의 기준은 초기에는 인仁이나 지智와 같은 비성별적인 덕목에 근거하였지만, 후대에는 '여성적인' 덕목으로 규정되는 효순孝順과 남편에 대한 정절貞節을 강조하는 것으로 변화하였다. 비록 여훈서가 학식 있는 여성에 의해 작성되었을지라도 여훈서는 딸, 아내, 어머니라는 순전히 기능적인 역할을 강화하여 여성을 가사 관리의 비문학적 영역에 국한되게 하였다. 그리하여 여성의 학문적 능력은 불필요한 것으로 취급되었다. 중국의 문학전통 내에서 학식 있는 남성과 여성 작가들이 가지고 있는 문학적 소양[文]은 실로 남성의 독점적 특권이었다.

『열녀전』, 『규범』과 여성 전기 전통

중국 여성은 교육을 받았건 그렇지 않았든지, 제국의 역사 내내 [그녀의 학식이나 재능보다도] 덕스러운 행위로 기억되었다. 가장 오래된 여성 전기 기록은 전한 시대에 편찬된 유향의 『열녀전』이다. 이 책은 후대 왕조의 여성 전기 기록 및 후대에 유행했던 여훈서·가훈서의 전거典據가 되었다. 『열녀전』은 소작농에서부터 황후에 이르는 125명의 여성 일대기로 구성되어 있다. 이 책의 편찬 목적은 한대 황제

인 성제成帝에게 여성의 중요성을 일깨워주기 위함으로, 여성의 덕
행과 악행은 집안과 나라의 흥망성쇠와 밀접하게 관련되어 있다고
간주되었다. 『한서』에 따르면, 유향이 『열녀전』을 편찬한 목적은 다
음과 같다. "유향은 왕의 가르침이 안으로부터 밖으로 나아가야 하
며, 가까운 곳(예를 들면 황후와 후궁들)에서부터 시작되어야 한다고
보았다. 그러므로 『시』·『서』 가운데 현명하고 정숙한 여성들이 나라
를 일으키고 집안을 알려 모범이 되는 이야기와 간악하고 나라를 말
아먹은 [여성의] 이야기를 뽑아내어 차례를 만들어 『열녀전』으로 삼
았느니, 모두 8편으로 황제에게 경계하고자 하였다."[3] 유덕한 행위
를 드높이기 위하여 유향은 덕행의 여섯 가지 형태를 각기 6편으로
삼았고, 나머지 한 편은 '간악하고 타락한[孽嬖]' 여성에게 할애하였
는데 이는 이후 왕조의 여성전기에서 생략 되었다(역자 주: 8편 중 나
머지 한 편은 속전續傳으로 후대에 첨가됨).

　유향이 칭송한 여섯 가지의 미덕은 (1) 어머니로서 갖춰야 할 도
리[母儀], (2) 현명함, (3) 인자함과 슬기로움[仁智], (4) 정조와 순
종함[貞順], (5) 절의節義, (6) 논쟁기술[辯通]이다. 딸, 아내, 어머
니라는 젠더 역할에 부응하는지에 따라 여성을 칭송했던 후대 왕조
(특히 명청 시대)의 전기와 대조해보면 『열녀전』에서 칭송된 여섯 가
지의 덕목은 엄격하게 말해서 그 자체로 '여성적 덕목'이 아니다. 현
명함이나 인지와 같은 덕목들은 남성을 평가하는데도 자주 사용되
곤 하는데, 이들 용어는 군자나 통치자의 덕을 묘사하기 위하여 『여
씨춘추』, 『한비자』, 『전국책戰國策』, 『맹자』, 『관자』, 『한비자』와 『순

3　Raphals (1998), 19 n31: Pauline C. Lee (2003) 참조.

자』와 같은 전국·한나라 시대의 텍스트들에 자주 등장한다.[4] 즉 고대 문학의 표상에서 유덕한 주체로서의 여성은 딸, 아내, 어머니라는 젠더 역할에 국한되지 않는다. 『열녀전』에서 도덕적·정치적 덕목의 주체로 여성을 묘사한 것은 후대의 여성 전기나 교훈서에서 여성을 효녀, 정절을 지킨 아내, 자기희생적인 과부로 묘사한 것과 대조해볼 때 더욱 두드러진다. 유덕한 여성에 대한 초기의 표상에서 잠정적으로 도출할 수 있는 두 가지의 함의가 있다. 첫째, 유교의 덕윤리와 여성을 도덕적·정치적 덕목을 가진 지적intellectual 존재로 묘사하는 것 간에는 근본적인 불협화음이 존재하지 않는다. 둘째, 후대 왕조에서 과부의 순결과 모성이란 '여성적 덕목'을 갖춘 존재로, 여성을 묘사하는 방식의 변화는 유교적 가르침에서 근거한 악영향이라기보다는 맥락화되어야 하는 역사적 전개의 문제이다.

우선 리사 라팔스는 『열녀전』에 대한 문헌학적 연구에서 『열녀전』에 등장하는 지적 덕성의 주체로서의 여성적 표상은 전한 시대의 유향의 창작물이 아님을 설명하였다. 그것들은 『좌전』이나 『국어』와 같은 수많은 한대 이전의 문헌에서도 발견된다. 『열녀전』에 기록된 다음의 모든 이야기는 『좌전』이나 『국어』에 비슷한 서사로 등장한다. 예를 들면 [죽은] 남편의 후계자가 저지른 잘못을 정확히 관찰해 결과적으로 위衛 나라의 필연적인 파멸을 예언한 '위고정강衛姑定姜(1.7)' 이야기, 아들에게 나랏일을 [올곧게 짜야하는] 베짜기로 비유해 가르쳤고 공자로부터 의례에 대한 지식으로 칭찬을 받은 '노계경강魯季敬姜(1.9)' 이야기, 미래의 사건들을 정확히 예측했고 그녀의

---

4   Raphals (1998), 28.

남편에게 군사적 재앙을 피하라고 효과적으로 조언한 '초무등만楚武鄧曼(3.2)' 이야기, 장부丈夫의 재능을 알아보고 [그를 잘 대접하게 하여] 남편과 국가 모두를 [위기에서] 성공적으로 구한 '조희씨처曹僖氏妻(3.4)' 이야기이다.[5]

특히 『열녀전』에서 칭송하는 논쟁 기술의 미덕은 [우리가 통념적으로] 가정한 중국 여성의 수동성과는 모순된다. 『열녀전』「변통」에서 여성들은 건설적인 변론을 통해 위험한 상황을 유리하게 바꾸는 능동적 주체로 표현된다. 예를 들어 '진궁공처晉弓工妻(6.3)' 이야기에서는, 진 평공平公이 남편을 불량품 활을 만들었다는 혐의로 죽이려 하자 활 장인의 아내는 겁도 없이 끼어들었다. 그녀는 평공의 활쏘기 솜씨가 형편없다고 대담하게 충고했고, 나아가 그에게 활쏘기—남성의 전유물인 육예 중 하나—를 가르쳤다. 결과적으로 그녀는 그녀의 남편을 구했을 뿐 아니라, 활쏘기 능력을 발전시킨 평공으로부터 좋은 보상을 받았다. 이 이야기의 진위 여부는 명확하지 않다. 그러나 유향이 한대 이전의 여성을 윗사람에게 겁도 없이 충고하는 지혜롭고 용감한 주체로 의도적으로 묘사한 점은 중국 여성을 수동적으로 간주하는 통념적 인식을 부정하는 '역사적' 선례로 볼 수 있다.

비슷하게 '초야변녀楚野辯女(6.5)' 이야기에서는, 평민인 소昭 씨 부인의 수레가 좁은 길에서 정鄭 나라 사신의 수레와 충돌하게 되었고 [사신은 화를 내면서] 부인을 때리려고 하였다. 부인은 사절에게 순종하는 대신에 [자신은 길의 모퉁이로 비켜섰지만] 사신의 하인이 좁은

---

5 위의 책, 특히 ch. 4,「The Textual Matrix of the *Lienu zhuan*」, 87 - 112.

길에서 조금도 양보하지 않았다고 주장하였다. 만약 사신이 자신의 하인을 벌하는 대신에 그녀를 때린다면, 사신은 잘못을 되풀이할 뿐더러(역자 주: 『논어』 6.2의 '불이과不貳過' 참조) 선함마저 잃고 말 것이라고 얘기하였다. 사신은 당황했으며, 그녀의 변론에 대해 답할 수가 없었다. 이 이야기에서 사회적으로 열등한 여성은 위험을 벗어나기 위해 사회적 지위가 높은 사람에게 복종하는 대신에 변론을 펼쳤다. 고대의 문학적 표상에서 여성은 결코 수동적이지 않았다. '제녀서오齊女徐吾(6.14)' 이야기에서, 비천한 처지에 있던 여성은 자신에게 불리한 상황을 전환시키기 위해 능수능란한 논변을 펼친다. 이 이야기에서 서오徐吾의 이웃들은 저녁의 베 짜는 모임에서 가난한 부인인 서오를 제외하려 한다. 왜냐하면 서오는 [모임에서] 함께 쓸 초를 가져올 여유가 없었기 때문이다. 그러자 서오는 모임에서 사용할 충분한 초를 가져올 수 없던 것은 자신의 가난함 때문이고, 그러므로 항상 일찍 오거나 늦게까지 남아 그 자리를 청소했으며 다른 사람들에게 불편을 끼치지 않기 위하여 먼 구석에 앉았다고 변론하였다. 게다가 서오가 변론하였듯이, 방에 한 사람이 더 있다 하더라도 빛이 증가하거나 감소하지 않을 것이다. 그 [변론] 후에 어느 누구도 서오의 참석을 반대하지 않았다. 여성은 수동적이거나 순종적이라서 칭송되지 않았다. 대신에 여성에 대한 고대의 문학적 표상에서처럼 [여성이] '유덕해지는' 하나의 방법은 논쟁에 능수능란해지는 것이다.

그러나 이렇게 여성을 지적 주체로 묘사한 것은 『열녀전』의 후기 판본과 후기 왕조의 여성 전기에서 배우자의 순결, 과부의 정절, 모성애와 같은 순전히 가족적인 미덕과 특정한 '여성적 임무'를 강조하는 것으로 대체되었다. 역사 기록에서 유덕한 여성에 대한 표상

변화는『열녀전』한·송 시대 판본과 명·청 시대 판본을 비교할 때 특히 두드러진다. 한·송 판본의 내용 조직 원리는 '덕목' 지향적으로, 즉 여성들은 자신들에게 정의된 젠더 역할과 상관없이 여섯 가지 미덕에 따라 칭송된다. 명대의『열녀전』증보판인『규범閨範』의 내용 조직 원리는 '역할' 지향적이다. 이 명대 판본에서 칭송된 '유덕한 여성'은 여성의 세 생애주기ー딸, 여성, 어머니ー로 체계화된다. 바꾸어 말하자면, 후대 중국의 유덕한 여성은 대체적으로 효순한 딸, 정조를 지키는 아내, 자기희생적인 홀어머니로 이해되었다.

『규범』은 4권으로 구성되어 있다. 1권은 여성의 예의범절과 관련된 구절을 역대 고전 텍스트에서 발굴하는 데 전념한다. 2권, 3권, 4권에서는 여성의 세 생애주기와 가족적 역할에 따라 '유덕한 여성'을 설명하는 데 전념한다. 예를 들어 2권에서는 주로 미혼 소녀의 올바른 길[女子之道]을 설명하는 데 치중하며, 30개 이야기 중 14개가 '효녀孝女'라는 제목으로 실려 있다. 3권에서는 결혼한 여성의 올바른 길[婦人之道]을 다루고 있으며, 기록된 이야기 중 절반 이상(71개 중 39개)이 부부夫婦, 효부孝婦, 죽어서라도 정절을 지킴[死節], 수절守節, 예의를 지킴[守禮]이라는 제목 아래 예의범절과 정절을 강조하는 데 치중하고 있다. 마지막으로 4권에서는 어머니의 길[母道]이 논의되고 있고, 이 권의 마지막 부분에서 자매의 길, 시누이-올케 간의 길, 여종의 길 등 또한 다루고 있다.

리사 라팔스가 관찰한 것과 같이,『열녀전』의 명대 판본인『규범』에서는 인지와 변통이라는『열녀전』에서 칭송된 두 개의 비성별적인 덕목이 존재하지 않거나 다시 분류되었다.[6] 비성별적인 덕목은 아내의 충정忠貞과 예의범절로 대체되었다. 예를 들어『열녀전』의

'진궁공처(6.3)' 이야기는 변통이라는 덕목으로 분류되었지만, 『규범』에서는 '죽어서라도 정절을 지킴'이라는 여성적 덕목으로 재분류되었다. 명대 판본에서 활 장인의 부인이 무능한 진 평공에 대해 펼친 변론술은 남편을 향한 영원한 충성의 일환으로서 남편의 생명을 구걸하는 유덕한 아내의 역할로 해석된다. 초를 공평하게 분담할 수 없었지만 이웃들이 저녁의 베짜기 모임에 퇴출시키고자 한 시도에서 벗어나고자 논쟁한 '제녀서오(6.14)' 이야기는 『규범』에서 '예의를 지킴'으로 재분류되었다. 다시 말해 서오의 유덕한 행위는 이제 그녀가 변론 기술을 가지고 있어서가 아니라 올바른 예의를 알고 있음에서 비롯된 것으로 간주된다.[7]

명청 시대의 유덕한 여인에 대한 표상에서 효와 여성의 정절이 강조된 것은 왕조 기록에서 유덕한 여성을 기록한 전기의 수가 급격히 증가한 것 역시 반영하고 있다. 유향이 편찬한 『열녀전』의 조직 원리와는 달리, 후대 왕조 여성들은 각기 특정한 덕목으로 분류되지 않는다. 특정한 덕목으로 여성을 분류하지 않음으로, 각 왕조의 열녀 전기는 '유덕한 여성'에 대한 보다 유연한 기준을 가능하게 하였다. 후한 시대의 역사서에는 여성 궁정 사학자 반소의 상세한 전기와 그녀가 작성한 『여계』를 포함하여 유덕한 여인에 대한 전기가 18편에 불과하였다. 그 이후의 주요 왕조인 수·당·송에 작성된 유덕한 여성에 대한 전기의 수는 대략 16편에서 55편의 범주에 있다.[8]

6   위의 책, 117.
7   위의 책, ch. 5, 「Talents Transformed in Ming Editions」, 113–38과 Appendix 5, 285–89 참조.
8   중국의 모든 24개 왕조의 역사서에 기록된 유덕한 여성의 수에 관한 자세한 정보에 대해서는 Chen Dongyuan (1937), 430–39 참조. 수대는 『수서隋書』, 권45,

원나라 역사서에 기록된 여성의 수는 187명으로 크게 증가하였다. 원나라 말기와 명나라 초기에 편찬된 유덕한 여성에 대한 전기의 급격한 증가는 아마도 14세기 원나라 조정에서 실시한 과부 제도화의 산물일 것이다. 과부가 제도화되면서 '유덕한 여성'은 점점 여성의 정절과 배우자에 대한 충정이라는 성별적인 덕목에 의해 정의되었다. 명나라 시대에 300여 명의 여성 일대기가 왕조 역사서의 『열녀전』으로 보존되었다. 청나라에서는 전례 없이 많은 여성의 전기들이 기록되었는데, 청나라 정사에서 400명 이상의 여성이 유덕한 여성으로 기록되었다.[9] 물론 여성 전기의 수적 증가를 고찰하기 위해서는 1400-1600년대 인구가 5천만 명에서 1억 5천만 명으로 1800년대에는 3억 명으로 급격히 증가한 것도 감안해야 하는 것이 사실이다. 그러나 궁중 역사가들이 대량의 지방 역사 기록으로부터 유덕한 여성 전기를 찾고 편찬하는 의도적인 시도는 유덕한 여성에 대한 문학적 표상에 대한 황실의 관심을 나타낸다. 황실의 관심은 아마도 당대의 주류적 정서에 부합하고자 하는 시도의 일환이거나, 혹은 유덕한 주제에 반영된 '선정善政'이라는 자의식적 표상의 일환일 것이다.

청대에 작성된 '여성 전기'의, 유덕한 여성의 기준은 효도, 여성의 정조, 배우자에 대한 충정에 초점이 맞추어져 있다. 청 조정에 의해 작성된 『열녀전』의 '서문'에서 여성은 주로 효녀, 효부, 열녀烈女, 열

「열녀전」 참조. 당대는 『구당서舊唐書』, 권143, 「열녀전」; 『신당서新唐書』, 권130, 「열녀전」 참조. 송대는 『송사宋史』, 권219, 「열녀전」 참조.

[9] Chen Dongyuan (1937), 430 – 39 참조. 『명사明史』, 권189-91, 「열녀전」과 『청사淸史』, 권293-96, 「열녀전」 참조. 그러나 주요 왕조의 역사서에 기록된 여성 전기의 수에 대해선, Chiao Chien(1971)의 추정은 조금 다르다. 수 15, 당 31, 송 52, 원 166, 명 257이다.

부烈婦라거나 정절을 지키거나, 정절을 위해 죽거나[順節], 아직 혼인하지 않았음에도 정절을 지키려 하였다는[未婚守節] 이유 등으로 칭송받았다.[10] 한편 명청 시대에 이렇게 여성 전기의 수가 급격히 증가한 것은 국가 정치에서 '유덕한 여성'의 중요성에 대한 인식이 높아진 것으로 해석할 수도 있다. 반면에 효순한 딸, 정절을 지키는 아내, 자기희생적인 홀어머니에 대한 강조는 '유덕한 여성'의 표상을 순결·충정·모성이라는 특정한 '여성적 덕목'으로 축소시켰다.

명청 시대 역사서에 기록된 여성 전기의 수가 극적으로 증가하고 『규범』—명대의 인기 있던 『열녀전』 판본—에서 [여성적 덕목을] 재분류한 것을 볼 때, 여성의 사회적 지위와 '유덕한 여성'을 구성하는 역사적 인식에 변화가 있었다는 것은 분명하다. 명대에 순결과 충정이라는 '여성적 미덕'에 대해 높은 관심이 있었다는 것은 남성의 정치적 충성심이 중요하게 취급된 맥락에서도 이해될 수 있다. 명나라 말기라는 격동의 시대에 한족은 강력한 침략자 만주족에게 점점 입지를 잃게 되어 명나라 조정에 대한 남자들의 충성심이 더욱 긴요해졌다. 남편의 가계에 대한 정조를 지키는 아내의 충정과 의로운 통치자에 대한 관료의 충성 사이의 고전적인 전국시대의 은유는 명나라 말기에 다시 부활하였다. 명청 시대의 역사서에서 칭송된 과부의 정절과 자결은 이는 마치 영주를 위해 기사가 죽어야만 기사에게 영예가 주어지는 것처럼, 여성의 명예를 높이는 데 활용된 사회적으로 승인된 자기희생과 자기학대의 형태들이다. 전한 시대 문헌인 『사기』에는 분명 가정 영역의 순결한 여성과 정치 영역의 충성스

---

10 『청사』, 권293, 「열녀전」 참조.

러운 신하가 유비되고 있다. "선비는 자기를 알아주는 사람을 위해 목숨을 바치며, 여자는 자기를 기뻐해주는 사람을 위해 [자신을] 꾸민다." 그리고 "집안이 가난해야 현명한 아내를 구하고, 나라가 혼란스러워야 좋은 신하를 구한다." [11] 따라서 명나라 말기의 대중적인 교훈서와 왕조 역사서에서 여성의 정절과 충정을 강조하는 것으로 그 내용이 변한 것에는 부분적으로는 정치 영역에서 남성의 충성심에 대한 강조가 증대된 것에서 기인했을 수 있다. 왜냐하면 전통적으로 부부의 가족적 연대는 군신의 정치적 연대와 병행하는 것으로 간주되었기 때문이다.

정치 환경의 변화 외에도 여타의 사회적 변화들도 여성의 가계에 대한 충정을 강조하는 것에 기여하였다. 명나라 말기에 발생한 한 가지 눈에 띄는 변화는 상업 활동과 목판 삽화를 사용한 인쇄 문화가 부상한 것이다. 경제적 번영은 귀족 계층을 위한 사치 활동을 추동했는데, 이러한 유희적 요구는 기녀妓女 세계뿐 아니라 문학 세계까지 영향을 미쳤다. 명대에 연애담·기이담부터 역사 소설에 이르기까지 소설이 인기를 끌었는데, 이는 당시의 인쇄 문화가 성장했음을 말해준다. [12] 상업 인쇄의 발전과 목판 삽화의 일조로, 인쇄는 더 이상 고급문화의 전유물이 아니게 되었다. 캐서린 칼리츠Katherine Carlitz가 언급했듯이, 명대의 인쇄 산업은 표준적 정경을 인쇄하는 관방출판사에서부터 "감상품에서부터 가정의 제사 물품에 이르며, (…) 또 부적과 지전紙錢(역자 주: 제사나 종교 의례에서만 사용되는 가짜 돈)" [13]과 같은 모든 것을 인쇄하는 상업 출판사에 이른다. 삽화는 반

---

11 Raphals (1998), 12n4; Mark Edward Lewis (1990), 73n89, n90 참조.
12 자세한 정보는 Andrew H. Plak (1987) 참조.

문맹의 대중들에게도 다가갈 수 있으므로, 삽화는 명대의 인쇄 산업이 새로운 수준에 도달하는 데 일조하였다. 미리 기획된 목판 삽화본은 소설, 극drama 심지어 교훈서에서도 사용되었고, 오락과 도덕 사이의 경계선을 흐리게 하였다. 칼리츠는 상사병에 빠진 처녀를 묘사하는 소설의 삽화가 명대 『열녀전』 삽화본에서 유장경劉長卿의 충직한 과부를 묘사하기 위한 삽화와 동일한 것임을 발견하였다.[14] 더욱이 삽화의 시각적 호소력으로 인해 교훈서의 도덕적 메시지도 희미해지는 것처럼 보인다. 단장한 모습의 황후의 초상화가 『열녀전』 삽화본에 실려 있다. 아이러니하게도 이 삽화에는 부적절한 광경을 보지 않기 위해 구석에서 부채로 얼굴을 가리는 황후의 모습보다도, 군주의 술자리에서 대담하게 춤을 추고 있는 반나체의 무희들에게 시각적 초점이 맞춰져 있었다.[15]

한편 삽화의 극적 효과는 의례서와 교훈서에서 칭송되는 사회적 덕목을 반문맹의 대중에게 전파하는 데 일조하였으며, 따라서 보수적인 '성별화된' 덕목들을 강화하였다. 그러나 다른 한편에서는 소설과 교훈서에서 사용된 삽화들이 인기를 끌고, 호환되었다는 점은 교훈서의 '유덕한 여성'에 대한 표상을 둘러싼 아이러니들이 생겨나게 하였다. 유덕한 여성에 대한 삽화는 교훈적인 가치뿐만 아니라 오락적인 가치를 위해서도 사용되었다. 삽화의 시각적 호소력은 대체적으로 정규 교육을 받지 않은 대상 독자들—미혼 소녀와 갓 결혼한 신부—에게 교훈적인 메시지를 전파하는 데 도움이 되었다.

---

13 Carlitz (1991), 118-19.
14 위의 책, 128-31 참조.
15 위의 쪽.

명말청초에 교훈서들이 인기를 끈 것은 부분적으로 상업 인쇄 분야에서 삽화가 부상했기 때문일 수 있다. 그리고 이는 식자층·상류층과 반문맹 독자층의 경계를 흐리게 하였다. 유덕한 여성에 대한 이러한 시각적 표상은 보다 드라마틱한 내용이 담긴 그림이 만들어지게 하였다. 이를테면 자해한 과부나 자기희생적인 효녀를 묘사한 그림은 현명한 어머니가 아들을 가르치거나 변론술에 능한 소녀가 황제와 논쟁하는 것을 묘사한 그림보다도 훨씬 호소력이 있다.

리사 라팔스가 언급한 것처럼 명말청초의 유덕한 여성을 표상하는 데 인지나 변통과 같은 지적인 덕목이 생략되고 효행이나 정절로 모티브가 바뀐 것은, 의도적인 보수주의라기보다는 순전히 비극적 내용이 담긴 삽화가 주는 감정적 호소력에 의해 촉진되었을 수 있다.[16] 다시 말해, 지적이고 도덕적인 덕목을 갖춘 주체로 묘사했던 초기의 유덕한 여성에 대한 표상이 후대 왕조에 이르러 순종, 정절, 모성애와 같은 특정한 '성별' 미덕을 지닌 사람이라는 표상으로 전환된 것은 명청 시대에 유행한 '신유학[성리학]'의 자연스러운 여파가 아니었을 수 있다. 또한 남성의 정통성을 여성 일반에게 일방적이고 명백하게 강요한 것이 아니었다. 오히려 그것은 인쇄와 삽화의 시대에 남녀가 공유하던 대중적 정서의 부산물일 수 있다.

놀랍게도 '좋은 여성'의 가치를 판단하는 근거인 '네 가지의 덕[四德]'은 학식과 재능이 있는 여성 스스로에게서부터 정교화되고 공식화된 것으로, 그녀들은 여성에 대한 보수적 담론—공간적 영역과 제한된 기능적 역할—을 지지하였다. 그러나 동시에 그녀들은 저술

---

[16] Raphals (1998), 118.

210

활동에 참여하고 문단에서 자신을 드러냄으로써, 그들은 '내'의 가정 영역 — 전적으로 가사 관리 영역 — 에서의 여성 작가와 독자의 신분을 정당화하여 보수주의를 전복시켰다. 역설적이게도 초기 중국의 '유덕한 여성'에서 후대 중국의 '여성적 덕목'이라는 모티브의 전환은 학식과 재능이 있는 여성들에 의해 승인되고 촉진되었다. 여성들은 '내'의 여성 영역에 관한 보수적인 가족담론에 순응하면서도 동시에 전복시켰다.

여성의, 여성을 위한 『여사서』

유교의 정경인 『사서』의 권위가 '외'의 문학적 영역에 큰 영향을 준 것과 마찬가지로, 『여사서』의 권위는 '내'의 여성 영역에서 큰 영향을 준다. 남자는 '외'의 일을 여자는 '내'의 일을 담당하게 되어 있기 때문에, 여성 교육의 표준교재인 『여사서』가 단지 여성을 위해 작성되었을 뿐 아니라 여성에 의해 작성되었다는 점은 놀라운 일이 아니다. 『여사서』는 네 권의 교훈서로 구성되어 있으며, 각기 다른 4개의 역사적 시대의 학식과 재능을 갖춘 여성이 작성하였다. 청대 중엽에 왕상王相(1789-1852)에 의해 [이 네 권의 책들은] 처음으로 선집 형태로 편찬되었다. 인기 있는 청대 소설 『홍루몽紅樓夢』에 다른 여성 고전들과 함께 『여사서』가 언급되고 완정한 일본어 『여사서』 판본들이 보존되고 있음을 볼 때, 상류층 여성을 위한 예의범절 교육의 일부로서 『여사서』가 인기 있었고 널리 퍼졌다는 것은 분명하다.[17] 남성의

---

[17] Cao Xueqin and Gao E (1978), 53; Clara Wing-chung Ho (1995), 198n27에서 인용함. 또한 여훈서에 대한 간략한 내용조사로는 Tienchi Martin-Liao (1985), 165 - 89 참조.

교육에서 『사서』가 정경적인 지위를 가지고 있음을 감안할 때, 남성 편찬자가 여성 저자가 쓴 교훈서들을 『여사서』로 제목을 지은 것은 분명 '내'와 '외'의 사이의 동등성을 암시한다. 『사서』가 '외'의 영역에서 유가의 모범적 인물인 군자를 보여주듯, 『여사서』는 학식과 재능이 있는 여성들 스스로가 정의하는 '내' 영역에서의 이상적 여성성을 나타낸다.

반소의 『여계』는 『여사서』에 수록된 최초의 그리고 가장 중요한 교훈서로, 이 책은 후대 교훈서들의 기초가 되었으며 이 문학적 장르의 남성과 여성 작가 모두로부터 빈번하게 인용되었다. 이 책은 현존하는 가장 오래된 교훈서로서, 『후한서』의 반소(45-120) 전기에도 완전하게 보존되어 있다. 『후한서』에 따르면, 반소는 "학식이 광범위하고 뛰어난 재능을 가졌으며[博學高才]" 과부의 예의범절을 지켰다고 한다. 오빠인 반고가 죽은 후에, 화제和帝(88-105)의 명을 받아 관방 역사서인 『한서』를 완성하였다.[18] 반소가 공헌한 『한서』에는 「천문지天文志」와 「팔표八表」가 포함되는데, 이는 한 조정뿐 아니라 진대 이전의 귀족들과 고위 관료의 연대기를 기록한 것이다. 『여계』와 『한서』를 제외하고, 오늘날까지 보존되고 있는 반소의 문학 작품으로는 두 편의 비문碑文(한 편은 황제, 다른 한 편은 황후를 기념한 것이다), 세 편의 짧은 시 그리고 한 편의 감상문賦(아들과 함께 동쪽 국경으로 가는 여정을 기록하였다)이 있다.[19] 그녀의 심오한 학식은 당대의

---

18 『후한서』, 권74, 「열녀전」'조세숙처曹世叔妻, 班昭' 이야기. 흥미롭게도 왕조 전기에서 반소와 같이 업적을 세우고 재능 있으며 훌륭한 가문을 가진 여성들은, 무엇보다 [그녀의 뛰어난 재능보다도] 친족 구조에서 성역할을 잘 수행한 자로 기억된다.

19 Nancy Lee Swann (1968); 5장, 「Her Share in the *Han Shu*」참조, 특히. 65. 또한 6, 8, 9장 참조.

남녀 모두에게 매우 존경받았다. 반소는 등鄧 태후가 20여 년간 섭정을 행할 때 멘토 역할을 맡았을뿐더러, 수많은 관방 역사학자들의 멘토이기도 하였다.[20] 그녀의 교훈서 『여계』에서 예의 바른 여성들이 비문학의 '내' 영역에 국한되었던 것과는 달리, 반소는 문단과 국가 정치의 '외' 영역에 적극적으로 참여하는 재능 있는 관료였다. 최초의 그리고 최고의 관방 여성 사학자가 작성한 보수적인 교훈서가 훗날에 여성의 예속과 비천한 지위를 정당화하던 후대의 교훈서에 활용되었던 아이러니함은 끔찍해 보인다. 그러나 반소『여계』의 명백한 보수주의에는 더 많은 스토리가 담겨져 있다.

반소의 『여계』는 7장으로 구성되어 있는데, 그 장의 제목은 「비약卑弱(천하고 낮음)」, 「부부」, 「경순敬順(공경하고 순함)」, 「부행婦行(아내의 행동)」, 「전심傳心(마음을 전일하게 하기)」, 「곡종曲從(굽히고 따름)」, 「화숙매和叔妹(시동생과 시누이와 화합하기)」이다. 1장 「비약」에서는 『시경』『사간斯干』의 기록을 통하여 고대 의례에 반영된 여성의 비천한 지위에 대해 토의하기 시작한다. 고대 의례에 따르면 여자는 신분이 낮고 약해서 평상 아래에 뉘어놓기 때문이다. 그리고 여성의 주요한 역할은 봉사하고 다른 사람들 앞에서 자신을 낮추는 것이라고 결론 내린다. 2장 「부부」에서는 부부의 도를 이야기하는 데 음양의 도가 은유되고 있으며, 그러므로 남편은 인도하고 아내는 따라야 한다. 하지만 또 남편과 아내의 상호성을 강조하고 있으며, 부부는 반드시 서로를 존중해야 한다. 음양에 대한 반소의 이해방식은 위계적이지만 또한 상보적인데, 이는 우리들이 앞서 살펴본 한대의 우주론과 결

---

20 위의 책, 4, 5장 참조. 『여계』의 완전한 번역은 Swann (1968)와 Robin R. Wang (2003), 177-88 참조.

합된 음양 개념과도 전적으로 일치한다. 3장 「경순」에서는 소녀들에게 충돌을 피하고 다른 사람들에게 관대하게 대하라고 충고한다. 4장 「부행」에서는 유덕한 여인이 반드시 지켜야 할 4가지의 행위 영역이 있는데, 그것은 부덕婦德(부녀자가 지켜야 할 덕행), 부공婦功(부녀자의 노동), 부언婦言(부녀자의 말씨), 부용婦容(부녀자의 몸가짐)이다. 이것은 사덕이라고도 불린다. 5장 「전심」에서는 남편에 대한 아내의 충정을 강조하고, 소녀들에게 용모를 단정히 할 것을 권고한다. 6장 「곡종」에서는 소녀들에게 시댁의 뜻을 따르라고 충고한다. 비슷하게 마지막 장에서는 소녀들에게 가족의 불화를 피하기 위하여 시댁의 형제자매들과 조화로운 관계를 가질 것을 촉구한다.

『여계』에서 여성의 예의 바른 행동을 다룬 4장 「부행」은 가장 영향력 있는 장이다. 특히 명청 시대에 여성의 네 가지 덕에 대한 반소의 순종적이고 보수적인 해석은 여성의 문예 영역에 대한 배제 혹은 제한적 참여를 정당화하기 위해 자주 이용되었다. 사덕은 『예기』 「혼의昏義」편에서 최초로 언급되는데, 결혼 3개월 전부터 이루어지는 예비신부 수업의 일부분으로 언급되었다. 이와 비슷하게 '부녀자의 말'은 설득력이나 웅변술이 아니라, 말을 할 때 신중할 수 있는 능력을 의미한다. '부녀자의 몸가짐'은 외모의 매력보다는 여성의 깨끗하고 단장한 모습에 중점을 둔다. 마지막으로 '부녀자의 노동'은 직물 생산을 위한 실과 베를 짜는 실용적 기술과 잔치나 제사를 위한 음식 준비 같은 가사 기술로 구성된다.

사덕에 관한 반소의 관점에 따르면 유덕한 여성은 무엇보다도 예의범절의 준수 여부로 정의된다. 그리고 그 예의범절은 '내'ㅡ가사 기술과 아내다운 순종이 요구되는 영역ㅡ를 여성 고유의 영역으로 간주한다. 명청 시대에 반소를 유덕하고 존경할만한 모델로 삼은 상류층 가운데 학식 있는 여성들은 사덕에 관한 보다 진보적인 해석을 제기하였다. 청나라의 학식 있는 여성들은 예의범절을 올바르게 따르기 위해서는 반드시 문학적 능력이 필요하다는 것을 전제함으로써, 명대의 유명한 속담인 "여자는 재주가 없는 것이 덕이다"를 강력하게 거부하고 덕과 재능에 대한 반소의 충돌되는 해석을 해결하였다. 특히나 반소의 문학적 성취는 역사적 선례이자 열망의 대상이었으므로, 후세의 학식 있는 여성들은 '부녀자의 말'이라는 덕목을 말에서 글로 확장시킬 수 있었다. 그럼으로써 '외'의 문학 영역에 여성의 참여를 정당화할 수 있었다.

『여계』가 보수적이든 아니든, 반소 자신의 소개에 따르자면 『여계』는 본래 가훈서로 작성되었는데, 여성 가족 구성원들에게 올바른 예의범절을 가르치기 위함이다. 관방 역사가이자 등태후의 고문이라는 반소의 매우 두드러지는 위치를 감안한다면, 등태후(121년 사망)의 초기 섭정시기(한대 역사상 가장 혼란스러웠던 시기)에 출간된 반소의 『여계』는 필연적으로 공적·정치적 기능을 가지고 있었다. 첸위스陳幼石,Yu-shih Chen가 제안한 바와 같이, 『여계』에서 보이는 지나친 순종성과 보수성은 부분적으로나마 의도적인 전략일 수 있다. 조정 신료들이 태후의 왕위 찬탈 가능성을 면밀히 주시하던 시기에 등태후와의 친밀한 관계에 수반되는 정치적 위험성을 피하기 위함이다.[21] 한나라 여呂태후가 세운 위험한 선례를 고려해본다면, 『여계』의 보수적 기조는 불가피하다. 여태후는 그 아들 혜제惠帝(기원전 195-188)

---

21 Yu-shih Chen (1996), 245.

와 그 뒤의 두 어린 황제의 통치 기간 내내 한나라를 사실상 지배했으며, 그녀의 섭정은 그녀가 죽고서야 끝났다(기원전 180). 여성이 '내'라는 공간적 영역에 제한되어 있으며 여성의 지위가 순종적이고 비천하다는 『여계』의 보수적인 기술은 남성 조정 신료들의 감시가 이루어지는 상황에서 부계父系 한 왕조에 대한 반소와 등태후의 충성 선언문이었다.

체위스는 반소 『여계』에 대한 연구에서, 반소의 보수적 성향이 그녀의 도가적 연원 때문이라고 귀결 지었다. 반소의 가정 배경이 도교와 관련되어 있고 『한서』「천문지」에 기술된 음양 우주론에 대한 그녀의 지식을 감안할 때, 체위스에 따르자면 겸손[卑], 유약[弱], 순종[順], 양보[讓]의 덕목을 강조하고 있는 반소 『여계』는 불안정한 세계에서의 자기 보존과 실제 생존에 대한 도교의 뿌리 깊은 관심을 반영하고 있다.[22] 반소 『여계』를 유교가 아닌 도교로 재분류한 것은 유덕한 여성의 전기와 교훈서 전통에서 『여계』가 차지하는 정경적 위치를 감안할 때 과장된 것이지만, 반소 『여계』의 과도한 순종성과 도교적 '사양' 사이의 유사성은 상당히 설득력이 있다.

의도적인 보수적 표현에도 불구하고, 『여계』는 여성 문해력을 공식적으로 옹호한 중국 역사상 가장 오래된 문헌이다. 반소는 남편과 아내의 동등성에 관해 2장에서 강력하게 주장하였다. "그래서 오직 남자만 글을 가르치고 여자는 글을 가르치지 않으니, 이 또한 그것들의 예법을 무시하는 것이 아니겠는가? 『예기』에는 8살에 글을 가르치기 시작하고 15살에 학문에 이른다고 하는데 어찌 이것으로 본

---

22 위의 책, 233.

보기를 삼지 아니하는가?"[23] 실제로 반소는 평등하고 상보적인 음양 관념을 남자아이와 여자아이에 대한 교육의 평등성으로 확대하여 논의하였고, 이를 통해 남자아이에 대한 문자 교육을 명시적으로 언급한 『예기』의 전례를 돌파해나가고자 하였다. 여성 문해력에 대한 그녀가 펼친 급진적 주장은 『여계』의 전반적인 보수주의와는 구별되는 것으로 보이며, 이러한 불일치성은 『여계』를 작성한 반소의 의도에 대해 일관적 해석을 구성하고자 하는 학자들에게 약간의 어려움을 야기한다.

샤오훙蕭虹,Lily Xiao Hong Lee에 따르면 하나의 가능한 해석은 반소가 겸손한 서문에 명시한 것과는 반대로 반소는 모든 여성을 위한 규범적이고 처방적인 규범을 확립하고자 하는 의도에서 『여계』를 작성했다는 것이다. 그녀가 선진 시대의 올바른 예의범절을 회복하려는 한나라의 유학부흥운동에 참여해서 말이다.[24] 그러나 샤오의 관점에서 반소의 여성 문해력에 대한 옹호는 그녀가 책에서 규정한 수동성에 순응하도록 여성을 통제하기 위한 수단에 불과했다. 당시 반소의 매우 높은 위치를 감안할 때 『여계』는 반소나 반소의 제자 등태후 가문의 여성 구성원보다도 훨씬 더 많은 독자에게 다가가려는 의도로 작성되었을 가능성이 크다. 그러나 남녀 모두에게 올바른 예절을 규정하는 여타의 모든 경전과는 달리, 반소 『여계』는 여성의 문해력에 대한 필요성을 명시적으로 다루고 있다. 반소 자신의 배경(그녀 가문의 남녀 구성원 모두가 고도로 학식있고 재능이 있었음)을 고려할 때, 최초의 여성 관방 역사가이자 황후의 가까운 고문인 반소가 『여계』

---

23 Swann (1968), 84–85.
24 Lily Xiao Hong Lee (1994), 22–23.

의 전반적인 보수주의에도 불구하고 왜 여성의 문해력을 정당화하려 했는지 이해하려는 것은 놀라운 일이 아니다. 또는 리사 라팔스는 반소『여계』가 "보수적인 남성 독자들이 받아들일 수 있는 용어로 표현된 여성 문해력에 대한 주장"[25]으로 주되게 해석될 수 있다고 제안하였다. 어쨌든『여계』에 대한 보수적 혹은 진보적 해석 모두 젠더 규범에 대한 후대의 저술들에 큰 영향을 미쳤다.

반소 자신은 과부라는 보수적 규범의 아이콘이 되었을 뿐 아니라 재능과 학식이 있는 존경받는 여성이라는 진보적인 본보기가 되었다. 특히 여성의 문해력과 여성적 덕목이 양립 가능한지에 대한 문제가 심각하게 논란이 된 명청 시대에 그러했다.『여계』에서 반소의 보수적 의도와 실제 그녀가 보여준 뛰어난 문학적 성취 간의 불확실성은, 여성의 예의범절에 대한 두 가지의 상충되는 견해를 야기하였다.『여계』에 따르면, 문학적 재능은 가사 관리라는 성별화된 의무를 수행하는 유덕한 여성과는 관련이 없으며 심지어 방해가 될 수 있다. 그러나 다른 한편으로는 반소가 예시한 여성의 문해력은 문학적 재능이 '내'에서의 여성적 덕목과 양립될 수 있음을 나타내는데 활용될 수 있다.

반소의『여계』에 이어『여사서』의 두 번째 책인『여논어』는 당대의 송약신宋若莘과 송약소宋若昭 자매에 의해 작성되었다. 그리고『여논어』는『여계』와 비슷하게 소녀들이 미래의 시부모를 대하고 가사 관리를 수행할 때의 실용적인 조언을 제공한다. 그러나 반소의『여계』와 달리,『여논어』는 고전古典 ─ 여성의 젠더 규범을 정의하는

---
25 Raphals (1998), 245n51.

―에 의존하지 않는다. 대신에『여논어』의 짧은 열두 장은 네 자로 된 단순한 구절로 구성되어 있으며, 이는 반문맹 소녀들의 학습과 암송을 쉽게 하기 위함일 것이다. 이 책의 간결한 문체와 직설적인 설명은 유교의 가장 중요한 경전인『논어』와 비견한 매우 야심찬 제목과는 큰 대조를 이룬다. 이러한 야심찬 제목은 남정원藍鼎元 이나 장학성章學誠 과 같은 일부의 문인들을 화나게 했으며, 그들은 간단한 소책자인『여논어』가 유교의 최고경전인『논어』와 동등하다는 의도에 대해 비난을 가했다.[26] 그러나 문장이 간단하여 반문맹의 여성도 쉽게 접근할 있는 점 때문에,『여논어』는 고대 중국에서 가장 널리 유통된 소책자 중 하나였다.[27]

『여논어』의 회화적 문체는 송 씨 자매의 심오한 학식과는 크게 대조된다. 이 책은 송약신이 저술한 것으로, 그녀는 당 조정의 관료 송정분宋庭棻 의 다섯 명의 똑똑한 자매 중 맏이이다. 그리고 훗날 다섯 자매 가운데 가장 재능과 학식이 있는 송약소는 그것을 증보하고 주석을 달았다. 송약소는 학식 있고 결혼하지 않은 여자인 반소를 감화적인 모델로 삼았으며, 그녀는 고독한 문학 생활을 하기로 결심하였다. 송약소의 네 자매는 모두 황제의 요청으로 조정에 초청되어 훗날 황후가 되었지만, 송약소는 황제의 책봉을 거절하고 결혼하지 않았다. 그녀의 결심은 나중에 황제에 의해 존경을 받았는데, 황제는

---

26 남정원,「여학女學」, '서언序言'. 남정원이 보기에『여논어』는 세련되지 않고 우아하지 않으며, 오직 소학 단계의 학습만을 위한 것이다. 장학성도, 그의 저명한 작품인「부학」에서,『여논어』가 세련되지도 않았는데 허세를 부린다고 비판하였다. 두 내용은 Tienchi Martin-Liao (1985), 174에서 인용함.

27 Martin-Liao, 위의 책. 또『여논어』의 완전한 번역은 Robin R. Wang (2003), 327-40; Heying Jenny Zhan and Robert Bradshaw의 재인쇄본 (1996) 참조.

그녀로 하여금 후궁後宮에서의 문예 업무를 담당하게 하였고 그녀가
조정의 남성 관료와 왕자와 공주를 가르치는 의무를 분담하도록 하
였다. 송약소와 반소의 인생 경력은 놀랍도록 유사한데, 송약소는 종
종 자신을 반소와 비교하곤 했다.[28] 반소가 이른 과부 생활을 하였고
문학적인 성취를 이룩한 점은 후대의 학식과 재능이 있는 여성에게
영감을 주었다. 그녀들은 반소의 이른 과부 생활을 독신의 문예 생
활을 위한 수단으로 인식했는데, 사회적으로 승인된 의존적인 딸·
아내·어머니라는 여성에게 주어진 성역할에 대한 꽤 괜찮은 대안으
로 말이다. 『여계』와 『여논어』의 두 교훈서에서 여성의 역할을 '내'
의 가족 영역에 국한하여 규정지음에도 불구하고, 반소와 송약소 두
저자는 문맹의 일반적 여성이 살았던 삶이 아닌 다소 고독한 문학
생활을 영위했다.

반소가 처음으로 옹호한 여성 문해력의 효과는 실제 상류층 여성
들에게 변혁적인 영향을 주었다. 상류층의 여성들은 정통의 보수적
젠더 규범을 계속해서 지지하였지만, 그녀들의 행동은 그녀들이 지
지한 보수적 가치를 암암리에 전복시켰다. 여성적인 영역의 전복 혹
은 확장은 명말청초 여성의 문학적 재능에서 현저하게 드러난다. 명
청 시대에 이루어진 보수적 교훈서의 출판·유통의 증가는 여성 문
해력의 향상과 맞물렸으며, 이는 다시 여성의 덕과 문학적 재능 간
의 양립 가능성에 대한 열띤 논쟁을 야기하였다.

여성의 문학적 재능에 대한 추구를 부정하는 명대 속담 "여자는
재주가 없는 것이 덕이다"이 유행하였다. 그러나 『여사서』의 세 번

---

28 위의 책. 송 씨 자매의 삶에 대한 다소 다른 설명에 대해선 Zhan and Bradshow
   (1996); Wang (2003), 327 참조.

째 책이자 명나라의 문황후가 작성한 『내훈』은, 그녀의 논의가 『시경』, 『서경』, 『예기』, 『역경』 등과 같은 전통적인 정경에서 입론됨으로써 그녀의 박식함을 보여주었고, 결국 그 속담이 틀렸다는 것을 보여준다. 반소의 『여계』와 송씨 자매의 『여논어』에 이어 20개의 장으로 구성된 문황후의 『내훈』도 여성에게 올바른 성역할을 수행할 수 있도록 실용적인 조언을 제공한다. 앞의 두 책과 다르게 『내훈』의 서문에 따르자면 『내훈』은 명나라 궁궐 안의 황실 구성원을 위해 특별히 작성되었다. 미래의 황후와 고위 궁녀를 양성하기 위한 목적이었기 때문에 앞의 두 책과 다르게 그 관심의 범위는 가족적 영역에 대한 전통적인 여성적 덕목과 순종을 넘어선다. 그것은 과거 황후들의 덕목과 자질, 황실 신하를 다루는 방법, 황후의 친척을 응대하는 방법을 포함하여 조정 정치·관리에 관한 것이었다.

비록 그 문체와 내용이 주로 서민에 대한 교육을 목적으로 하는 여타의 문헌들과는 크게 다르지만, 『내훈』은 반소의 『여계』와 마찬가지로 여성 교육과 문해력을 강력하게 옹호하였다. 문황후는 『예기』에 근거하여 소년은 8세에 반드시 소학 교육을 받아야 하며 소녀는 10세에 어머니의 말과 행동을 본받아하고, 다만 소년에게는 주희의 『소학小學』이 있어 그 교육이 가능하지만 이에 비해 소녀를 위한 입문서가 없다고 서문에 적었다. 시어머니(전족을 하지 않았고 스스로 배움을 실천한 마馬 황후)[29]의 은덕을 받아 문황후는 소녀들의 입문 교육

---

29 본래 비천한 신분이었던 마황후는 독학했지만 광범위한 독서를 하였으며, 궁중 여인을 위한 정기적인 고전 연구 모임을 조직하였다. 그녀는 또한 여러 번의 폭력과 잔학행위로 잘 알려진 명나라 건국 황제 태조太祖를 훈계하고 제지한 역량으로 기억된다. 게다가 마황후는 전족을 하지 않아 자연적인 발을 가졌다! 이것은 전족 관행이 비교적 일반적이었던 명나라 시대 때 특히 놀라운 일로 비추어질 수 있다. 그러

의 일환으로『내훈』을 편찬하여 시어머니의 가르침을 전수하고자 하였다. 다시 말해 주희의『소학』과 소녀를 위한 문황후의『내훈』이 동등하다는 암시가 말해주듯 문황후는 '내'의 여성 교육을 '외'의 남성 교육이 존중되는 것과 동일한 수준으로 고양하고자 하였다.

여성의 덕과 문해력이 양립가능한지에 대한 논쟁은 청나라 시대에 절정에 달했는데, 역설적이게도 이 시기에 중국 역사상 여성의 저술들이 유례없이 대량으로 출판되었다.[30] 유명한 청대 소설인『홍루몽』에서 여성을 위한 예의범절 교육의 일환으로『여사서』가 언급되었을 뿐만 아니라『규범』,『여범첩록』, 청대 문인 장학성이 작성한「부학婦學」과 같은 유명한 교훈서나 문학 에세이에서 여성 문해력의 문제가 언급되는 것에서 볼 때, 명말청초 시대에 여성 문해력이 향상되었다는 것은 분명하다. 청대에 여성 문해력이 향상되고 이와 관련된 논쟁이 증폭되었다는 것은,『여사서』의 마지막 책인『여범첩록』에도 반영되어 있다. 그 책은 왕상의 홀어머니 유劉씨가 작성한 것이고, 그녀는 여성의 재능과 덕이 양립할 수 있다는 데 한 장 전체를 할애했다. 마지막 장인「재덕才德」에서 유씨 부인은 여성적 덕목의 중요성을 경시하는 속담—재주가 없는 것이 덕이다—의 부적절함을 지적하면서 운을 뗀다. 자신을 수양하여 덕을 갖추는 것은 남녀 모두가 우선시해야 할 것이다. 그런 다음에 그녀는 고대의

나 그녀가 본래 농민 신분이었던 점을 감안해본다면, 그녀가 발을 묶지 않은 것을 이해할 수 있다. 태조는 자신이 집권한 후에 마 황후가 전족을 하지 않은 것에 대해 변호하였다. 그녀가 죽고 난 후, 태조는 그녀를 깊이 애도하고 그녀를 대체할 다른 황후를 세우지 않았다. 보다 자세하게는 Wm. Theodore de Bary (1994), 44 참조.

30 Hu Wenkai (1957), 170 - 624; 또한 Clara Wing-chung Ho (1995), 203n46 참조.

222

각계각층 여성들이 유덕할 뿐만 아니라 학식이 있었다는 것을 보여주기 위하여 『시경』―시의 상당수가 여성에 의해 작성된―의 권위에 호소한다. 그녀는 또한 한대의 반소, 당대의 송씨 자매, 명대의 문황후와 같은 실제 역사에서 학식과 재능이 있는 유명한 여성들을 여성이 존경해야 할 모델로 인용하였다. 그러나 유씨 부인은 글을 읽을 줄 모르는 여자는 예禮도 경시할 것이므로, 교육을 받지 않는다면 여성들은 학식도 없고 유덕하지 않을 것이라고 논증한다. 그런 다음에 그녀는 여성이 교육을 받아야 행실이 바르게 되어 유덕해질 수 있을 것이라고 결론짓는다. 관습적인 믿음과는 달리, 그녀의 견해에 따르면 문해력은 예절의 준수를 가능하게 한다. 여성의 문해력은 여성적 덕목을 가져온다. 요컨대, 재능과 덕목은 양립할 수 있을 뿐만 아니라, 실제로 그것들은 서로 얽혀져 있다.

반소와 마찬가지로 유씨 부인도 여성 교육을 강력하게 옹호했다. 그러나 반소와 달리, 유씨 부인에겐 여성 주체성에 대한 강력한 의식이 있었고 여성을 낮은 기준에 맞추는 것을 거부했다. 반소의 『여계』와 유씨 부인의 『여범첩록』에서 눈에 띄는 차이점은, 후자는 가사 관리에 대해 그다지 관심을 두고 있지 않으며 여성의 비천한 지위를 받아들이는, 지나치게 순종적인 레토릭에 몰두하지 않는다는 점이다. 대신에 9장으로 구성된 『여범첩록』은 역사적인 본보기가 될 특정한 여성을 거론함으로 도덕적 덕목에 대한 수양에 대해 보다 관심을 기울이고 있다. 예를 들면 1장 「통론通論」에서 그녀는 여성의 교육을 옹호했을 뿐만 아니라 더 나아가 '내'에서 '외'로 나아가는 원리를 감안할 때 여아 교육이 남아 교육보다 더욱 중요하다고 말하였다. 학식과 재능이 있는 역사상의 황후들을 인용하여 번창하는 제국을 유지하기 위해선 '내'가 중요함을 보여주었다. 유씨 부인은 여성 문해력의 타당성을 정당화하였을 뿐만 아니라, 더 나아가 '내'를 '외'의 필수적인 기반으로 설계하여 '내'의 위상을 고양시켰다.

2장 「모의」에서도 '외'보다 '내'를 우선하는 진술이 언급되는데, 유씨 부인은 청소년들이 어머니에 의해 교육을 받기 때문에 어머니의 단정함이 아버지의 훈계보다도 선행한다고 주장하였다. 3장에서는 효라는 비성별적 덕목을 논하고, 여성에게 낮은 기준을 적용하는 것을 반대하면서, 비록 남녀가 다르지만 효의 덕목을 실천하는 데 있어서는 동일하다고 주장한다. 5장 「충의忠義」는 여자도 군주의 백성이므로, 남성들에게 적용되는 덕목들은 여성에게도 마찬가지로 적용되어야 한다고 지적한다. 요컨대 『여범첩록』은 여성 자의식의 미묘한 변화와 보수적인 교훈서 및 여성 전기에서 정당화된 여성 문해력의 영향을 보여주고 있다. 보수적인 '여성의 글과 전기'가 여성에게 젠더 규범이라는 정통적 가치를 강화시키는 원천이었을지라도, 여성이 역사적 의식에서 자기 긍정성을 갖게 하는 임파워먼트의 원천이기도 하였다.

여성 문해력의 향상과 여성의 독서·작문·출판에 대한 참여는 '내' 영역에 국한된 정통적인 젠더 규범에 암묵적으로 도전하였다. 왜냐하면 전통적인 관점에서 유덕한 여성의 참된 소명은 주로 그녀의 자기희생과 부계에 대한 충성에 달려있었지, 문학적 재능을 찾고자 하는 개인적 필요에 있지 않았기 때문이다. '외' 영역의 남성 상대방과는 달리, '내'에서의 여성의 문학적 재능은 중요하지 않았다. 즉, 궁극적으로 공직에 이를 수 있는 과거시험에 대한 합법적인 접근이 있지 않고서는 여성의 문예 추구는 아무리 잘해봤자 그녀들의 성정체성에 불필요한 것에 불과하다. 그러나 명말청초 시대에 여성 독자를 대상으로 한 교훈서 삽화본과 연애소설의 상업 출판이 증가하고, 상류층 여성을 위한 과외교사의 수요가 증가하면서, 여성 문해력이 여성의 사덕 특히 '부녀자의 [공순한] 말'과 양립될 수 있는지에 대해 격렬한 논쟁이 촉발되었다. 이 논쟁에서 우리는 전통적인 보수적 경향을 볼 수 있고, 다른 한편으로는 예의범절의 경계를 뛰어넘지 않고서도 여성 문해력에 대한 여성 자신들의 해석과 정당화를 볼 수 있다.

여성의 문해력과 '부언'의 덕

여성의 문해력 문제에 대한 가장 영향력 있는 글은 청나라의 관료 장학성(1738-1801)이 작성한 「부학」일 것이다. 이 글의 인기는 여성 문학의 현저한 발전과 관방문인들이 공유한 보수적 경향을 반영한다. 그 글은 여제자를 자유롭게 받아들이면서 제자들 사이에 남녀구별을 두지 않고 여류시를 적극적으로 출판하고자 한 원매袁枚 와 같은 진보적인 비주류 인사들을 반대한다. 장학성의 주장을 자세히 검토하기 전에 한 가지 짚고 넘어가야 할 점이 있다. 장학성의 「부학」은 여성 교육이 적절한지에 대한 에세이이었을 뿐만 아니라 원매에 대한 격렬한 인신공격이었다. 원매는 유명한 문학 평론가로서, 시의 기능을 어떠한 도덕적 중요성도 없는 단지 오락으로 규정했으며, 상당수의 재능 있는 여제자들을 자신의 문단에 과감히 받아들였다. 그리고 동시에 원매는 적어도 3명 이상의 여제자들과 관계를 맺음으로써, 성 규범의 경계를 뛰어넘었다.[31] 원매의 도발적인 비주류 문학 이론과 그의 탈관습적인 쾌락주의적 생활을 염두에 둘 때, 고전 학습과 젠더 예의범절을 복원하려는 「부학」의 목적을 보다 이해할 수 있다.

원매의 '여성 학문'과 대조되게 '고전 학습'을 복원하려는 장학성의 의도는 글 제목에서 무엇보다도 잘 드러난다. '부학'이라는 용어는 원매가 여류시 연구를 의미하기 위해 처음으로 사용한 것으로, 이는 『시경』을 본보기로 한다.[32] 원매는 암묵적으로 역사 전반에 걸친 역사적 맥락과 주석이 포함된 『시경』의 도덕적 중요성을 제대로 이해하지 못한 채 여성 학문을 단지 시詩 작문으로 축소한 것으로 보인다. 장학성이 가장 강력하게 반대한 것은, 여성 학문과 시 학습에 대한 원매의 비정통적인 접근방식이었다. 장학성의 「부학」에서, 그는 고대에 여성 교육은 네 가지의 다른 영역을 의미한다고 지적한다. 그것은 덕행, 말씨, 몸가짐, 노동의 사덕이다. 그러나 오늘날의 여성 교육은 오직 문예(시를 쓰고 읽기)에만 국한되어 있다. 그러나 고대에는 전통의례에 정통하고 문자에 능통한 여성만이 학식 있는 여성으로 간주될 수 있었다.[33] 암묵적으로 장학성은 시 연구에서 역사적 맥락과 예의범절 간의 관련성을 일축한 원매의 문학 이론을 공격하였다. 관방 유학자인 장학성은 여성 교육에서 고전 학습을 되살리려고 했는데, 예에 대한 올바른 이해가 개인의 문예 참여보다도 선행되어야 하기 때문이다.

여성 문해력에 대한 장학성의 주요한 의제는 다른 청대 학자들과 마찬가지로[34] 여성이 교육받아야 하는지의 여부나 여성이 고전 학습

---

31 Clara Wing-Chung Ho (1995), 206 - 207 참조.

32 Mann (1992), 42n4.

33 위의 책, 44.

34 청 학자의 여성 교육에 대한 견해를 연구한 Clara Wing-Chung Ho에 따르면, 진굉모陳宏謀 (1696 - 1771), 주광업朱廣業 (1730 - 1798), 이조락李兆洛 (1769

을 받을 수 있을 만큼 지적 능력이 있는지의 여부에 관한 것이 아니었다. 그는 한대의 반소, 송·원대의 유명한 시인인 이청조李淸照와 화가 관도승管道昇과 같은 재능과 학식이 있는 수많은 역사 속 여성을 명망과 미덕을 갖춘 여성의 본보기로 삼았다. 오히려 장학성에게 있어서의 문제는 여성 교육의 목적과 구성 방식에 있었다. 개인적 감정과 연애 감정을 시로 표현하는 문학적 경향은 당대 이후의 무희와 기녀들이 제도화된 궁중 문화와 결부되었기에, 장학성이 보기에 이런 경향은 여성 교육을 유희적이고 천박한 수준으로 가치 절하한다. 일류의 기녀들은 종종 시에 정통하였고 이러한 기녀 문화의 인기는 존귀한 자와 비천한 자의 경계를 모호하게 하는 데 일조하였다. 특히나 여성의 훌륭함이 그녀들의 문학적 재능으로만 측정되는 경우에는 더욱더 그러하였다. 예의범절을 우선 따르기보다는 개인의 내면적 감정을 자유롭게 표현할 것을 강조한 원매의 가르침은 장학성에게 있어 '부학'이라는 이름을 붙일 가치조차도 없었다. 원매는 자신의 여제자들과 부적절하게 관계를 맺음으로써 남녀의 규범적 구분―즉 내외의 구분―을 무시하였다. 장학성이 보기에 원매는 금수禽獸와 다를 바가 없으며, 박식한 선비[飽學之士]라는 칭호를 받기에 부적절하다.[35]

장학성에 따르면, 참된 여성 교육은 네 가지의 덕(덕행, 말씨, 몸가짐, 노동)을 갖추어야 한다. 사덕 가운데서도 덕행은 성취하기 너무

―1841)과 같은 대부분의 청대 학자들은 여성 교육에 대한 일치된 견해를 공유하였다. 마땅히 여성이 문자 교육을 받아야 하지만 그 주된 목적은 그들이 아내로서의 역할과 의무를 적절하게 수행하는데 있다. Ho (1995), 19 참조.
35 David Nivison (1966), 263.

어렵고, 베짜기와 실뽑기의 노동은 너무나 흔하다. 그에 따르면 여성에게 가장 중요한 덕목은 말씨와 몸가짐이다. 이 두 가지 덕목은 차례로 『시경』과 『예기』와 관련되어 있다. 전통적인 주석에 따르면 『시경』와 『예기』는 각각 문학과 의례적 행위를 위한 기초적 훈련을 제공한다. 그리고 장학성에 따르면 이 두 경전 가운데 올바른 예의 범절을 배우는 것은 시를 공부하는 것보다 우선해야 한다.

여자의 말에 있어서, 그 강조점은 언변[辭命]의 숙달에 있다. [그러나] 고대에는, 말은 안채에서 바깥 세계로 통하지 않았다. [그러므로] 언변이 숙달된다고 불리는 것은, 또한 예문禮文에서 가장 필요로 하는 것이다. 공자가 말씀하시길 "『시경』을 배우지 않고선 말할 수 없다."라 하였다. 이것은 『시경』을 깊이 이해하지 않고서, 언변에 숙달한 사람이 없다는 것을 의미한다. 그리고 이는 옛날 여자 교육이 반드시 예로부터 시를 외우는 것으로 나아갔다는 것을 알 수 있게 한다. (…) 고대의 여자 교육은 반드시 예로부터 시를 외우는 것으로 나아갔지만, 오늘날의 여자 교육은 이와 도치되었으니 시 때문에 예를 잃게 되었다.[36]

---

36 번역으로는 Mann (1992), 49-51 참조. Mann은 '사명辭命'을 '공손한 순종 deferential obedience'로 번역하였다. 그러나 '사명'이란 용어에 대해 조사해보았을 때, 나는 그러한 번역을 암시하는 어떠한 출전을 찾지 못했다. '사명'이라는 용어가 처음 등장한 것은 『맹자』로, 여기에서는 변론에 숙달한 능력을 나타내는 데 사용되었다. (『맹자』 2A/2, Legge II, 192 참조; 『맹자』 2A/9, Legge II, 207 참조). '사명'의 다른 변형어는 '사령辭令'인데, 이 단어는 『좌전』, 양공31년 (Legge V, 561, 565 참조); 『예기』 「관의冠義」; 『묵자』 「노문魯問」; 『사기』 「굴원열전屈原列傳」에 나온다.

다시 말해서, 예의범절을 알지 못하면서 시를 배우면 그릇된 길을 갈 뿐이다. 원매와 달리, 장학성에게 '여자의 말'이라는 덕목은 문예와 기교의 숙달에 국한되지 않으며, 더 중요하게는 예의 숙달을 의미한다. 왜냐하면 예의범절을 준수하는 한에서만 여성의 고전과 문학에 대한 박식함이 적법하게 표현될 수 있기 때문이다. 내-외의 구분으로 표시되는 젠더 규범의 경계를 넘지 않을 때에서만 말이다.

명말청초의 여성 문해력에 대한 문제는 실제로는 젠더 규범에 대한 문제이다. 그리고 내-외의 구분으로 표시된 규범적인 젠더 구분에 따르자면, '내' 영역 — 여성에게 적합한 — 에서의 문학적 소양은 여성의 성정체성의 결정적이지 않은 주변부적인 것이다. 수잔 만이 묘사한 대로 '내' 영역은 실제로 침묵의 영역인데[37], 왜냐하면 예의범절에 따르면 여성의 말은 안채의 문에서 그쳐져야 하기 때문이다. '내' 영역의 고립성과 여성의 기능적 역할은 여성이 문학 학습에 접근하지 못하게 할 뿐만 아니라, 예의범절의 관점에서 여성의 문학 학습을 불필요하게 만든다. 전통적으로 어머니가 자녀에게 기초 교육을 제공하는 책임이 있는 것이 사실이지만, 여성의 교육은 고전, 육예, 국정에 대한 포괄적 영역보다도 베 짜기나 요리와 같은 가사 기술을 위한 기초적이고 실제적 훈련에 주로 국한되었다. 여성 교육의 제한된 범위는 내-외의 기능적 구분의 필연적인 결과이고, 여성들이 궁극적으로 '외'의 공직에 이를 수 있는 과거시험에 합법적으로 접근할 수 있는 권한이 주어지지 않는 사실을 감안한다면 여성의 높은 수준의 문해력은 주변부적인 것으로 운명 지어진다. 정통적인

---

37 Mann (1992), 53 – 54.

견해에 따르자면, 배움과 글쓰기는 공적이고 윤리적인 기능을 갖추어야 한다. 남성 상대방과 달리, 재능과 학식이 있는 여성들은 국가에서 자신의 재능을 활용해 결국 자신들의 높은 수준의 문해력이 정당화될 수 있는 '외' 영역에 합법적으로 접근할 수 없었다. [여성 문해력에 대한] 정당화가 결여되었으므로, 여성의 높은 수준의 문해력은 종종 그녀들의 성정체성이나 공공의 이익과는 무관한 쓸모없는 사회적 잉여물로 간주되었다.

여성이 문학적 재능을 소유함은 본질적으로 비극적이다. 문학적 재능이 형제나 남매를 능가하지만 자신의 재능을 발휘할 정당한 수단이 없는 여성은 가족에게 명예보다는 슬픔을 안겨준다. 여성이 높은 문해력을 가진 것이 곧 비극적이라는 것은 학식 있는 여성들에게서 공유되는 정서이다. 여성들의 잉여적인 재능은 삶의 만족을 위한 수단이 되기보단 장애물이 되었다. 청대 시인 양란의梁蘭漪 는 그녀의 시 '과녀課女'에서 이렇게 썼다.

당신의 어머니는 얼마나 불행한 삶을 살았는가,	汝母薄命人
나는 너무 많이 알고 배우느라 고생하였네.	常盡詩書苦
사덕과 삼종지도는 영원토록 여성에게 중요한 지침이니	四德與三從
그래서 내가 너희들에게 이러한 행실을	
부지런히 가르쳐 왔느니라.	殷殷謹教女
너희들은 완순함을 배워 여자답게 행동해야 하니,	婉順習坤儀
다른 중요하지 않은 기술들은 취하지 않아야 한다.[38]	其餘皆不取

---

38 Clara Wing-Chung Ho (1995), 199. 본 한국어번역은 최대한 본서의 번역을 따랐으며, 엄밀한 이해를 원하는 독자를 위해 원문을 병기해둔다.

양란의의 시는 청대의 여류시선詩選 집인『국조규수정시집國朝閨秀正始集』에 수록되었다. 박학하고 총명한 여류시인들은 시 짓기 영역에서의 명성과 그녀들의 '내'라는 젠더 영역 사이에서 갈팡질팡 하였는데, 여성의 뛰어난 문학적 능력은 '내'의 영역에서 어떠한 실제적인 목적도 수행할 수 없었기 때문이다.

학식 있는 여성들이 자신의 '하찮은' 문학적 재능에 대해 갖는 모순적인 감정은 여성의 성 정체성이 '내' 영역에 국한되지만 자신이 원하는 문학 학습의 추구는 '외' 영역에서 이루지는 무언의 충돌을 시사한다. 일반적으로 말해서 문학과 작문이 '외'의 영역에 속한다는 것은 분명하다. 문학 학습은 결국 정치[政] 참여로 이끌게 하므로, 남성의 고유 특권이다. 젠더적 존재인 '여성'에게 부과된 내-외의 제약은 궁극적으로 모든 계층의 여성들이 부계 가족의 바람에 따라 끊임없이 순종해야 하는 전근대 중국의 성불평등 문제를 뒷받침한다. 내-외의 성별 분업은 부계가족에서의 여성의 역할을 재생산(역자 주: 후계자 출산) 능력으로 축소시킬 뿐만 아니라, 모든 계층의 여성들이 유교의 완성된 인격을 함양해 세상에서 자기 자신의 본모습을 드러내는 중요한 문화 자원에 합법적으로 접근하는 것을 거부한다.

'내'의 영역은 상징적으로 은폐된 영역이기도 하므로, 여제자를 받아들이고 여류시를 출판하는 원매에 대한 장학성의 반대는 '내' 영역에서의 여성의 문학적 능력은 반드시 공공대중의 시야로부터 은폐되어야 한다는 규범적인 젠더 경계를 정통적으로 수호한 것이라 해석할 수 있다. 말이 없고 비-문학적인 '내' 영역의 특성으로 인하여, 장학성에게 있어 유덕하고 존경스러운 여성의 궁극적 모델은

정靜적인 여성이다. 즉 '내'의 가족 영역에 고립되면서, '외'의 문학적·공적인 영역으로부터 은폐된 여성이다. "훌륭한 여성을 정녀靜女라 부른다. 고요한 것은 배움에 가깝다. 오늘날 '재능 있는 여자'라고 불리는 사람들은 어찌 움직이는가? 어찌 부산함이 심할 수 있는가?"[39] 즉 여성의 덕목과 훌륭함은 문학 능력이 아니라, 무엇보다도 '내' 영역의 고립으로 특징지어지는 젠더 규범을 어느 정도로 준수했는지로 평가된다. 그리고 저술과 출판은 '내'의 영역에 속하지 않으므로, 그것들은 유덕하고 훌륭한 여성의 참된 소명이 아니다. 암묵적으로 장학성이 청나라 초기의 대다수 동시대 학자들과 마찬가지로 여성의 학문과 저술 그 자체에 반대하지는 않았을지라도, 그에게 있어 훌륭한 여성은 '내'의 비문학적 영역에서의 의례범절에 집중해야 하고 그녀의 문학적 재능―이는 적절히 말하자면 '외'의 공적 영역에 속한다―을 숨겨야만 했다.

장학성의 「부학」이 인기를 끌었음에도 불구하고, 청나라 시대에 여성 작가의 출판물의 수는 유례가 없을 정도로 역사적 절정에 이르렀다. 이 시기에 학식 있는 여성들이 시 짓기와 출판이라는 공적 행위와 '내'의 문학적 영역에서 고립되는 것 사이의 상충되는 요구를 어떻게 조정했는지는 상상하기 어려울 수 있다. 첫째, 『여범첩록』의 저자인 유씨 부인과 같은 학식 있는 여성은, 여성의 덕목과 재능이 상충된다는 "여자는 재주가 없는 것이 덕이다"라는 명대의 유명한 속담을 부인하였다. 학식 있는 여자의 시각에서 볼 때, 유덕해진다는 것은 예의범절의 경계에 있다는 것으로, 최소한의 수준에서 글을 읽

---

39 Mann (1992), 53-54 참조.

으면 된다. 유씨 부인이 논증했듯이 글을 읽을 수 있어서 경전에 기록된 고대 의례를 알 수 없다면, 그 자는 예의범절에 대해서도 무지하다. 둘째, 비록 뛰어난 문학 능력이 여성이 가사 역할을 수행하는 데 있어 요구되지 않는다 하더라도, 학식 있는 여성들은 『시경』의 여성 시인을 그녀들의 본보기로 삼아 '부녀자의 말'의 전통적인 함의를 구어口語에서 문자文字로 확장하였다. 그리고 여성의 사덕 중하나인 부언에 대한 수양은, 여성이 문학 학습에 참여하는 것을 정당화한다. 『시경』에 기록된 고대 여성이 재능과 덕목을 겸비한 것처럼, 오늘날의 여성 또한 시 짓기의 문예 능력을 갖추면서도 유덕해질 수 있다.

여성이 문예에 참여하는 것을 정당화하기 위한 이론적 정당화 또는 '역사적' 선례로서 『시경』을 사용한 것은 청나라 여류시선집인 『국조규수정시집』의 서문에 설명되어 있다. 청대 여류시인 운주惲珠는 분명히 말한다. "옛날에 공자가 『시경』을 편집하셨을 때 규방閨房의 작품들을 없애지 아니하셨다. 그러나 후세의 향촌에 있는 선생들은 여성의 역할은 술을 따르고 재봉하는 것에 그친다고 말하였으니, 이는 『주례』에서 구빈九嬪이 부학의 법규를 관장했음을 모르는 것이다. 부녀자의 덕은 부녀자의 말로 전수되니, 여기서의 말은 단지 문장과 시부詩賦만을 의미하는 것이 아니지만, [그렇다고] 문장과 시부와 멀리 떨어져있지는 않다. 이러하다면 여자가 시를 배우는 것이 어찌 잘못될 것이 있겠는가?"[40] 첫째, 운주는 여성의 말이 안채의 문에서 그쳐야한다는 전통적인 의례 관념을 거부했으며, 따라서 그녀는 또

---

[40] 위의 책, 56 참조. 실제 원문에 맞게 역자가 번역을 다소 수정하였음.

한 '내' 영역의 침묵적 특성을 부정하였다. 둘째, 『시경』에 보존된 여성의 목소리에 호소함으로써, 그녀는 구어에 국한된 '부언'에 대한 전통적인 이해를 문자로까지 확장했다. 그렇게 함으로써, 그녀는 '내' 영역에서 시를 공부하고 쓰는 행위를 정당화했다. 이로써 높은 수준의 문학적 능력은 여성의 유덕함과 양립될 수 있었다.

그러나 『시경』의 여성시의 전승에서 보이는 재능과 학식이 있는 여성성의 모델은, 『예기』에서 찬양되는 의례적으로 얽매인 여성상과 충돌하는 것으로 보인다. 가족 영역과 정치 영역을 모두 아울러서 완전한 인격을 갖춘 남성 상대방과는 달리, 모든 계층의 여성은 무엇보다도 '내' 영역의 의례범절을 준수하는 데서 규범적인 여성성을 도출해야 한다. 다시 말해, 유덕한 여성의 진정한 소명은 '내'의 가족적·기능적 영역에 국한된 여성 성역할에 있다. 여자가 '내'를, 남자가 '외'를 담당하는 규범적인 성별구분은 문명과 야만의 경계를 표시한다. 남녀 사이의 그러한 규범적이고 의례적인 경계가 훼손되면, 결과적으로 사람은 사회적으로 인정되는 인간성 아래로 추락하여 야수성의 상태로 전락하게 된다. 예를 들어 장학성이 원매를 비판한 것은 바로 원매가 자신의 여제자를 다룰 때 적절한 성별 구분이 없었고 그것은 짐승의 행동이나 다름없다는 것이다.[41] 장학성의 글에서의 논쟁 지점은 여성 교육의 필요성이나 여성의 지적 능력에 대한 문제가 아니라 진정한 여성성의 내용을 정의하는 것이었다. 명백하게도 청나라 때 높은 권세를 가진 남녀들은 『시경』과 『예기』에서 발견할 수 있는 두 개의 상이한 모델에 호소했으며, 이에 따라 그

41 Nivison (1966), 263 참조.

당시의 여성의 글쓰기와 시 출판에 대한 대중적 흐름을 정당화하거나 비판하였다.

어떠한 경우이건 간에, 내-외의 의례적 경계에 대한 정통성은 남성과 여성 모두에게서 도전받지 아니하였다. 다시 말해 여성은 자신의 학문적 수준과는 상관없이, 성정체성을 '내'의 가족 역할로부터 도출해내야 했으며, [여기에서] 더 나아가야지만 여성의 문예 참여가 정당화될 수 있었다. 여성의 덕목과 훌륭함을 평가함에 있어, 내-외의 의례적 경계가 갖는 무게는 이론뿐만 아니라 역사적 현실에서도 분명하게 드러난다. 그것의 완벽한 예시가 바로 반소이다. 반소의 문학적 성취와 한 조정에의 정치적 참여는 잘 기록되어 있다. 이러한 그녀의 성취를 언뜻 보자면, '내' 영역에서의 한정된 가족적 역할에 국한되었던 반소 『여계』의 유덕한 여성에 대한 표상과는 다르기 때문에, 반소는 내-외의 의례적 경계를 침범하였으며 젠더 경계를 넘어 문학과 정치[政]란 남성의 영역으로 진입한 것으로 보인다. 그러나 중국 역사 내내 학식 있는 여성과 보수적인 관료들은 반소를 비난하는 대신에, 반소를 여성적 덕목과 훌륭함의 궁극적 본보기로 삼았다. 보수적인 문인들의 시각에서 볼 때 반소의 여성성은 우선 그녀의 이른 과부 생활로부터 확보되었는데, 이는 여성의 정조와 부계에 대한 아내다운 충정이란 고대의 미덕에 부합했기 때문이다. 둘째, 그녀가 『한서』를 완성하는 데 공헌한 것은 '외'의 문학 영역에서 개인적인 명성을 추구한다기보다는, 오빠인 반고가 죽고 나자 가업을 잇기 위한 효행으로 정당화되었다. 셋째, 등태후가 어린 황제를 대신하여 섭정한 20여 년 동안에 반소가 진력으로 등태후를 보좌한 것은 취약한 권력교체기에 개인적 이득을 추구한다기보다는, 한나라 조정에 대한 유력한 반 씨 가문의 정치적 충성의 일환으로 여겨졌다. 요컨대 반소의 문학과 정치에의 참여는 '내' 영역의 성역할에 대한 확장으로서 정당화되었다. 가문의 문학적 전통을 조명하는 효녀이자 이른 과부 생활을 했음에도 불구하고 시댁에 대한 충정을 지킨 순결한 과부로 말이다. 그러나 반소의 문학·정치적 성취는, 남성과 달리 자신의 성정체성에 근거한 개인적 달성의 측면에선 전혀 설명될 수가 없다.

따라서 많은 작품들에서 내-외의 의례적 경계는 중첩되기도 하고 상이한 맥락에 따라 협상의 대상이 되기도 하지만, 또한 내-외의 경계가 인간성과 문명성의 시작이라는 것도 분명하다. 여성은 제한된 '내' 영역과 동일시되고, 남성은 모든 포괄적인 '외' 영역과 동일시된다. '내'의 여성적 영역은 대체적으로 실용적인 가사 관리, 아내의 순종 그리고 부계에 대한 꺾이지 않는 충정이 요구되는 영역이다. 수많은 여성 전기와 여훈서에서 입증된 뛰어난 여성의 문예 능력과 청대 말기에 여성 작품의 출판이 전례 없이 증가한 것은 사회적 요구인 예의범절과 양립할 수 없는 것은 아니지만, 여성의 성 정체성에 있어선 불필요하고 하찮은 것이다. 여성의 성정체성은 무엇보다도 기능적이고 가족적인 친족 역할에 기반하여야 한다.

여성이 문학적 재능을 소유한다는 것은 본질적으로 비극적이다. 왜냐하면 비가족적이고 공공적인 역할이 실현될 수 있는 '외' 영역에 위치한 남성과는 달리, 여성의 문학적 재능은 그 정당성이 없기 때문이다. 여성은 실제로 뛰어난 재능을 가질 수는 있다. 그러나 여자에게 부과된 성역할 때문에, 그녀의 재능은 먼저 그녀의 성역할과 가족 역할이 확장된 것으로 위장되지 않고서는 국가 자체를 위해 합법적으로 활용될 수 없다. 반소의 사례에서처럼 말이다. 이러한 관점에서 볼 때, 중국 제국의 성차별 문제는 내-외의 기능적 젠더 구분에서 파생된 것이라 할 수 있다. 그러므로 내-외 영역의 격차는 남녀 성격 차의 시작이기도 하다. 그러나 한 가지 명심해야 할 것은 아리스토텔레스에서 아우구스티누스, 칸트, 니체에 이르기까지의 서양의 주류적 철학 전통에서 '여성'이라는 범주가 그녀들의 불충분한 지적 능력으로 특징지어지는 것과는 달리[42] 중국의 여성성은 의지 내지 합리성의 결여로 특징지어지지 않는다. 대신에 중국 여성들은 그녀의 제한된 '내'의 여성적 영역으로 특징지어졌고, 이 영역에서 여성들은 자신의 지적 능력을 숨겨야 했으며 여성의 지적 능력은 불필요한 것으로 취급되었다. 따라서 중국 제국에서 여성은 학식이 있건 없건 간에, 본질적으로 자신의 이름과 명성이 기억되고 전승되는 '기억(문화)의 영역' 밖에 있는 익명적 존재였다.

---

[42] 보다 자세하게는 Mary Briody Mahowald (1994) 참조.

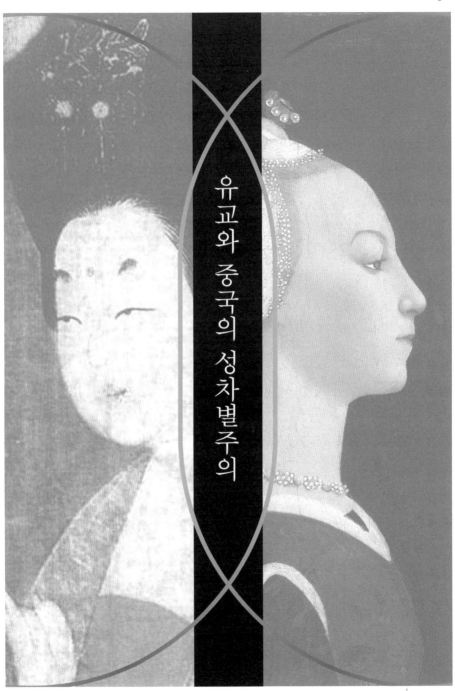

유교와 중국의 성차별주의

Chapter 6

2장에서 우리는 '유' 또는 '유교'의 복잡성과 모호성을 살펴보았다. 어떻게 중국의 성차별적 관행과 유교—중국고급문화의 다의적 상징인— 사이의 명확한 관계를 어떻게 발견해낼 수 있을까? 유교를 하나부터 열까지 단일하고 성차별적인 이데올로기로 묘사하는 초기 페미니스트들의 관점은, 분명 '유' 개념에 대한 잘못된 이해이며 지나친 단순화이다. 유교가 성차별과 연관되어 있다는 것은 주로 공자나 유학자들이 말한 몇몇 진술들에 근거한다. 특히 공자가 소녀를 도덕적으로 결핍된 '소인小人'과 병치한 구절은(『논어』 17.25 참조) 여성의 본성에 대한 진술로 여겨진다. 한나라 유학자 동중서의 '양존음비'는 여성의 열등함과 남성의 우월함을 나타내는 것으로 간주된다. 과부 순결에 대한 송나라 유학자 정이程頤의 진술은 절대적인 원칙으로 취급되었다. 내-외 구분을 다룬 『예기』의 구절은 사적-공적의 경직된 분리 또는 남녀 간의 물리적 분리로 해석되었다. 중국 고급문화의 상징인 유교가 중국 사회의 가부장적 전통과 공존했었다는 점을 고려할 때, 유교의 성차별적 요소에 대한 페미니스트들의 비난에는 어느 정도 설득력이 있을 수 있다. 그러나 의례서와 유교 문헌에서 보이는 일부 성차별적인 언급을 유교 전체와 동일시하고, 이어서 유교를 성차별주의와 동일시한다면, 두 가지의 위험한 결론에 도달하게 될 것이다. 첫째, 유교 철폐는 사실상 중국의 성평등을 위한 필요충분조건이 되어버린다. 둘째, '철학자'의 몇 마디 진술에 근거하여 '철학'의 가치를 부정하는 논리적 오류에 빠져들게 된다.

철학의 가치를 온당하게 평가하기 위해서 최소한 이론적 수준에서는 철학을 철학자와 분리하는 것이 중요하다. 유교윤리학의 가치에 대한 페미니스트와 중국학자의 평가가, 대체적으로 역사적 서사에서 여성에 대한 긍정적 모델이 부재하다는 것에 초점을 맞추고 있다. 리사 라팔스는 그녀의 에세이 "예를 아는 여자A Woman Who Understood the Rites"에서 한 걸음 더 나아갔다. 그녀는 두 명의 유덕한 여자에 대한 공자의 찬사를 언급하면서도, 유교의 미묘한 성차별적 성격을 [동시에] 지적하려 했다. 그녀는 공자가 유덕한 두 여성을 만난 것을 사례로 들었는데, 한 명은 노부인으로 노나라 계季 씨 가문의 경강敬姜이고, 다른 한 명은 가난한 여종인 남궁도南宮縚의 처이다. 한대 이전 문헌과 한대 문헌에서 발견되는 두 여성에 대한 공자의 반복적인 찬사에도 불구하고, 라팔은 역사적 서사에서 공자와 유덕하면서 학식 있는 여성들은 [배움의] 시혜자-수혜자의 관계에 있지 못했고 그 관계는 오직 공자와 그 남자 제자를 위한 것이었다고 말한다.[1] 즉 공자는 여성을 도덕 교육의 대상으로 삼아 여성에 대해 이야기했을 뿐, 적절한 교육의 대상으로서의 여성에 대해선 이야기하지 않았다. 라팔스가 비록 두 사례들로부터 확실한 내용을 도출해내는 것에 대해 스스로 주의하였지만, 그녀는 이 두 사례에 근거하여 계속해서 말하

---

1   Raphals (2002), 285.

길 "이러한 사실들은 인간의 완전성과 자기 수양에 대한 공자의 견해가 광범위한 사회적 계층에는 적용될 수 있어도 젠더에는 그렇지 못했다는 불편한 암시를 우리에게 제공한다."[2] 그러나 역사적 서사에서 공자와 여성 사이에 사제 관계가 존재하지 않았다는 것 그 자체가, 여성이 유덕한 인격성을 이루기 위한 자기 수양이 불가능하다는 것을 시사한 것으로 해석될 필요는 없다. 다시 말해, 유교 윤리의 가치가 역사적 서사에서 여성이 유덕한 군자라고 명시적으로 언급하지 않았다는 점만으로는 결정되어선 안 된다. 그렇지 않다면, 비슷한 비판이 아리스토텔레스, 칸트, 니체와 같은 거의 모든 저명한 서구 철학자들에게 적용될 수 있는데, 그들의 윤리 이론은 대체적으로 그들의 명백히 성차별적인 저술·태도와 독립적으로 평가된다.

예를 들면 아리스토텔레스는 『동물의 발생』에서 "여성은 미완성된 남성이다."라고 말하거나, 『정치학』에서 여성의 합리성은 남성의 그것보다 덜 뛰어나다고 말하였다.[3] 이러한 논평에 비추어볼 때 아리스토텔레스적 세계에서 여성은 결함 있는 본성 때문에 지적인 사색이 불가능하다고 말할 수 있다. 여성이 윤리 영역에 진입할 수 있는 가능성을 부정하는 유사한 논술이, 칸트의 저술에서도 보인다. 칸트는 『아름다움과 숭고의 감정에 관한 고찰』에서 남녀를 구별했다. 여성은 아름다운 성별로 구체적인 외양을 다루는 아름다운 이해력을 가졌으며, 남성은 고상한 성별로 추상적인 추론을 다루는 깊은 이해력을 천부적으로 가졌다. 칸트에 따르자면, 여자는 여자의 본성 때문에 기하학, 물리학, 철학을 배워선 안 된다. "그리스적 정신으로

---

2 위의 쪽.
3 Mahowald (1994), 25, 31.

가득 차 있는 여성이나 (…) 기계론에 관한 근본적인 논쟁을 이끌었던 여성은 적어도 수염을 길렀는지도 모를 일이다."그리고 충족이유율principle of sufficient reason (역자 주: 어떠한 사실이나 명제가 성립하기 위해서는 반드시 충분한 합리적 이유가 있어야 함)에 있어서 칸트는 다음과 같이 말한다. "그녀는 [충족이유율을 골똘히 생각하는 자를 편력한] 풍자시에서나마 그것을 알아차리는 데 필요한 만큼만 알게 될 것이다."[4] 여성은 천성적으로 깊은 이해와 추상적인 추론을 할 수 없기 때문에, 여성은 또한 칸트의 법칙 윤리도 이해할 수 없다. 따라서 칸트의 의무론은 윤리의 영역에 있어 여성의 참여 가능성을 배제한다고 말할 수 있다.

마찬가지로 니체의 저작에서 '힘에의 의지will power'가 자기 삶을 변화시키는 기초로 간주되는데, 여성은 그 힘에의 의지 ─ 남성은 행사할 수 있는 ─ 가 결여된 존재로 인식된다. 에세이 "늙은 여자와 젊은 여자에 대하여"에는 "남자의 행복은 '나는 원한다'는 데 있다. 여자의 행복은 '그가 원한다'는 데 있다."[5]라고 적혀있다. 남자와 동등해지고 싶은 여자의 욕망은 니체에 따르자면 "유럽에서 진행되고 있는 최악의 진보"이다. 게다가 니체는 여자가 깨달을 수 있다는 것에 대해 확신하지 못했다. "여성들이 '여성'에 관해 쓰는 모든 것을 보면, 여성이 과연 자신에 대해서 진실로 밝히기를 원하는지 그리고 원할 수 있는지에 대해 충분히 의문을 품게 된다."[6] 그러므로 니체

---

4   위의 책, 103. 본 번역은 박진 외 역(2021)의 『칸트전집 3 비판기 이전 저작 Ⅲ (1763-1777)』, 「아름다움과 숭고의 감정에 관한 고찰」, 한길사, 96에서 인용함.
5   위의 책, 193. 본 번역은 장희창 역(2017)의 『차라투스트라는 이렇게 말했다』, 민음사, 114에서 인용함.
6   위의 책, 196. 본 번역은 박찬국 역(2019)의 『선악의 저편』, 아카넷, 300-1에서

가 보기에 약한 성별인 여성은 가둘 수 있는 재산·소유물로 취급되어야 한다. 마치 동방인들이 여성을 대하는 방식처럼 말이다.[7] 여기서 니체의 언급은 성차별적일 뿐만 아니라 인종차별적이라고도 말할 수 있다. 그러나 세 철학자의 저작 모두에서 명백한 성차별적 요소가 있음에도 불구하고 오늘날의 학자들은 아리스토텔레스의 덕윤리, 칸트의 의무론, 니체의 실존윤리의 타당성을 계속적으로 확인하고 있다. 그러므로 같은 맥락에서 자기 수양을 통한 이상적 인격을 의미하는 유교 인 개념의 타당성은, 역사적 서사에서 공자와 여자 사이의 사제관계가 존재하지 않는다거나 유학자들의 명시적인 성차별적 발언이 있었다는 것과는 관계없이 평가될 수 있다.[8]

유교 철폐가 성평등을 성취하기 위한 필수조건이 됨에 따라, 유교는 중국 여성 억압에 대한 손쉬운 타켓이자 희생양이 되었다. 이러한 관점은 서구 페미니스트들과 청말-민국 초기의 중국 상류 사인士人들에게서 공유되었다. 1919년의 5·4 운동 때 반유교 정서가 고조되었는데, 이는 새로운 문체를 요구한 지적 운동으로서 점차 정치적인 방향으로 발전하였다. 즉 청나라의 병폐와 부패를 상징하는 옛 문체를 교체할 것을 요구하는 문인들의 정치 운동이었다. 유교에 대한 숙청은 1940년대 중국 공산당 운동으로 지속되었고, 1960년대 후반에서 1970년대 초반까지의 공산주의자의 문화대혁명 기간에 절정에 달했다. 1980년대 후반과 1990년대 초반에 이르러서야 유

인용함.

7   위의 책, 199.

8   자세한 내용은 Bryan van Norden의 *Confucius and the Analects: New Essays*에 *대한* Rosenlee의 서평 *The Philosophical Quarterly* 53:213 (October 2003): 609–13 참고.

교학 연구가 부흥하였다. 마지막 왕조인 청나라가 멸망한 후부터 유교는 더 이상 국가 정치 분야의 주류적 이념이 아니었다. 비록 공산당의 정치적 레토릭에서는 유교를 명시적으로 거부하고 평등한 공산주의 유토피아를 지지하지만, 초기의 페미니스트들은 공산주의 중국이 성적으로 평등한 사회에서 거리가 멀다는 데 일반적으로 동의한다. 정치적 영역에서 유교는 고정된 성차별적이고 봉건적인 이데올로기로 간주되었지만, 유교의 숙청 및 소멸이 중국의 실제적 성평등을 가져오진 못했다.

중국의 여성 억압의 뿌리는 국가 이념으로서의 유교의 역사보다도 훨씬 더 오래되었다. 유교는 학식 있는 사회·정치 엘리트를 위한 국가 이데올로기 그 이상이다. 유교와 일상생활에서의 성억압의 연관성이 존재한다면, 그 연관성은 반드시 삶의 방식에 가까운 가족 제도에서 탐색되어야 한다. 유교는 효의 가족적 덕목, 가족 성씨의 연속, 조상숭배를 강조하였다. 가족의 존속이라는 유교의 미덕은 일종의 규범적 이상으로서, 예禮와 인仁의 개념을 뒷받침한다. 즉 중국에서의 성차별의 뿌리는 가족 제도 안에서 탐구되어야 하는데, 성씨의 연속·효행·조상숭배는 유교의 가족 덕 윤리에서 강화되었고, 이 세 가지의 문화적 의무가 수렴하여 여성에 대한 사회적 학대를 생성·유지·정당화하는 강력한 기반이 되었다. 다음에서 우리는 여아살해, 민며느리, 축첩제도, 과부의 정절, 전족 등을 살펴봄으로써, 유교 덕 윤리와 중국의 성차별주의 사이의 복잡한 연관성에 대한 여정을 시작하고자 한다. 부계, 조상숭배, 효도, 문文의 권력 사이의 복잡한 교차intersection는 중국 성억압의 문화적 기초를 형성하였다.

성억압과 유교 덕 윤리

현대 독자들이 보기에 여아살해, 민며느리, 축첩제도와 같은 사회적 관행은 명백하게도 '성차별적인' 경향을 띠고 있지만, 중국의 성억압에 대한 본 연구는 모든 남성은 압제자이고 모든 여성은 피억압자라는 단순한 논리를 돌파할 것이다. 우리는 그 공동체 안의 모든 구성원들에게 있어 그러한 관행들은 상당한 문화적, 사회적 의미를 가지고 있으며, 그러한 '성차별적인' 관행들의 지속은 남녀 모두에게서 승인되었다는 가정에서부터 출발하고자 한다. 비록 그러한 성차별적인 관행들이 여성에게 부정적인 영향과 함의를 주지만 말이다. 다시 말해서, 곧 진행될 논의에서는 여성이 남성에게 획일적으로 억압받는 아무런 생각도 없는 희생자로 규정되지 않을 것이다. 남녀 모두가 사회적, 문화적 이상에 부합하기 위하여 식별 가능한 '성차별적인' 관행을 정당화·유지·영속하는데 적극적으로 참여한 것으로 간주된다. 성씨의 연속, 조상숭배, 효도라는 세 가지 문화적 의무를 염두에 두면, 여아살해, 민며느리, 축척제도의 사회적 관행들을 보다 쉽게 이해할 수 있을 것이다. 조상숭배의 종교적 실천과 효행의 덕목으로 부호화된 부계제도에서 오직 남성만이 성씨의 유일한 소유자로서 특권을 누리기 때문에, 여성의 중요성은 남성 후계자를 생산함으로써 가계를 영속시키는 데 성공하였는가로 축소·환원된다. 여성의 순전히 기능적인 역할은 남성 후손을 확보하는 것을 우선시하는 문화 제도와 결부되어 있는데, 이는 특히 여아살해 및 축첩제도의 사례에서 두드러진다.

다른 지역과 비교해보았을 때 중국 사회의 여아살해 관행이 얼마나 널리 퍼졌는지는 확실하지 않지만[9] 남아와 여아의 출생을 상징하기 위해 서로 다른 의례품을 도입하는 『예기』의 상징적 제스처로 볼 때, 남아에 대한 문화적 선호 현상은 분명히 존재하였다. 일찍이 진나라 말에서 한나라 초기 문헌인 『한비자』에서 여아살해의 사회적 관행을 찾아볼 수 있다. "아들을 낳으면 부모들은 서로 축하하지만 딸을 낳으면 죽여버린다. 이들이 다 같이 부모의 품안에서 나왔지만 아들은 축하 받고 딸은 죽는 것은 그 후의 편의를 생각하여 먼 이득을 계산하기 때문이다."[10] 여아살해 관행이 주기적으로 이루어졌다는 점은 6세기 관방학자인 안지추顔之推(531-591)가 작성한 『안씨가훈』에서도 발견된다. 그는 이러한 관행을 강력하게 비난하면서 "오늘날 사람들은 딸을 기르고 싶어 하지 아니하여 자신의 골육을 죽이는데, 이러하고도 어찌하여 하늘의 복을 기대한단 말인가?"[11]라고 하였다. 그 관행이 널리 퍼졌건 아니건 간에, 『한비자』에서 암시하듯 여아살해는 남아를 얻을 가능성을 확대하고 남자 후손의 양육을 위하여 제한된 가족 자원을 [미리] 확보하려는 전략이다. 남자 후손이 존속하여야만 연로한 부모가 존속할 수 있고, 그 가문도 존속할 수 있기 때문이다.

같은 이유로 본처가 불임이거나 남자 후손을 생산하지 못했을 때

---

9 예를 들어 Holmgren (1981), 158 - 63에서 중국에서 여아살인 관행이 성행했는지에 대한 의문이 제기된다. Holmgren의 에세이는 19세기 말과 20세기 초 중국에 초점을 맞추고 있다. 영아 살해에 대한 최근의 연구로는 Croll (2000), 3장 참조. Croll은 오늘날 중국에서도 소녀의 탄생은 여전히 가족에게 실망감을 안겨주기에, 어머니와 딸 모두에 대한 학대, 방치 및 유기를 초래한다고 주장한다.

10 『한비자』, 「육반六反」; Cai Xianlong (1979), 87에서 인용. 본 번역은 이운구 (2002)의 『한비자 II』, 한길사, 843에서 인용함.

11 『안씨가훈』, 5장, 「치가治家」. Chen Dongyuan (1937), 66 - 67; Ping Yao (2003b) 참조.

첩을 취하는 것은 사회적으로 용인되었을 뿐만 아니라 오히려 문화적 의무사항이었다. 남자 후손을 낳는 데 실패하는 것은, 맹자에 따르자면 가장 큰 불효이다. "불효에는 세 가지가 있으니, 후사後嗣가 없는 것이 가장 나쁘다."[12] 남자 후손의 중요성은 '칠거지악七去之惡'이라는 성문법/관습법에서도 강조된다. 칠거지악은 『공자가어』나 『열녀전』과 같은 한대 문헌에서 찬동되었는데, 이들 문헌에 의하면 아내가 남아를 낳는 데 실패하면 그것은 아내를 내쫓을 합법적인 근거가 되었다.[13] 이론적 수준에 있어서 이미 법적인 아내가 있는데도 첩을 취할 수 있는 단 하나의 윤리적 근거는 남자를 낳기 위함이다. 한대 문헌 『백호통』의 설명에 따르자면, 첩의 기원은 가문의 존속을 보장하기 위함이다. "경卿과 대부大夫가 처를 한 명 두고서도 첩을 두 명을 두는 것은 어째서인가? 현자를 존경하고 가계를 계승하는 것이 중요하기 때문이다." 첩을 둘 수 있는 숫자는 지위에 따라 계층적으로 매겨진다. 천자는 9명, 귀족은 2명, 일반 관원은 1명의 첩을 둘 수 있다.[14]

실제에 있어서는 부유한 사람들은 종종 그러한 윤리적 원리에서 벗어나곤 하였다. 그러나 축첩제도는 부유하고 권력 있는 자들의 성적 특권 그 이상이었다. 남자 후손을 갖는 것은 효행의 필수적 표현으로 간주되었고, 국법으로도 승인되었다. 일찍이 북위北魏(386-534)의 한 관리는 남자 후손이 없는 자들은 반드시 첩을 들여야 하고 그렇지 않으면 '불효죄'에 처하자는 칙령을 반포하자고 제안하였다.[15]

---

12 『맹자』 4A/26; Legge (1960)II, 313.
13 『공자가어』, 26장, 「본명해」. 또한 『열녀전』, '송포여종宋鮑女宗(2.7)' 이야기 참조.
14 『백호통』, 「가취」; Tjan Tjoe Som (1952)I, 251, 257 참조.

그리고 그 이후의 원명 시대의 황실 법령에선, 40세가 넘은 모든 서민들 가운데 남성 후손이 없으면 가문의 존속을 위하여 반드시 첩을 들여야 한다고 명시되어 있다.[16] 따라서 중국학자 플로렌스 아이스코프Florence Ayscough가 1930년대 후반에 쓴 것처럼, 축첩제도는 남성 후계자가 조상숭배를 수행하도록 요구하는 가족 시스템과 사회 구조의 필연적인 산물이다.[17] 이러한 점에서 전근대 중국에서의 성 억압은 효, 부계, 조상숭배와 맞물려 있는 것으로 해석될 수 있다.

성억압과 유교의 교차점은 이 세 가지 문화적 의무와 유교 덕 윤리의 상호강화에 있는데, 이로써 효의 가족적 덕목은 공적 덕목의 원천이 된다. 효는 『서경』이나 『시경』 같은 고대 문헌이나 유교 『사서』에서 자주 등장하는 주제이다. 가족에 대한 효도는 조상(즉 가문)에 대한 존경과 떼려야 뗄 수가 없다. 선조의 유지를 이어나가고, 부모를 공경하고, 혈통을 이어가는 것은 최소한의 효행이다. 예를 들어 『서경·상서商書』에서는 다음과 같이 말한다. "왕께서는 당신의 덕을 힘쓰시어 당신의 열조烈祖를 살펴보아 한시도 편안하고 태만하지 마소서. 선조를 받들 때에는 효성孝誠을 생각하소서."[18] 또한 『서경·주서周書』에서는 다음과 같이 말한다. "의화義化 아저씨여! 당신은 능히 너의 훌륭하신 조상을 밝히라. 당신이 비로소 문왕과 무왕을 본받아 흩어진 세력을 모으고, 완전히 끊어진 군주의 가계를 이으라. 당신의 효는 당신의 훌륭한 선조에게 돌아갈 것이니 (…)"[19] 같은 맥

---

15 Cai Xianlong (1979), 98 – 99 참조.
16 위의 책, 99.
17 Ayscough (1937), 54; O'Hara (1945), 3.
18 Legge (1960)III, 208 참조. 본 번역은 성백효 역(2013)의 『서경집전 書經集傳 上』, 전통문화연구회, 314-5에서 인용함.

락에서, 무왕은『시경』에서 선조의 길을 걸었다는 것으로 찬사를 받았다. "후계자가 우리 주나라에서 [선조들의] 발자취를 밟으니, 대대로 현명한 왕이 계셨다. (…) 무왕은 주나라 수도에서 선조들의 훌륭한 후계자였다. (…) 그는 왕이 지녀야 할 믿음을 이루어 세상 사람들이 본받는 바가 되었다. 영원히 효를 하시길 생각하시니, 그의 효하는 마음은 본받는 바가 되었다. (…) 영원히 효를 하시길 생각하시니, 밝게 선조의 일을 이으셨다."[20] 이 고대 경전에서 볼 때, 효와 가문의 지속은 떼려야 뗄 수가 없다.

공자에게 있어서 효는 사적인 덕목도 아니고 가족 제도에만 적용되는 것도 아니라는 것을 유념해야 한다. 예를 들어『논어』에서 효는 정치적 영역에서 모범적인 사람들이 갖는 도덕적 특징의 원천으로 인식된다. "그 사람됨이 효도하고 공경하면서 윗사람을 범하기를 좋아하는 자가 드무니, 윗사람을 범하기를 좋아하지 않고서 난을 일으키기를 좋아하는 자는 있지 않다. 군자는 근본을 힘쓰니, 근본이 확립되면 인의 도가 발생하는 것이다. 효와 제는 그 인의 근본일 것이다(1.2)." 가족 영역에서의 효는 정치 영역에서의 도덕적 능력의 기초다. 이러한 연관성은 앞서 인용한『시경』의 무왕 사례에서도 입증되는데, 무왕의 효행은 나라를 수호한 선조의 빛나는 공적을 이어나간 그의 도덕적 능력과 직결된다. 효도의 실천이 부모로부터 시작된다는 것은 옳다. 그러나 효의 영역은 가족을 넘어 국가까지 확장된다. 한대의 경전인『효경』에 따르면, 효는 가족 영역의 부모를 섬기는 것에서부터 시작하여, 부모를 드높이고 가문을 빛내기 위하여

---

19 위의 책, 618.
20 Legge (1960)IV, 458 – 59.

정치 영역에서 국가를 섬기는 것으로 완결된다.[21] 간단하게 말해서 효는 광대한 정치적 미덕一국가를 위해 최선을 다하는一의 훈련장이다.

또한 효는 부모의 뜻에 대한 절대적인 복종·예속을 요구하지 않는다. 예를 들어 순舜 임금은 결혼할 때 자신의 사악한 아버지의 뜻을 거역하였지만, 순 임금은 효행의 본보기로 여겨진다.[22] 효행은 그 귀결과 상관없이 부모가 시키는 대로 하는 것보다, 부모를 섬길 때 합당하고 선한 일을 하는 것과 더욱 관련이 있다. 혼인 예법과는 달리, 순 임금은 사악한 아버지에게 요堯 임금의 두 딸과 결혼한다는 사실을 알리지 않았다. 사악한 아버지가 그 결혼을 반대했더라면 순 임금의 혈통을 이어갈 사람이 없었을 것이라는 점에서, 순 임금의 거역 행위는 정당화되었다. 순 임금은 사악한 아버지의 뜻을 따르지 않았고 의롭고 선한 일을 했으므로, 그는 누구보다도 가장 효를 실천한 사람이 되었다.

효자는 부모의 뜻을 거역할 의무가 있는데, 마치 선한 신하가 불의할 때엔 군주의 명령을 거역하는 것과 같이 말이다. 순자는 아들의 올바른 길[子道]에 대해 다음과 같이 썼다. "효자가 부모의 명을 따르지 않는 경우가 세 가지 있다. 명을 따르면 부모가 위태롭고, 명을 따르지 않으면 부모가 편안할 때 효자가 그 명을 따르지 않는 것은 바로 충정이다. 명을 따르면 부모가 욕되고, 명을 따르지 않으면 부모에게 영광이 될 때 효자가 그 명을 따르지 않는 것은 바로 마땅

---

21 『효경』, 1장, 「개종명의開宗明義」. 번역으로는 Patricia B. Ebrey (2003a), 374
   -75 참조.
22 『맹자』 5A/22; Legge (1960)II, 345-46.

하다. 명을 따르면 금수처럼 되고 명을 따르지 않으면 체면이 설 때 효자가 그 명을 따르지 않는 것이 바로 공경이다." 순자가 설명했듯이, 큰 효도는 바로 "도를 따르고 그 군주를 따르지 않으며 의를 따르고 그 부모를 따르지 않는 데"[23] 있다. 비슷하게 『효경』에서 우리는 좋은 신하가 군주에게 간언할 의무가 있는 것처럼 부모의 잘못이 있으면 부모에게 간언하는 것이 효자의 의무임을 배울 수 있다.[24] 맹자에게 있어서 큰 효도는 순 임금의 사례에서 계발되어 말해본다면, 자신의 사악한 아버지를 변화시켜 선한 것에 기뻐하게 하도록 하고 천하를 교화하여 [천하의] 아비와 아들이 모두 각자의 의무[아버지의 자애와 아들의 효도]를 다할 수 있도록 하는 순 임금의 능력과 같다.[25]

효가 가족적이든 정치적이든 간에, 효는 기본적인 덕목으로 해석된다. 『서경』에서 언급되고 『효경』에서 반복되듯, 부모에게 불효하거나 형에게 무례한 것은 가장 큰 죄로 여겨진다.[26] 부모와 돌아가신 조상에게 효도하는 것은 한 인간의 도덕적 가치에 대한 최소한의 자격 조건으로 간주된다. 『맹자』에서 언급된 것처럼 "어버이에게 마음을 얻지 못하면 사람으로 간주될 수 없으며, 부모와 원만하게 일치하지 못하는 사람은 아들로 간주될 수 없었다."[27] 부모에 대한 효도는 인간다움을 나타낸다. 하지만 부모에게 효도한다는 것은 부모에게 음식을 제공하는 능력 그 이상을 의미한다. 공자가 말한 것처럼

---

23 『순자』, 29장, 「자도子道」. 본 번역은 이운구(2018)의 『순자 2』, 한길사, 339-40 에서 인용함.

24 『효경』, 15장, 「기효행紀孝行」. Ebrey (2003), 378-79 참조.

25 『맹자』 4A/28; Legge (1960)II, 315.

26 Legge (1960)III, 392. 『효경』, 11장, 「오형五刑」; Ebrey (2003), 378.

27 『맹자』 4A/28; Legge (1960)II, 314.

"오늘날의 효라는 것은 부모에게 [물질적인] 봉양을 하는 것으로 간주된다. 그러나 개와 말에 있어서도 그러한 봉양이 있다. 당신의 부모를 공경하지 않는다면 무슨 다름이 있겠는가?"(『논어』 2.7.) 효의 의미는 부모가 살아계실 때 예로 섬기고, 부모가 돌아가셔서는 부모를 예로 애도하고 제사 지내는 것이다(『논어』 2.7 참조). 이와 비슷하게 『예기』에서도 "그러므로 효자가 어버이를 섬길 때에는 세 가지의 방식이 있으니, 살아계실 때에는 봉양하고, 돌아가셔서는 상을 지내고, 상을 마치면 제사를 지내는 것이다."[28]라고 하였다. 『효경』에서도 효도에 대한 유사한 정의가 이루어진다.[29] 결국 인의 근본인 효는 사실상 상·장례 및 조상 제사와 사실상 얽혀져 있다.

혼인 의례에 있어 조상 제사와 삼년상의 중요성은 분명하다. 『예기』에서 언급한 대로 혼인의 목적은 크게 두 가지로, 종묘 제사와 가계의 존속을 유지하는 데 있다.[30] 이 두 가지가 아내를 취하는 주된 목적이라는 점을 감안할 때, 아내의 지위도 그것들에 의해 정의된다는 것은 놀라운 일이 아니다. 특히 아내는 첩과 그 지위가 다른데, 그것은 바로 남편이 사당에서 제사를 지낼 수 있도록 돕는 아내의 의례적ritual 의무에서 두드러진다. 첩이 남편의 집에 들어갈 때 본처에게 먼저 차를 올리는 것이 첩에게 요구되는 유일한 의례적 의무이기 때문에 첩은 본처의 도우미로 간주된다.[31] 상징적으로 첩은 본처의 연장extension이며, 따라서 그녀는 남자 후손을 영속시키는 본처의

---

28 『예기』, 「제통祭統」; Legge (1967)II, 237–38 참조.
29 『효경』, 10편, 「기효행」; Ebrey (2003), 380 참조.
30 『예기』, 「혼의」; Legge (1967)II, 428 참조.
31 Watson (1991a), 240 참조.

기능을 공유한다. 몇몇 역사적 사례에서, 본처는 남편 가문의 존속을 위하여 첩을 들인다. 그 사례가 바로 송나라 유학자인 사마광이다. 사마광은 첩에 관심이 없었지만, 그가 아들이 없었기에 사마광의 본처와 누이는 그를 위하여 첩을 얻었기.[32]

그러나 첩은 사당에서 제사를 관장하는 본처를 대신할 수는 없었고, 남편의 부모를 직접 섬기는 것도 허용되지 않았다. 왜냐하면 그 두 의무는 부계 가족의 일원으로 간주되는 법적 아내에게만 귀속되었기 때문이다.[33] 조상숭배는 본처의 주된 의무이며, 결국 본처의 지위는 숭배 행사의 참여에 의해 정의된다. 사실 전통적인 설명에 따르자면, 혼인의례의 완결은 사당에서 조상께 아내를 보이는 의례로 특징된다. 『백호통』에서 설명한 것과 같이 "아내가 [남편의 집에] 들어간 지 3달 뒤에 [남편의 조상을 위한] 제사에 참여할 수 있다. (…) 만약 여자가 사당에 [남편의 조상을] 뵙지 못하고 죽었다면 [시신을] 친정집의 마을에 돌려보내 장을 치르게 하니, 아직 정식으로 며느리가 되지 못했음을 나타내는 것이다."[34] 이 밖에도 『공자가어』에서는 '아내를 내쫓지 못하는 3가지 경우[三不出]'의 관습법을 언급하고 있는데, '칠거지악'에 해당되는 아내더라도 삼년상에 참여한 경우라면 아내를 내쫓을 수 없는 세 가지 경우 중 하나에 해당한다.[35] 다시 말해서 아내가 시댁의 제사와 장례에 참여하는 것은 아내와 남편의 항구적인 결합을 의미하며, 이로써 그녀는 가계에서 영구적인 지위를

---

32 Ebrey (1992), 635 참조.
33 Watson (1991a), 243.
34 『백호통』, 「가취」; Tjan Tjoe Som (1952)I, 250 참조. 또한 『예기』, 「증자문曾子問」; Legge (1967)I, 322 참조.
35 『공자가어』, 26장, 「본명해」.

갖는다. 여성이 자신의 합법적인 사회적 지위를 마련할 수 있는 것은 남편의 가문에서 영구적인 지위를 획득함으로써만 가능하다.

결혼을 하지 않는다면 여성은 사실상 영구적인 사회적 지위를 가질 수 없다. 가문을 이어나가는 것의 중요성을 감안할 때, 결혼은 여성뿐만 아니라 남성에게도 가장 중요한 통과 의례이다. 결혼만이 여성의 합법적인 사회적 위치를 규정짓지만, 남성은 그렇지 않다. 즉결혼은 남성과 여성 모두에게 성년이 되었다는 표식일 뿐만 아니라, 더욱 구체적으로는 여성성의 표식이기도 하다. 이 책의 3장에서 음양 개념에 대해 논의했는데, 중국 사회에서 '여성'의 범주는 아내, 어머니의 역할을 의미하고, 따라서 아내와 어머니의 역할은 여성의 성정체성을 구성하는 것으로 인식된다. 이러한 친족적 역할은 여성의 '핵심' 개념에 외부적으로 더해진 것이 아니다. 여성이 사회적으로 인정받는 여성이 되기 위해서는 이러한 친족적 역할을 통해서만 가능하다. 결혼은 여성성의 결정적인 지표이며, 따라서 당연하게도 미혼 소녀는 어떤 의미에서 완전히 젠더화되지 못했다. 결혼하기 이전에 딸이 친정에 머무르는 것은 임시적인 것으로 개념화된다. 한마디로 미혼 소녀는 차례를 기다리는 여성 즉 과도기의 인간이다.

결혼한 여성이 친정의 조상을 모시는 것은 허용되지 않는다. 그녀는 이제 친정 식구에게 있어 낯선 사람과 같으며, 대신에 그녀는 남편 가문의 사람으로 간주된다. 결혼 생활에서 남편 가문에서 갖는 여성의 영구적 지위는 조상숭배에 참여하고 남자 후손을 낳는 것으로 규정된다. 이러한 문화적 제약을 감안할 때, 여아살해나 축첩제도와 같은 사회적 관행에 참여하여 남편 가문에서 영구적인 사회적 지위를 확보하는 것이 여성에게는 가장 큰 이익이다. 같은 이유로 여성은 민며느리의 관행에 참여한다. 여성들은 일반적으로 어린 여아를 아들의 예비 신부로 삼음으로써, 가계―시어머니도 여기에 포함되어 있다―의 남자 후손을 생산할 의무를 물려받을 예비 신부의 충성을 [미리] 확보하고자 한다. 중국의 성차별적 관행에서 이러한 세 가지의 문화적 의무(효, 조상숭배, 가계존속)는 사실상 남녀에 대한 하나의 기본적인 요구로 수렴된다.

여성이 가계에서 자신의 지위를 확보하기 위해 남성 후손의 생산을 우선하는 데 참여하는 것은, 필연적으로 여성 인격의 익명적 측면을 반영하고 있다. 여성의 인격은 전적으로 '외' 영역 밖에 존재하는데, 이 '외外'의 영역―즉 문학 학습의 영역, 윤리·정치적 성취의 영역, 기억의 영역―에서 사람들의 성씨가 전승되고 명성이 기억될 뿐이다. 결혼의 목적에 대한 『예기』의 정의와 함께 성별 구분으로서 내-외 구분은, 가족 구조에서 여성의 존재를 순전히 기능적이고 대체할 수 있는 것으로 만든다. 아내와 어머니라는 '내' 영역에 국한된 여성의 성역할은, 자신의 [고유한] 인격을 나타내는 뚜렷한 표식이 되지 못한다. 그녀는 한낱 남성 후손의 지속을 위한 기능적인 수단일 뿐이다. 가족 성씨와 자신의 명성을 갖는 남자와는 달리, 여자는 남편의 가문에서 친족 호칭이나 명확하지 않은 신분적 용어를 가질 뿐이다. 예를 들어 한나라의 반소는 저명한 친정가문과 자기 자신의 문학적·정치적 성취를 가졌음에도 불구하고, 일반적으로 '조대가曹大家'라고 불린다. 남편의 성이 그녀의 본래 성인 '반'을 대신하였고 그녀의 이름 '소'는 친족적 존칭인 '대가大家' 혹은 '대고大姑'로 대체되었다.[36] 결국 여자는 남편 가문의 혈통으로만 언급되고 기억될 뿐이다.

그러나 루비 왓슨이 관찰한 것처럼 중국 세계에서 이름은 변혁적인 힘을 가지고 있는데, 남성의 사회적 성장은 호칭에서 표지되고 확장되기에 이름을 붙이는 절차는 남성의 중요한 사회적 [지위]의 전환을 규정한다.[37] 성씨는 혈통에서 자신의 위치가 처음 위치한 부모-친족 관계를 나타낸다. 자字는 문단에서의 자신의 풍격을 나타내고, 관직과 시호는 가족 영역을 넘어선 정치적 성취를 나타낸다. 이름[名]은 타인과의 외적 관계를 나타내고 인격의 장場을 확장한다. 이름이 많아질수록, 그의 인격적 성취는 더욱더 풍부해진다. 이에 반해 '내인內人(남성이 아내를 지칭하는 관례적 용어)'인 여성은 이름이 없다. '내'에 국한되고 은폐되었기 때문에 여성은 일반적으로 개인적 성취의 영역 밖에 있으며, 그러므로 여성은 기억의 영역 밖에 있다. 딸, 아내 또는 어머니로서의 여성의 지위는 전적으로 그녀의 남성 상대방에 의존하고 있으며, 그녀는 그녀 자기 자신의 고유한 표식이 없다. 왓슨이 주장했듯이, 남성의 기준에서 판단해보자면 "여성은 참으로 완전한 인격을 체현할 수 없다."[38]

여성 인격의 익명적 측면은 문맹의 농민 여성에게만 국한되는 것이 아니다. 여성의 사회적 지위와 무관하게 고대부터 여성은 계급(즉 관직)이 주어지지 않았다. 『백호통』에서 설명하길 "부인은 어찌하여 작위가 없는가? 낮은 음陰은 바깥의 일을 하지 않기 때문이니, 이 때문에 '삼종지도'의 뜻이 있게 되었다. 아직 결혼을 하지 않았으

---

36 『후한서』의 반소 전기를 참조할 것. Swann (1968), 4장, 「The Life of Pan Chao」 참조. 친족 호칭은 '대가'에 대해선 『여효경』을 참조하고 이에 대한 번역은 Patricia B. Ebrey (2003b), 380-90, 374n2 참조.

37 Watson (1986), 619.

38 위의 쪽.

면 아버지를 따르고, 시집을 가서는 남편을 따르며, 남편이 죽어선 아들을 따른다. 그러므로 남편이 조정에서 존경을 받으면 아내 [역시] 집에서 영예를 얻으니, 남편의 발자취를 따른다."『예기』에서 "부인에게 작위가 없으니 남편의 작위를 따른다"라고 말한 이유가 바로 여기에 있다. 생전에 작위가 없었던 사람은 사후에도 시호를 받지 못한다.[39] 결과적으로 여성들은 전적으로 의존적인 존재이며, 문학을 포함한 '외'의 영역에서 사회적 명예를 위한 어떠한 공식적 수단도 허용되지 않는다. 상반되게도, 문은 남성의 특권으로 여겨진다.

문文(문화의 방식)은 무武(힘의 방식)와 반대로 남성만의 특권이다. 캠 루이雷金慶, Kam Louie와 루이스 에드워드Louise Edwards는 문과 무의 중국적 남성성에 대한 그들의 이론적 작업에서 분명하게 말하길, 서구와 달리 [중국에서] 무(무예)는 '남성성'의 표식이 아니다.[40] 문(문명적이고 세련된 존재방식)과 비교해볼 때, 무는 말하자면 남성성의 열등한 형태이다. 비록 유학의 자기 수양 전통에서 문과 무의 균형을 지속적으로 강조해왔을지라도, 공자라는 전통적 표상—문의 문화적 아이콘이며 최초이자 가장 중요한 스승—은 문을 무보다 강조한 점을 잘 보여준다. 유학은 성현의 학문으로 간주되며, 덕치德治라는 성현들의 고대 전통의 서사는 무[무력]보다는 문[인간적인 통치]에 의존한다. 유학은 성인의 인간적 통치 방식에 모델을 두고 있는 문학 학습에 가까우며, 이러한 유학은 문·통치·'외' 영역 사이의 복잡한 상관성을 강화한다. 한마디로, 문은 남성의 특권이다.

문이 남성의 특권이라는 점은, 과거시험에서 가장 두드러지게 나

---

39 『백호통』, 「작爵」.
40 Louie and Edwards (1994), 135–48.

타난다. 과거시험은 대체적으로 유교의 『사서오경』에 근거하고 있는데, 과거시험에선 여성이 [유교경전에 대해] 배웠건 배우지 않았건 간에 모든 여성의 시험 참여가 배제된다. 그러나 문과 비교하여 무[무예의 숙달]는 실제로 여성들이 보다 쉽게 접근할 수 있었으며, 이는 서구의 상황과는 현저한 대조를 이룬다. 중국의 역사기록에는 황실에 의해 인정된 저명한 수많은 여자 장군이나 여자 영웅이 등장하는데, 이를테면 당대의 평양平陽 공주, 송대의 양홍옥梁紅玉, 명대의 심운영沈雲英 과 진양옥秦良玉, 청대의 임보청林普晴 이다. 6-7세기의 화목란花木蘭 과 10-11세기의 목계영穆桂英 등의 전설은, 오늘날의 드라마와 연극을 통해 회자되는 대중적인 이야기이다.[41] 그러나 중국 역사에서 조정 최고 관직인 재상을 역임한 여성은 없었다. 후대 남성 관방 역사학자들의 스승이자 태후를 포함한 궁정의 고위층 여성들의 멘토였던 반소조차도, 조정으로부터 공식적인 관직을 수여받은 적이 없다. 죽은 오빠의 유지에 따라 『한서』집필을 완성한 데 대한 그녀의 공헌 역시 인정받지 못했다. 여성이 '외' 영역에서 배제된 것은 여성의 국정 참여를 은폐할 뿐만 아니라 여성의 문학적 성취를 어떠한 윤리·정치적 함의도 갖지 못하게 함으로 불필요한 사회적 잉여로 간주한다. 그리고 그 은폐는 차례로 세 가지 문화적 의무—효, 조상숭배, 가계 존속—을 수행하기 위한 아내와 어머니로서의 여성의 순전히 기능적인 역할을 강화한다.

---

[41] Li Yu-ning (1992), 106. 「목란사木蘭辭」의 번역으로는 Robin R. Wang (2003), 250 – 54 참조.

사례 연구: 과부제와 전족

명청 시대에 절정에 달한 과부 열풍과 천 년 동안 지속된 전족 관행은 가문의 혈통을 위한 남성 후손의 출산을 선호하는 총체적인 문화 구조와는 상관있어 보이지는 않는다. 과부 열풍에 있어서, 특히 아들이 없는 과부나 결혼 전에 혼자가 된 어린 과부를 추앙하는 것은 가계를 지속해야 하는 문화적인 의무와 배치되는 것으로 보인다. 사실 과부가 재혼하지 않겠다는 자신의 결정을 확인하는 것은 관습적인 부모의 권위, 즉 친족 구조에서의 연소자에 대한 연장자의 위계적 권력에 도전하는 것이다. 특히 명청 시대에는 과부가 재혼을 하지 않겠다는 의지는 법적·사회적으로 인정된 친족 구조에서의 연장자의 권위보다도 우선했다. 한마디로 과부 열풍은 남성 후손을 영속시키는 데 공식적인 목적을 수행하지도 않으면서 부모의 권위에 도전하기에, 중국 가족 시스템에서 가정된 부계적·위계적 구조를 강화한다기보다는 불안정화하는 것으로 보인다. 전족의 경우에 있어서는 묶여진 한 쌍의 발과 남성 후손의 영속에 어떠한 연관성이 있는지가 훨씬 모호하다. 그리고 1636년에서 1902년까지 청나라 조정에서 전족 참여자에 대해 가혹한 형벌을 내리겠다고 위협했음에도 불구하고, 이 관행은 한족에게서 계속 지속되었을 뿐만 아니라 비한족 심지어 한반도에까지도 퍼졌다. 1997년 말까지 중국의 시골에선 전족을 하고 있는 노파를 여전히 발견할 수 있었다.[42] 이러한 사회적 관행, 즉 가

---

42 Jackson (1997), 1. 한반도 여성의 전족 관행에 대해선 Levy (1966), 253‒54 참조. 역자 주: 한국인 독자들의 이해를 돕기 위해 Levy의 주장을 요약하면 다음과 같다. 1875년 무렵 조선에 온 청나라 사신들은 발을 묶은 여인들을 보았다. 발가락을 아래로 구부러뜨리는 중국과는 달리, 조선의 여인들은 발가락들을 가깝게 밀착시켰다. 1962년 Levy는 서울에서 한 여성과 인터뷰 조사를 하였다. 한국의 양반

계를 존속시키는 공식적인 목적을 수행하지도 않으면서 사회적으로 승인된 여성 폭력의 형태들을 어떻게 이해해야 할까? 그리고 유교 덕 윤리와 널리 받아들여진 사회적 관습들(과부제도 및 전족) 사이에 연관성이 존재한다면, 어떠한 연관성이 존재할까?

우선 과부의 정절은 실제로 원나라 때까지 규제적·사회적 이상이 아니었으며, 명청 시대에 이르러서야 과부 정절이 고조에 달했다. 그리고 신유학[성리학]과 과부제도가 상관관계가 있다는 주장에도 불구하고, 유교의『사서』에선 과부의 정절에 대한 강조가 전혀 이루어지지 않는다.『오경』중에『예기』와『역전』에서만 남편이 죽은 후에도 아내의 미덕의 일부로서 정절과 충정을 유지하는 것에 대한 명시적인 언급을 찾을 수 있다.[43] 고대에는 과부의 재혼이 일반적인 관행이었다. 사실 공자의 아들이 죽은 뒤 그 과부는 위나라로 가서 재혼하였으며, 공자의 손자인 자사子思는 자신의 어머니를 여전히 애도하였다.[44] 진나라 이전에는 과부나 과부의 재혼에 대한 사회적 낙인이 존재하지 않았다. 대신에 과부나 홀아비가 없어야한다는 것이 각국의 사회정책이었는데, 아무도 돌봄을 받지 못하고 남겨져서는 안되기 때문이다. 기원전 4세기 문헌인『관자』에서는 이러한 정책에

계층들(양반 남자도 포함한다)은 버선을 신어 노동을 하는 서민들보다 빌이 직길 기대하였다. 발 큰 소년들은 "소도둑[의 발]처럼 크다"고 비난을 받았다.

43 『예기』,「교특생」; Legge (1967)II, 439 참조.『역경』의 항恒괘; Wilhelm/ Baynes (1961), 135 참조.『시경』의 45번째 시인「용풍鄘風·백주柏舟」는 전통적인 관점에 따르면, 어머니가 재혼하도록 촉구하는 것에 대한 과부의 항의로 해석된다. 이 시는 과부의 정절을 부녀자가 지켜야할 덕의 일부로 본『예기』의 명시적인 명령과는 상이하다. 오히려『시경』의 이 시는 과부가 재가를 하도록 촉구 받았음에도 불구하고 그대로 과부로 남겠다는 자신의 결의를 표시하기 때문이다. Legge (1960)II, 73 - 74 참조.

44 『예기』,「단궁」. Legge (1967)I, 151 - 52, 152n1 참조.

대해 다음과 같이 명시적으로 말한다. "무릇 성읍과 국도에 모두 장매掌媒라는 관원을 파견한다. 아내가 없는 남자를 홀아비라 하고, 남편이 없는 여자를 과부라 한다. 홀아비와 과부를 서로 연결시켜 만나게 하니 (…) 이를 합독合獨 이라 한다."[45] 비슷한 견해가 『맹자』에서도 언급된다. 맹자는 제나라 선왕에게 남녀 모두가 그들의 짝을 만날 수 있는 사회 정책을 수립하여, '외'에 아내가 없는 남자가 없게 하고 '내'에는 남편이 없는 여자가 없도록 하라고 조언하였다. 왜냐하면 결혼은 남녀 모두가 공통으로 바라는 것이기 때문이다.[46]

『예기』에 따르면 결혼의 목적은 조상숭배 및 혈통의 존속과 연관되어 있다. 이 조상숭배와 혈통 존속 두 가지 모두는 효라는 근본 덕목의 필수적인 표현들이다. 혼인예식을 통하여 신랑은 아버지의 역할을 맡고 신부는 어머니의 역할을 하게 되며, 이로써 그들은 성인이 된다. 다시 말해, 결혼은 남녀 모두가 합법적인 사회적 위치와 역할을 맡을 수 있는 사회적 기회를 제공한다. 과부나 홀아비는 그들이 결혼을 했건 하지 않았건 간에, 위계적인 친족 시스템—결혼에 전적으로 기초하는—에서 모호한 사회적 지위를 차지하며, 어떠한 공식적인 사회적 기능을 수행하지도 못한다. 남자 후손을 갖는 것의 중요성을 감안할 때, 홀아버지와 과부 특히 아들이 없는 자들은 당연히 재혼하도록 장려되었다. 실제 역사에서 저명한 인물의 홀어머니나 과부 딸이 재혼한 사례는 무수히 많다.

그럼에도 불구하고 남편과 아내 사이의 평생 가는 유대를 표현하

---

45 Dong Jiazun (1979), 139 – 40. 또한 Niu Zhipin (1995), 131 참조. 본 번역은 김필수 외 역(2012)의 『관자』, 소나무, 672에서 인용함.
46 『맹자』 1B/5; Legge (1960)II, 163 – 64; 『맹자』 3B/3; Legge, 268 참조.

는 과부 관행은 한나라 시대 이후부터 사회적 덕목으로 인식되었다. 과부의 정절·충정과 올바른 군주에 대한 유덕한 신하의 정치적 충성이 갖는 전통적 은유는 과부의 위신을 고조시켰다. 이렇게 오랫동안 인정받은 여성적 미덕은 명말청초에 이르러서야 전례 없는 주목을 받게 되었다. 그 때에는 과부가 단지 찬사를 받았을 뿐만 아니라 자신의 고결함을 수호한다는 명목 아래 자기희생과 자결이라는 기이한 행위도 행해지게 되었다. 자세히 논의하겠지만, 명말청초에 '내' 영역에서 과부 추앙에 대한 관심이 고조된 것은 '외' 영역에서 정치적 충성이 강조된 것과 얽혀있다.

재혼을 부정시하는 최초의 성문법령은 진나라 때에 제정되었다. 진시황은 자녀를 낳고서도 재혼하는 사람을 정숙하지 못한 죄로 처벌할 것을 명령했다. 그러나 배우자의 정절에 대한 진시황의 강조는 여자뿐만 아니라 남자에게도 적용되었으므로, 칙령에는 정숙하지 않은 남편을 죽이는 것 역시 무죄라고 명시되어 있다.[47] 전한 시대 (기원전 58년)에 정절을 지킨 과부에게 최초로 황실의 영예가 수여되었다. 효행, 화목한 가정, 여성의 순결, 심지어 장수長壽와 같은 사회적으로 인정받는 덕목들과 마찬가지로, 과부는 처음으로 황실이 수여한 '정표旌表'의 영예를 받게 되었다.[48] 전한 시대의 『열녀전』 저자인 유향과 후한 시대의 『여계』 저자인 반소는 또한 여성의 순결과 과부의 정절을 여성적 덕목의 일부로 옹호하였다. 그러나 한대에 과부의 재혼은 드문 일이 아니었는데, 심지어 왕족과 고위 관리들 사이에서도 말이다. 한나라가 멸망한 후에 중국은 세 개의 경합하는

---

47 Liu Jihua (1995), 103; Dong Jiazun (1979), 140 참조.
48 Elvin (1984), 11 – 12.

국가로 나뉘었고, 공교롭게도 삼국의 건국자들은 모두 과부와 결혼하였다.[49] 이로써 한나라 때부터 과부의 효행과 정절이 사회적인 미덕으로 인정받기는 하였지만, 아직 사회적 현실에서는 과부제도가 널리 행해지고 있지 않았음을 유추할 수 있다.

과부가 재혼하는 것을 금지한 황실의 명령은 수대(581-618)에 이루어졌다. 6세기 후반에 내려진 이 칙령에서는 9품 이상 관원의 아내와 5품 이상 관원의 첩이 재혼하는 것을 금지하였다.[50] 수나라의 역사 기록에 따르면 과부의 재혼금지령은 도덕적 풍기문란을 시정하기 위한 것으로, 그 당시에는 고위 관리가 죽은 이후 그들의 첩과 하녀들은 종종 그 아들이나 손자에 의해 재혼을 이유로 팔려나가는 관행이 성행하였다.[51] 유학자 안지추(531-591)의 가훈서 『안씨가훈』에서는 아내와 딸을 돈이나 비단으로 바꾸어 파는 6세기경의 사회적 문제의 심각함을 지적하고 비난하였다.[52] 따라서 수나라 건국황제가 과부 재혼을 금지하는 칙령을 내린 것은 부계 가족에서 여성이 상품으로 취급하는 관행이 만연함에 따라 내놓은 여성 보호책으로 해석될 수 있다. 수나라의 금지령은 후대의 악명 높은 수나라 양제燒帝에 의해 철폐되었는데, 그는 과부들을 소집시켜 국경에 나간 병사들에게 결혼시켰다.[53]

과부 재혼은 성적 자유sexual freedom 라는 우리들의 현대적 이념과 일치하는 것으로 보이기 때문에 현대 독자에게 있어 과부 재혼은 진

---

49 Dong Jiazun (1979), 146.
50 Liu Jihua (1995), 107; Dong Jiazun (1979), 151.
51 위의 쪽.
52 『안씨가훈』, 5장, 「치가」; Chen Dongyuan (1937), 66-67 참조.
53 Dong Jiazun (1979), 152.

보적인 것으로 여겨질 수 있다. 그러나 실제에 있어서 과부 재혼은 전통 중국 사회의 여성들에게 이익이 되지 않을 수도 있다. 왜냐하면 결혼은 대부분 [당사자의] 동의 여부와 관계없이 가족의 연장자가 주선했기 때문이다. 사실상 초기의 과부 재혼에서의 표면적 '자유'는 [오히려] 오직 친족 구조에서의 여성의 종속적 지위와 아내와 어머니라는 여성의 성역할이 갖는 의존적 특성만을 반영한다. 실제로 고대 중국에서 과부의 재혼이 유행한 것은 여성의 주체성 내지는 여성의 성적 자유를 반영하는 것이 아니라, 오히려 여성의 취약한 사회적 지위를 반영한다. 모든 계급의 여성들은 재혼을 거부할 권리가 없었으며, 그녀들의 합법적인 사회적 지위는 전적으로 결혼 상태에 달려 있었다. 이러한 관점에서 볼 때 과부의 강제 재혼을 금지하는 후대 왕조의 법령은 사실상 여성의 주체성 ― 자발적으로 과부 생활을 택하고자 하는 ― 을 인정하는 데 한 걸음 더 나아간 것이다.

당나라 때에는 조부모와 부모를 제외한 다른 사람들이 과부 재혼을 강요하는 것을 황실 법령으로는 최초로 금지했으며, 이 법률을 위반하여 과부에게 재혼을 강요한 사람들은 과부와의 친족 관계에 따라 처벌을 받았다. 과부의 친척이 아닌데도 재혼을 강요하는 경우는 1년의 징역형이 선고되었으며, 과부의 친척들에게는 형벌이 두 등급 정도 낮았다.[54] 이 법령에서 과부가 재혼을 거부할 '권리'가 보호되었지만, 과부 여식에 대한 부모의 절대적인 권위 문제는 여전히 조정의 최우선적인 관심사였다. 즉 결혼에 있어서, 조부모·부모의 뜻이 과부의 뜻보다도 여전히 우선했다.

---

54 위의 책, 153.

이러한 법적 보호에도 불구하고 당나라 시대의 과부들은 그들이 저명한 가문의 딸일지라도, 여전히 재혼하도록 권장되었다. 예를 들어 당나라 관방 역사의 열녀전기 부분에서는 다음과 같은 일화가 언급된다. 유명한 가문의 딸이 과부가 되어 여전히 과부로 남으려고 했을 때, 그녀의 형제자매들은 그녀와 같은 사람(자녀가 없는 어린 과부)에게 있어 재혼은 '예절 및 사회상규[禮儀常範]'에 부합한다는 점을 들어 그녀가 재혼하도록 설득하려 했다.[55] 이를 통해 당나라에서 과부의 재혼이 여전히 사회적 규범이었음을 추론할 수 있다. 사실 과부의 재혼은 심지어 왕실에서도 용인되었다. 당나라 공주 211명 중 28명이 재혼하였으며 3명은 세 번 결혼하였다![56] 언뜻 보기에 이러한 재혼의 숫자는 특별히 많아 보이지 않을 수도 있다. 그러나 당대 이후의 왕조에서는 송대의 공주 한 명을 제외하고선 재혼한 공주가 없었다는 점을 주목해야 한다. 다시 말하자면, 재혼 그 자체가 반드시 여성에게 있어 어떠한 자유를 의미하지는 않는다. 궁중에서의 재혼은 사실 종종 친족 사이의 근친상간 문제와도 얽혀져 있다. 예를 들어 당나라 현종玄宗과 그가 사랑한 양귀비楊貴妃 사이의 잘 알려진 사랑은 사실 시아버지와 며느리 사이의 근친상간 관계였다. 비슷하게 당 고종이 죽은 후 국가를 이어받은 중국 역사상 유일한 여성 황제인 측천무후는 본래 고종 아버지(역자 주: 당 태종)의 궁녀였다.

송 초기에도 여전히 과부의 재혼은 일반적이었다. 저명한 송나라

---

55 『구당서』, 권143, 「열녀전」의 '초왕령구비상관씨楚王靈龜妃上官氏' 이야기; Niu Zhipin (1995), 136 참조.
56 Dong Jiazun (1979), 154–58. 또한 Nie Chongqi (1979), 130–31 참조. Nie의 계산에 따르면, 재혼한 당나라 공주는 29명이다.

유학자 범중엄范仲淹은 자신의 홀어머니가 재혼을 하여서도 여전히 따랐으며, 나중에 과부들의 재혼을 돕기 위한 기금을 마련하였다. 그의 아들이 일찍 죽은 후에는 범중엄 또한 그녀의 며느리를 그의 제자와 재혼시켰다.[57] 그러나 당대와 비교해서 과부의 정절은 송나라와 명나라의 왕실에 더욱더 큰 영향을 미쳤다. 송나라의 80명 이상의 공주 가운데 오직 한 명만이 재혼을 했고, 명나라에선 재혼한 공주가 아예 없다.[58]

과부 이념이 성행한 것은 종종 과부 정절의 중요성을 논급한 악명 높은 진술 때문으로 여겨졌는데, 이는 송나라 유학자 정이가 진술한 것으로서 주희는 『근사록』에서 이 진술을 재론하였다. 과부와 결혼하는 남자의 예의범절에 대해 묻자, 정이는 다음과 같이 대답하였다. 과부와 결혼하는 것은 옳지 않다. 왜냐하면 결혼은 짝을 맞추는 것인데, 만약 이미 고결함을 잃은 여성을 취한다면 그 역시도 그의 고결함을 잃게 될 것이기 때문이다. 의지할 사람이 없는 가난한 과부가 재혼하는 것이 합당한지에 대한 질문에서 그는 이렇게 대답하였다. "오늘날의 사람들은 오직 얼어 죽고 굶어 죽는 것에만 두려워하니, 이러한 말이 생겨났다. 그러나 굶어 죽는 것은 정말 작은 문제이며, 정절을 잃음은 정말 큰 문제이다."[59]

분명히 이것은 생존이라는 실제적인 우려보다도 자신의 고결함을 수호하려는 엘리트 담론이다. 심지어 주희도 규제적인 사회적 이상

---

57 Chen Dongyuan (1937), 132.
58 Dong Jiazun (1979), 161.
59 주희·여조겸 呂祖謙 편집, 『근사록』 6.13, 「가도家道」; Wing-tsit Chan (1967), 177 참조. 부분 번역으로는 Robin R. Wong (2003), 316–26 참조.

(과부 정절)과 현실적 필요성(과부 재혼) 사이의 간극을 인정하였다. 정이의 진술에 대한 논평에서 주희는 다음과 같이 말하였다. "남편이 죽은 뒤에 재혼하게 되면 정절을 잃게 되지만, 또한 부득이한 사람들이 있으니 성인도 이를 금지할 수 없다."[60] 엘리트 도덕(과부 정절)과 일반적인 사회적 관습(과부 재혼)의 간극은 정이의 생애에서도 입증된다. 도덕적 이상으로서 과부제도에 대한 그의 확고한 입장에도 불구하고, 그의 조카와 조카며느리 모두 재혼했다.[61] 그리고 집을 지어 훗날에 재혼한 종손녀에게 주었다는 정이 아버지의 이야기를, 정이 자신이 자랑스럽게 다시 이야기하였다. 정이 아버지의 행동이 과부 정절에 대한 정이의 진술과 모순되는 것이 아니냐는 질문에 대해 주희는 이렇게 대답하였다. "이치상 그래야만[과부 정절이 지켜져야] 한다. 그러나 [모든] 사람들이 그것을 절대적으로 따를 수는 없다."[62] 따라서 정이의 과부정절에 대한 진술은 절대적인 교리로 이해되기보다는 엘리트의 덕 윤리 담론, 즉 규제적인 이상으로 이해되어야 한다. 과부가 재혼하게 되면 곧 정절을 잃는다는 정이의 비유는 유덕한 아내와 충성스러운 신하 사이의 전통적인 은유를 반영한다. 청나라 초기의 한 주석가는 다음과 같이 썼다. "과부와 결혼하지 말라는 지시는 도덕적으로 우월한 남성[君子]를 위한 것이다. 거리의 도덕적으로 열등한 서민들에게 어찌 그렇게 하라고 요구할 수 있을 것인가? 몇몇 사람들은 정 선생님의 말이 정말 지나치게 과도하다고 말하지만, 정 선생님의 말은 지나치지 않으니 오직 떳떳한 이치를

---

60 Chen Lungjie (1992), 346 참조.
61 Chen Dongyuan (1937), 139.
62 『근사록』 6.17; Wing-tsit Chan (1967), 179 참조.

표현한 것뿐이다. 만약 과부가 얼어 죽고, 굶어 죽는 것에만 두려워하여 정절을 잃는다면, 그녀가 전투가 두려워 적들에게 투항하는 신하와 무엇이 다르겠는가?"[63] 다시 말해서, 용감한 신하가 죽음을 두려워하지 않으면서 의로운 군주를 섬길 의무가 있듯이, 유덕한 과부역시 유부녀로서의 자신의 정절을 수호하기 위해 생존이라는 당면한 관심사를 넘어서야만 한다. 과부의 비범한 희생은 종종 전투에서의 병사의 희생과도 비견되곤 하는데, 과부와 병사 모두 자신의 목숨보다도 자신의 지위에 따른 의로움[義]의 미덕을 더 중요시했기때문이다.

과부 정절에 대한 정이의 입장을 논의할 때, 학자들은 정이가 남편과 아내의 동등한 가치를 강조했다는 사실을 종종 간과하곤 한다. 정이가 보기에 결혼은 두 대등한 사람들이 서로를 배필로 맞는 것이다. 다시 말해서, 남편과 아내는 도덕적 덕목의 측면에서 대등해야한다. 배우자가 죽은 뒤에 재혼을 하는 것이 옳지 않다는 정이의 권고는 남성에게도 적용된다. 홀아비의 재혼이 타당한지에 대해 묻는질문에 대해 그는 이와 같이 대답하였다. "고위 관료 이상인 사람[이미 첩이 있는 자]은 재혼할 이유가 없다." 정이는 한 번 남편과 아내가된 사람은 영원히 남편과 아내라고 설명하였다. [그런데도] 한 사람이 일찍 죽으면 다른 사람이 재혼한다니, 어찌 그런 일이 있을 수 있겠는가?[64] 남편과 아내의 평생의 유대는 배우자의 상호 충정을 요구한다. 그러나 정이에 따르면 이런 배우자에 대한 충정에도 예외가있다. 아내가 죽은 후에 부모를 모시고 사당의 제사를 이어나갈 사

---

63 『근사록』 6.13, 위의 책, 177.
64 Chen Dongyuan (1937), 138 참조.

270

람이 없다면 홀아비가 다른 아내를 취하는 것이 허용된다.[65] 이 예외
는 중국 성차별주의에 대한 설명으로 세 가지의 문화적 의무(효, 조
상숭배, 가족 성씨의 존속)에 대한 우리의 가설과도 일치한다.

정이의 진술이 인기를 끌었음에도 불구하고, 과부의 정절은 후대
왕조인 원나라 이전에 주요한 사회적 규범력이 되지 못하였다. 과부
는 몽골에 의해 처음으로 제도화되었는데, 아이러니하게도 그들의
관습에선 아들 및 과부인 계모, 조카 및 과부인 숙모 사이의 근친상
간 관계를 인정하였다.[66] 원대에서 다른 사회적 미덕들과 함께 과부
의 정절은 유덕한 사람을 상을 주고 악덕한 자는 벌을 주는 왕조 전
통의 부분으로서, 조정에 의해 계속 중시되었다. 게다가 원나라 조정
은 정숙한 과부에게 영예를 하사하는 명확한 기준을 세웠다(1304
년). 원나라의 규정에 따르면 조정의 명예에 합당한 정숙한 과부는
30살 이전에 과부가 되어야 하며 50살이 될 때까지 최소한 20년 동
안 과부여야만 한다. 그리고 일단 정숙한 과부로 인정을 받으면 과
부의 가문은 공적이 적힌 표창장을 받아 대문 위에 걸음으로써 보통
의 다른 집들과 구별되고 그 구성원은 노역에서 면제된다.[67] 따라서
원대에 과부 정절은 일반 가문의 여성들이 아버지, 남편, 아들이 아

---

65 위의 책, 189-39.
66 Liu Jihua (1995), 114: Chen Dongyuan (1937), 173 참조. 또한 『원사元史』,
    권87, 「열녀전상」의 '탈탈니脫脫尼' 이야기 참조. 탈탈니는 몽골 태생으로, 아버지
    가 사망한 후 두 의붓아들이 자신을 겁탈하려는 시도─이는 몽골의 관습 중 일부였
    다─에 저항하였다. 한족으로 추정되는 관방 역사가들은, 몽골의 관습을 거스르는
    비범한 그녀의 용감한 행동을 칭송했다. 원 왕실 자체는 나중에 이런 몽골의 토착
    관습을 불법화했다. 몽골 태생의 탈탈니는, 전기에서 그러한 토착 관습을 짐승의 행
    위라고 비난하였다. 물론 이것은 몽골에 대한 한족의 영향을 반영한다.
67 Elvin (1984), 134.

닌 자신의 행위로 최고의 사회적 영예를 얻을 수 있는 수단이 되었다. 다시 말해 과부 정절의 미덕은 여성 자신의 결의를 반영하는데, 왜냐하면 남자 상대방과의 연관 고리에서가 아닌 오직 자기 자신의 역량으로써 영예를 얻을 수 있기 때문이다.

과거시험은 모든 계급의 학식 있는 남성들이 자기 자신은 물론 그들의 가문을 위한 황실의 영예를 얻기 위한 주요한 수단이었다. 이와 마찬가지로 원대에 이루어진 과부의 제도화로 인해 모든 계급의 여성들은 이전에는 도달할 수 없었던 황실의 명예를 얻기 위하여 자유롭게 경쟁할 수 있는 하나의 수단을 얻게 되었다. 과거시험의 합격자는 자신과 그들의 가문에게 최고의 사회적 영예(황실의 인정)를 가져올 수 있었는데, 원나라의 표창 시스템으로 인해 과부의 정절은 과거 시험과 같은 수준으로 승격되었다.

유덕한 여성에 대한 전기의 수가 이전 송나라 역사서에선 60편이었지만 원나라 역사서에선 180편―이 중 90%가 열녀에게 헌정되었다―으로 극적으로 증가한 데는 서민들 사이에서 과부 정절이 규범적 이상으로서 유행했다는 점을 반영한다.[68] 원대에 유덕한 여성에 대한 전기가 급격하게 증가한 것은 여성적 덕목의 대중화 또는 마크 엘빈Mark Elvin이 과부 정절 덕목의 '민주화democratization'라고 불렀던 것을 명백하게 시사한다. 즉 과부 정절의 덕목은 대중들 사이에서 민주화되어 대중들이 접근할 수 있는 사회적인 미덕이 되었다.[69] 정절을 지킨 과부에게 수여되는 황실의 영예는 대체적으로 서

---

68 Chien Chiao (1971), 207. Chien Chiao는 원나라 역사에서 유덕한 여성에 대한 전기의 수를 166편으로 추정하였다. Chen Dongyuan은 이보다 많은 187편으로 제시하였다. Chen Dongyuan (1937), 180 참조.

민을 위한 것이었지 고위 관리의 아내를 위한 것은 아니었다. 왜냐하면 고위 관리의 아내는 이미 남편의 관직을 통하여 상응하는 명예 칭호를 이미 받았기 때문이다.[70] 따라서 제도화된 과부는 사회적 자본 및 특권이 재분배되는 수단으로 볼 수 있다. 서민들이 사회적 이동을 달성할 수 있는 수단이었다. 흥미롭게도 명청 시대의 과부의 인기는 학식 있는 남성들이 과거시험을 통해 사회적인 이동을 할 수 있는 확률이 줄어든 것과도 상응한다. 이러한 [과거시험을 통한 사회적 이동 가능성의] 감소는 일정 부분 인구 증가의 결과였다. 그리고 중국 제국 말기의 과거시험을 통한 학식 있는 남성의 이동률 감소는, 과부가 사회적 지위의 표식이며 사회적 이동을 위한 대안적 수단으로 인기를 얻는 데 기여했을 수 있다.[71]

정절을 지킨 과부에 대한 원나라의 포상 시스템은 후대의 명 조정에서도 지속되었다. 명나라 건국황제 주원장이 반포한 1368년의 칙령에는 효성스러운 아들과 손자, 의로운 사람, 정절을 지킨 과부로 일단 공인된 사람은 공적이 적힌 표창장을 가택 문 앞에 전시해야 한다고 분명히 명시되어 있다. 그러나 오직 정절을 지킨 과부의 집안만이 노역에서 면제를 받았다.[72] [이로 인해] 분명 과부의 정절은 여타의 사회적 미덕이나 성취보다도 더욱 고양되었다. 과부는 가족 및 지역사회가 사회적 지위와 황실의 영예를 획득하기 위한 대안적 경로가 되었다. 사회적 지위의 향상 수단으로 과부의 정절이 성행했

---

69 Elvin (1984), 114.

70 위의 책, 124.

71 Mann (1987), 40n8.

72 Mann (1987), 41; 또한 Chen Dongyuan (1937), 179; Liu Jihua (1995) 116 참조.

다는 것은 명나라의 1465년 칙령에서도 반영되어 있다. 표창을 요구하는 수많은 요구에 대응하기 위해 조정에서는 정절을 지킨 과부라고 허위로 주장하는 지방의 상소자들에 대해서 징벌이 필요하다고 판단했다.[73] 1511년 명나라 무종武宗은 여성들이 정절을 지킨 과부로 표창 받을 수 있는 방안을 더욱 확장하였는데, 강간이나 강제된 재혼을 피하기 위해 자결하는 경우도 포함되었다. 현대 독자들은 이 칙령에서 여성의 성적 자유를 제한하려는 일종의 성차별적인 동기를 추론하는데 솔깃할지도 모른다. 그러나 1511년의 칙령은 시대적인 맥락에서 이해되어야 하는데, 그 당시에는 쇠퇴하는 명 조정은 흥기하는 만주족에 저항하고자 하였다. 1511년의 칙령이 본래 침략하는 야만족이나 도적에게 정절을 잃는 대신에 죽음을 선택한 국경지역의 정숙한 명나라 여성을 기리기 위하여 발표되었다는 점은 놀랍지 않다.[74]

명말청초 시기의 과부의 자결 관행은 정치적 의미를 더했다. 그것은 만주 지역의 야만인에 대항하는 명나라 충신들의 저항운동을 상징하게 되었다. 고염무顧炎武가 좋은 사례이다. 고염무는 명말의 충신으로, 그의 양어머니는 고향에 침략한 만주족에 항의하기 위하여 스스로 굶어 죽었다(1645년). 효자이자 명나라의 충신으로서 고염무는, 어머니의 비범한 희생을 본받아서 자신 또한 청나라를 섬기길 거부하였다.[75] 과부의 자결과 명나라 충신의 반청反清 운동이 연관되

---

73 Chen Dongyuan (1937), 179; Elvin (1984), 133; Mann (1987), 41; Liu Jihua (1995), 118.
74 Liu Jihua (1995), 117.
75 고염무의 이야기에 대해선, Peterson (1968), 144 – 45; Mann (1997), 25n28 참조.

었기에, 실제로 청나라 초기에 과부의 자결은 청 조정에 의해 반복
적으로 저지되었다.[76]

그러나 명나라 말기에 과부 정절 및 자결은 극단에 치달았다. 이
제 과부는 기혼 여성뿐만 아니라 예비신랑이 죽었다는 소식을 들은
미혼의 소녀들에게서도 행해졌다. 그 소녀들은 평생토록 이루어질
과부 생활을 결혼예식이 끝나기도 전에 시작하였다. 귀유광歸有光
(1506-1571)이나 모기령毛奇齡(1623-1716)과 같은 명말청초의 몇몇
문인들은 과부의 자결뿐만 아니라 결혼을 하지도 않았는데 과부살
이를 하는 것을 반대하였다. 그들은 결혼 이전에 과부살이를 하는
것은 남편과 아내 사이의 합법적인 결합을 표시하는 혼인 예식의 합
당성에 어긋나는 것이라고 판단하였다. 따라서 혼인 예식의 승인 없
이는 남편과 아내의 평생의 유대를 상징하는 과부살이는 있을 수 없
다. 과부의 자결은 그 역사적 선례가 없을뿐더러, 부모를 섬기고 부
양하는 것이야말로 효의 시작이므로 가족에 대한 효행과는 어긋난
다.[77] 그러나 그들의 반대는 대중화된 과부의 사회적 관행에 영향을
미치지 못했다. 과부 관행은 실질적으로 서민의 부인과 그 가족들이
지역 사회에서 사회적 영예를 획득하고, 사회적 지위를 높일 수 있
는 황실 조정이 공인한 대안적인 경로였다. 서민들과 상류층들이 그
제도화된 과부 관행에 참여하게 됨으로써, 차례로 황실 조정의 합법
성이 서민들과 상류층으로부터 뒷받침되었다. 일부 유학자들의 반

---

76 과부 자살에 대한 초기 청나라의 금지령과 1851년에 이루어진 그 금지령의 철회에
   대해선, Elvin (1984), 126 – 29; Mann (1997), 25 – 26 참조.
77 Ropp (1981), 128, 130. 또한 Chen Dongyuan (1937), 246 – 5; Liu Jihua
   (1995), 117 – 18 참조.

대에도 불구하고 국가와 평민이 과부 제도로부터 공통의 이익을 얻으므로, 과부살이 및 과부자결이 더욱 성행하였다.

청대에 과부의 정절은 일종의 숭배적·종교적 표현이 되어 정숙한 과부를 사당에 모시고 숭배하게 되었다. 청나라 황실의 영예를 수여하는 세부적인 절차와 규정에 따르면 [영예를 받기에] 적격인 여성은 세 가지의 범주로 나뉜다. 첫째, 50세까지 20년간 과부로 지내거나, 50세가 되기 전에 죽는 경우 적어도 10년 동안 과부로 지낸 '절개가 굳은 여성[節婦]'이다. 둘째, 강간을 피하기 위해 죽거나, 강간에 저항하기 위해 죽거나, 성폭행 후 수치심에 자살하거나, 강제된 재혼을 피하고자 죽거나, 예비신랑의 혼전 성관계에 저항하기 위하여 죽는 '대담한 부인과 소녀[烈婦, 烈女]'이다. 셋째, 약혼자의 사망 소식을 듣고 자살하거나 그 약혼자의 가족에서 과부살이를 하는 결혼 이전의 '정숙한 여성[貞女]'이다. 정조를 지킨 여성에게 황실 영예를 수여하는 청나라의 제도의 폭과 깊이는 이전의 모든 왕조를 능가한다.

이전의 모든 왕조들과는 달리, 청대에 정조를 지킨 여성들의 가족들은 또한 [정절을] 기념하는 아치형 구조물을 짓기 위한 금전적인 지원을 받았다. 공적문서를 받은 정숙한 여인들은 수도와 지방에 건립된 절효사節孝祠 ─유덕한 여성이 춘추제에서 숭배되는 곳─에 봉안될 자격을 얻었다.[78] 아치형 기념물이 세워지고 절효사에서 기려지면서, 정숙한 과부는 정통 유학자─수도와 지방에 건립되어 춘추제가 이뤄지는 공자묘에 봉안되고 기려지는─와 같은 수준으로 격상되었다. 여성의 '내' 영역에서의 과부 정절과 남성의 '외' 영역

---

78 Mann (1987), 41–42; Liu Jihua (1995), 122–23.

에서의 문학적 학문은 각기 사회적 영예를 획득하기 위한 대등한 수단이었다.

과부 정절에 대한 강조는 일정 부분 여성에게 상정된 부계에 대한 충성심으로부터 비롯된 것이기에, 엄밀하게 말하자면 과부 정절 관행에서 여성 자신의 주체성이 반영될 수 없는 것이 사실이다. 그러나 실제에 있어서 과부의 정절이 부계 가족에게 지장을 줄 수도 있다. 친족의 강요에 의한 과부의 재혼을 금지하는 청나라의 법령을 자세히 살펴보면, 과부가 스스로 과부살이를 택할 수 있는 법적 권리가 종종 연장자가 연소자에 비해 절대적인 권위를 갖는 친족 위계적 구조보다도 우선된다는 것을 보여준다. 부모와 조부모를 강제 재혼에 대한 처벌에서 면제하는 당나라의 법률과 달리, 청나라의 법률에서는 모든 위반자들은 과부의 혈연관계 정도에 따라 처벌되었다. 그 법령을 위반한 사람이 연장자면 연소자에 비해 덜 가혹한 처벌을 받았고, 과부와 가해자와의 친족 관계가 가까울수록 처벌이 더 가벼워졌다.[79] 이 법령은 가족 내 연장자에 대한 기본적인 존중을 다시 한번 나타낸다. 그러나 청나라 법률에서 새롭고 급진적인 측면은, 조부모와 부모가 어린 친척의 결혼을 주선할 수 있는 관습법을 행사하였을지라도 처벌을 받았다는 점이다. 청나라의 법률에 따르면, 재혼하지 않겠다는 딸의 결심이 부모의 친권보다도 우선했다. 여성 성역할의 의존적인 성격과 종속적인 지위 특히 그들이 부모 및 시부모의 관계에 있어서 딸과 며느리라는 역할을 수행해야 한다는 점을 고려하지 않는다면, 청나라 법률의 급진성을 제대로 평가할 수 없을 것

---

79 정절을 지키는 과부의 강제재혼을 다룬 청나라 법률에 대해선 Sommer, (1996), Appendix I, 119 - 20 참조.

이다. 가난 때문에 아내와 딸을 파는 것이 줄곧 용인되었던 사회에서 과부의 강제적인 재혼을 금지하는 청나라의 법률은 사실상 연장자의 뜻에 반하는 연소자의 불복종을 승인하였다. 그렇게 함으로써 [청나라의 법률은] 중국 역사상 처음으로 자발적인 과부살이를 허용하여 여성―예속적 존재인―의 주체성을 확인하고 법적으로 승인하였다.

우리가 고려해야 할 또 다른 점은 과부의 관점에서 볼 때 재혼은 사실상 득보다 실이 많을 수 있다는 점이다. 왜냐하면 재혼은 아들을 대신해 전前 남편의 재산을 상속할 권리 및 아이들을 양육할 권리의 상실을 수반했기 때문이다. 과부 재혼은 과부 자기 자신을 제외하고선 가족의 거의 모든 사람에게 혜택을 주었다. 새로 결혼한 과부는 연장자 서열의 원리가 적용되는 친족 위계 구조에서 새댁이라는 밑바닥 지위를 맡아야 한다. 이러한 구조적 한계를 감안할 때 여성 스스로가 배우자에 대한 신의와 남편 가문에 대한 충정이라는 고결한 의도의 표현으로서 과부를 택하는 것은 놀라운 것이 아닌데, 여성에게 있어 과부 생활은 영구적인 사회적 지위를 확보할 수 있는 유일한 방법이다.

과부의 정절은 전체적으로 여러 층위의 사회적·상징적 의미를 체현하고 있다. 우선, 배우자에 대한 충정(부부 사이의 평생 유대)이라는 전통적 미덕은 올바른 군주와 충성스런 신하 사이의 윤리·정치적 관계로 비유되었다. 군신 관계에서 적용되는 '의'라는 유교 덕목은 '내' 영역에 갇힌 여성의 경우에는 부부관계에서 실현된다. '내' 영역에서 여성의 순결과 부계에 대한 충정을 지키는 유덕한 아내는 '외' 영역에서 의로운 군주를 섬기는 충성스런 신하와 상응한다. 둘째, 당나라 시대부터 황실칙령으로 보호된 자발적인 과부살이는 여성의 주체성을 시사하고 있는데, 왜냐하면 기혼 여성의 고결함을 수호하고자 하는 여성의 도덕적 의도가 연소자에 대한 연장자의 권위를 강조하는 부모의 친권보다도 우선하였기 때문이다. 셋째, 정절을 지킨 과부의 가문에 대해 황실의 영예가 수여되고 노역이 면제되었던 것은 과부의 정절이 실질적 결과를 수반하는 사회적 미덕이 되게 하였다. 남성을 위한 과거시험과 비견해볼 때, 과부살이는 여성의 사회적 이동수단―즉 여성이 그녀의 아버지, 남편, 아들로부터의 영향이 아닌 오직 자기 자신의 유덕한 행위로 최고의 사회적 영예(황실의 인정)를 얻을 수 있는 수단―이었다. 마지막으로 청나라 말기의 과부 정절은 종교적인 표현이기도 했다. 공자묘에 배향된 정통 유학자들처럼 정조를 지킨 과부들 역시 지역의 절효사에 모셔지고 기억되었다. 즉 청대에 배향된 정숙한 과부는 그들의 덕행이 '내'의 가족적 영역을 넘어 본받아지고 기억되어졌고, 그 과부의 덕은 유교의 저명한 인물과 비견되어 인정받았다. 여성에게 고유한 이름이 없고 여성에게 관직에 대한 합법적인 접근 권한이 주어지지 않았으며, 여성이 기억의 영역 밖에 있었던 사회에서 정절을 지킨 여성으로 추앙을 받는다는 것은 여성에게 있어 최고의 영예였다. 요컨대 과부의 정절은 여성의 자기주체성의 한 부분이었으며, 여성이 '외' 영역―이름과 명예가 전수되고 기억되는―의 유교적 덕 윤리 담론에 참여할 수 있는 경로였다.

전족의 악명 높은 관행은 서구인들의 상상력을 사로잡았는데, 서구인들에게 있어 전족은 중국인의 에로틱한 관행이자 고대 중국의 후진성과 야만성의 궁극적 징표로 여겨졌다. 1966년에 출간된 하위

드 레비Howard Levy 의『중국의 전족: 흥미로운 에로틱한 관습의 역사 *Chinese Footbinding: The History of a Curious Erotic Custom* 』나 1997년에 출간된 베벌리 잭슨Beverley Jackson 의『화려한 신발들: 천년 동안 이어져 온 에로틱한 관습 *Splendid Slippers: a Thousand Years of An Erotic Tradition* 』에서 볼 수 있듯, 서구적 시각에서 전족은 에로틱한 관습으로 개념화된다.[80] 전족은 순전히 남성의 욕망을 위한 여성에 대한 남성의 성적 억압으로 간주되며, 이는 차례로 페미니스트와 같은 사람들이 전족을 중국 사회의 성차별적 특성에 대한 궁극적 표식으로 특징짓게 하였다. 발이 묶인 채 뒤뚱거리는 중국 여성의 피해자 이미지는 서구에서의 전통중국에 대한 끔찍한 상징이 되었다. 그러나 이러한 종류의 환원주의는 전족에 대한 복잡한 역사에 대한 단순화된 이해에 가깝다. 전족은 서로 다른 역사적 계층, 역사적 시대, 민족 및 지역에서 실행되었다. 논의가 진전될수록 보다 분명해지겠지만, 전족의 관행은 젠더 규범, 문명성 그리고 한족의 문화적 정체성과 얽혀 있었다.

찬드라 모한티Chandra T. Mohanty 의 선집『제3세계 여성과 페미니즘 정치학 *Third World Women and the Politics of Feminism* 』에서 지적한 것과 같이 제3세계 여성에 대해 서구학계는 대부분 여성을 주체나 행위자가 아닌 "'전통적인' 성차별적 문화"의 희생자로 초점을 맞추었다. 초기 페미니스트들의 저작에 체현된 신식민주의적 관점에서 제3세계 여성은 종종 서구의 백인 자매에게서 이론화되고 구출되어야 하는 대상으로 간주되며 차례로 서구의 백인 여성은 어떤 지역적 전통에도 구애받지 않는 자율적이고 도덕적인 주체로 간주된다.[81] '[이미] 해방된'

---

80 Levy (1966)와 Jackson (1997). 전족에 대한 보다 균형적인 연구로는 Ko (2001) 참조.

서구 페미니스트들과 '전통적이고' '성차별적인' 나머지의 문화라는 잘못된 이분법을 넘어서기 위해 우리는 전족에 대한 단순한 묘사(여성에 대한 남성의 성적 억압)를 넘어서야만 한다. 전족 관행에 있어 여성이 단순히 성적 대상에 머무르는 것이 아니라는, 가능성 있는 문화적 의미들을 숙고해야만 한다. 오히려 문학·문화에 대한 접근 권한이 박탈된 상황에서 전족 관행은 여성의 과업이자 지식이자 문화로 간주되었고, 여성들은 전족 관행을 전승하는 데 적극적으로 참여하였다.

전통적인 설명에 따르면, 전족 관행은 10세기 중엽의 궁중 무희에게서 시작되었는데 특정한 무용 기술 — 현대 발레리나의 기술에 필적하는 — 을 달성하기 위함이었다.[82] 학자들은 일반적으로 당나라(618-906) 이전에는 전족 관행이 실존했다는 역사적 증거가 없다는 데 동의한다. 당나라 여성들의 의복과 활동들을 통해 판단해보자면, 말을 타고 장화를 신는 것이 여인들에게서 흔한 일이었으므로, 그렇다면 당시에 전족 관행이 존재하지 않았다고 해도 무방할 것이다.[83] 송대 초기에는 전족 관행이 대체적으로 궁중 기녀에게 국한되었는데, 저명한 송나라의 시인이 여전히 여성의 자연스런 발의 아름다움에 관해 글을 썼기 때문이다.[84] 패트리샤 에브리가 주장한 것과 같이,

---

81 Mohanty (1991): 「Introduction」 참조. 특히 29.
82 Chen Dongyuan (1937), 125; Levy (1966), 17. 전족의 기원에 대한 다른 설명으로는, Jia Shen (1979), 183 – 85 참조.
83 Fu Yuechen (1979), 165 – 80 참조. 그러나 Jia Shen에 따르면, 전족은 당나라 시대에 이미 행해졌을 수 있다. 그는 티베트에서 발견된 아치형 램프로부터 이러한 결론을 도출하였다. 이 램프는 일반적으로 당나라 공주들의 신발이라고 불렸다. 당나라 조정과 침략을 일삼는 이민족 사이에 동맹을 형성하기 위하여 당나라 공주들은 티베트로 시집을 갔다. Jia Shen (1979), 186 참조.

여성의 정절과 공순함을 강화하기 위한 목적에서 남방 지역에서 전족관행을 촉진하는 데 송대의 주희가 관여했다는 유명한 이야기는 아마도 사실이 아닐 것이다.[85] 송대에는 남성 문인들은 여성적 미덕의 표식으로 전족 관행보다는 과부의 정절과 배우자의 충정에 주목했다. 송대에 과부 정조에 대해 천착했다는 것은 송나라 문인들이 유명한 여류시인 이청조에 대해 공격한 것에서 예증된다. 동시기의 남성 문인들은 때때로 이청조에 대해서 직설적이고도 가혹하게 비판했는데, 심지어 그녀가 늙은 나이에도 재혼을 했다고 소문을 퍼뜨렸다.[86] 송대에서 젠더 규범의 지표는 묶여진 한 쌍의 발보다는 과부의 충정이었다.

그러나 송대 말엽의 전족 관행은 궁중 기녀에서 상류층으로 점차 확산되었으며, 이 시기에 작성된 전족에 대한 가장 이른 논평들을 발견할 수 있다. 남송의 차약수車若水는 "여성이 자신의 발을 묶는 관행이 언제부터 시작되었는지는 알려지지 않았다. 4-5살도 아직 되지 않은 어린 아이들이 아무 잘못도 저지르지도 않았는데, 그럼에도 불구하고 끝이 없는 고통을 받게 한다. 발을 작게 하려 묶어보았자, 무슨 소용이겠는가?"[87]라고 적었다. 사실 부모들이 자신의 어린 딸들을 그토록 고통스러운 신체적 손상 과정을 기꺼이 받도록 했는지를 곰곰이 생각해보는 것은 당혹스럽다. 어린 나이에 발 크기를

---

84 Jia Shen (1979), 187 참조.
85 주희가 전족 관행을 조장했다는 주장에 대해서는 Levy (1966), 44 참조. 이 이야기에 대한 반대로는 Ebrey (1990), 217n39 참조.
86 Chen Dongyuan (1937), 161–72. 이청조 시의 탁월함에 대해선 Fatima Wu (2003), 435-6 참조.
87 번역으로는 Patricia Ebrey (1990), 217; Levy (1966), 65 참조. 또한 Jia Shen (1979), 189 참조.

이상적인 3인치 정도로 줄이기 위해, 소녀의 네 개의 작은 발가락은 안쪽으로 강하게 구부러졌고 발뒤꿈치뼈는 수직에 가깝게 변형되었다. 훨씬 더 당혹스러운 점은 지금까지 논의된 여타의 성차별적 관행과는 달리, 전족은 오직 여성의 안채에서만 이루어지므로 이러한 관행의 실천에 있어 여성 자기 자신들(특히 어머니와 딸 혹은 숙모와 조카 사이)의 직접적이고 배타적인 개입이 요구된다는 점이다. 그리고 초기의 단계(처음의 2년)는 대개 5세에서 7세 사이에 시작하였는데, 어린 딸의 발을 묶는 데 있어 어머니의 지속적인 조치가 필요했다.[88] 즉 여성 자신들의 지속적이고 적극적인 참여가 없다면 전족 관행은 애초에 불가능하다. 물론 전족 관행이 부분적으로는 남성의 성적 욕망―여성의 몸은 한 쌍의 묶여진 발이 있어야만 여성의 아름다움을 체현한다는―에 의해 뒷받침되었다는 것에는 의심의 여지가 없다. 그리고 그 표준화된 여성의 아름다움은 차례로 여성의 결혼 가능성의 지표가 되었다. 딸이 그 고통으로 울부짖을 뿐만 아니라 수많은 건강상의 위험이 수반될지라도, 어린 딸의 발을 묶고자 하는 어머니의 마음에는 진정으로 어머니가 딸의 결혼 생활―딸의 자기희생과 남편 및 시댁에 대한 절대적인 복종이 요구되는―에 대한 염려가 담겨져 있다. 인류학자 프레드 블레이크Fred Blake는 전족을 "남자가 만든 세상에서 성공하는 방법을 딸에게 알리기 위하여 어머니가 자발적으로 시행하는 지독한 시련"이라고 해석하였다.[89] 다시 말해 전

---

88 그러나 지역마다 관습도 다양하였다. 일부는 2-3세에 시작하고, 일부는 보다 늦게 12-13세에 시작하였다. 이상적인 연령은 일반적으로 6-7세인데, 왜냐하면 이 연령에 발목뼈가 매우 유연할 뿐만 아니라, 또한 자기의식적인 성별 표시과정이 시작되는 나이이기 때문이다. Jackson, (1997), 27; Blake (1994), 678 참조.
89 Blake (1994), 676.

족은 딸이 남자로부터 요구되는 순종적 삶을 준비할 수 있도록 의도적으로 어머니가 딸을 훈육하는 것이었다.

실질적인 면에 있어서 전족을 통해 여성에게 가해지는 신체불구 및 손상은 여성이 참여할 수 있는 활동 범위를 크게 제한하였다. 이 때문에 전족 관행은 여성을 안채에 가두어서 아내라는 제한적이고 종속적인 성역할—즉 내인—을 강화하는 데 일조하였다. [여성을] 안채에 가두는 것은 정절과 온순함이라는 보수적인 여성적 미덕을 강화하는 데도 일조하였다. 이러한 뜻은 무명의 작가가 쓴 여훈서 『여아경 女兒經』에 표현되어 있다. "어떤 이유로 발을 싸매는가? 활처럼 구부러진 모습이 보기 좋아서가 아니라, 그녀가 방문에서 쉽게 나가는 것을 두려워하여 천번만번 싸매어 구속하려는 것이다."[90] 전족을 통해 여성에게 가해지는 육체적인 구속은, 젠더 규범을 보장하며 더 나아가 여성의 고유 영역인 '내'의 공간적 고립을 상징한다.

전족을 통해 여성에게 가해지는 가혹한 신체적 제약과 속박은 가계 경제에 공헌하는 여성의 역량도 제한하였다. 특히나 발을 처음으로 감쌀 때에는 극심한 통증으로 인하여 소녀들은 대부분의 시간을 침대에 앉아서 보내고, 심지어 일부는 걸을 때 하녀의 도움이 필요했다. 따라서 손상되고, 쓸모없는, 꽁꽁 감싸진 한 쌍의 발은 가문의 부유함을 상징하였는데, 전족을 한다는 것은 가계 경제에서 여성 구성원의 나태함 정도는 기꺼이 감당할 수 있는 형편임을 의미하기 때문이다. 처음으로 발을 감쌀 때에 일상적인 의료적 돌봄이 요구되는 전족 관행은 딸에 대한 가족들의 상당한 투자였다. 딸들의 비생산적

---

90 번역으로는 Headland (1895), 559 참조.

이고 기형적인 발은 그녀의 내면적인 인내력뿐만 더 중요하게는 가족의 상류층 지위와 명예를 상징하였다.

원나라와 명나라 시대에 전족 관행은 상류층에서부터 연극배우 및 서민들에게까지 퍼졌다. 전족 관행이 성행했다는 것은 명나라 역사 기록에 다음과 같이 언급되어 있다. "송 초기에는 여자들이 자신의 발을 묶지 않았다. (…) 오늘날에는 그 관행이 매우 심하다." 그리고 "굽고 작은 발을, 요즘의 작은 아이들도 흠모한다."[91] 명나라 시대에 전족은 더 이상 상류층의 독점적인 특권이 아니게 되었다. 그것은 여성들의 공유된 이상ideal이었으며, 많은 사람들이 감탄하는 미학적 대상이었다. 그것은 또한 지위의 표식이었으며, 사회적 인정의 표식이었다. 왜냐하면 가난한 집안의 남자들은 문학을 배울 수 없었고, 여성들은 전족을 할 수 없었기 때문이다.[92] 거지들은 사회계급의 최하층을 차지했고, 그들의 낮은 지위는 남자와 여자로 하여금 문학 학습과 전족이라는 규범적이고 사회적인 활동에 참여할 수 없게 하였다. 이러한 활동[문학 학습과 전족]을 통해서만 남성과 여성 둘 다 인식 가능한 규범적이고 사회적인 존재로 적절히 표시되므로, [조정의] 금지령 속에서도 여성의 전족이 갖는 중요성은 남성의 문학적 학습과 동일시되었다. 다시 말해서 문학 학습이 남성의 예의범절을 나타내는 것처럼, 전족은 여성의 예의범절을 나타내었다. 프레드 블레이크가 말했듯이, 전족은 여성들이 예의범절을 갖추고자 할 때의 전도顚倒된 유교적 방법이다.[93] 남성들이 예의범절을 쌓을 수 있

---

91 ˙Jia Shen (1979), 187에서 인용함.
92 위의 쪽.
93 Blake (1994), 676.

는 문학적 학습에 합법적인 접근권한이 주어지지 않은 채, 여성은 그녀들의 몸을 규율하여 예의범절을 쌓았다. 유교의 수신修身 차원에서 전족은 말 그대로 자신의 몸을 재조형하는 것 또는 자신의 육체를 엄격하게 관리하는 것으로 여겨진다. 수修는 모양을 만들고 다듬는 것을, 신身은 몸이나 사람 전체를 암시하듯 말이다.[94]

그러나 인간의 도덕성의 기초가 되는 유가의 수신 개념은 반드시 문학과 성인의 의례전통을 배우는 것에서부터 시작하여야 한다. 공자는 일찍이 자신의 아들에게 말했다. "『시』를 배우지 않으면 말을 할 수 없다 (…) 『예』를 배우지 않으면 설 수 없다(『논어』 16.13)." 중국 문명의 가장 이른 문자 기록들로 묶여져 있는 『시』를 배울 때에서야 성인의 덕업뿐만 아니라 자신의 정감을 표현하는 시적 · 미학적 양식을 배울 수 있다. 그러므로 완전히 교양 있는 실체로서 말하는 법을 배우는 것은 『시』를 배우는 것을 통해서이다. 성인의 문학 전통을 광범위하게 아는 것은 반드시 의례적 전통의 채용으로 보완되어야 한다(역자 주: 博文約禮). 성현의 의례적 전통을 체현하지 않으면, 사람은 또한 어디에 서있어야 할지에 대해 막막해한다. 과거 성인의 지혜는 재전유, 즉 특정한 상황에서 혈연 및 사회적 역할을 통해 실현되어야 한다. 그렇지 않으면, 성인의 도에 대한 지식은 단순히 지적 호기심에 불과하다. 요컨대, 유교 세계에서 문학과 예절의 학습은 교양 있고 도덕적인 존재를 향한, 평생 이루어져야 할 자기 수양 과정의 기점이다. 문학과 예절의 학습은 유교의 평생 자기 수양 프로젝트의 중핵적인 부분이지만, 동시에 우리가 지금까지 논의

---

94 위의 쪽.

한 바와 같이 문학은 남성의 고유한 특권이기도 하였다. 『예기』에 명시된 소년 및 소녀의 교육을 위한 두 가지의 상이한 교육 과정에는 성별 격차가 반영되어 있다. 자의식적인 젠더 표기 과정은 7세부터 시작되고, 소년을 위한 적절한 교육에는 육예六藝와 문학 그리고 포괄적인 의례범절 학습이 포함되어 있는데 훗날에 관직에 오르는 것을 대비하기 위함이다.[95]

이에 반해 소녀에 대한 올바른 교육은 오직 실제적인 가사 관리로만 이루어지는데, 아내라는 예속적 생활을 대비하기 위함이다. "여자가 10세가 되면 밖에 나가서 돌아다니지 않으며, 유모가 고운 말씀과 아름다운 행실을 가르치거든 듣고 따르며, 삼베를 짜며, 누에를 쳐서 실을 뽑으며, 명주를 짜고 실띠를 엮어, 부녀자의 일[女功]을 배워서 의복을 만든다." 그녀는 제사를 관찰하고 그 제사의식을 준비하도록 배운다. "15세가 되면 성년식을 치러 비녀를 꽂고, 20세가 되어선 시집을 가니 (…)"[96] 소년과 소녀의 교육 격차가 뚜렷하고, 그 교육 목적도 상이하다. 젠더화의 과정은 문명화의 과정과 동시에 이루어지는데, 즉 남자는 문학과 예절의 포괄적 학습을 통해 완정한 문화적 존재가 되고, 여성은 실제적인 가사 관리 기술을 배움으로써 아내라는 예속적 생활을 준비하게 된다.

소년이 평생의 자기 수양 프로젝트에서 문학과 예의를 닦듯이, 소녀는 평생의 전족 프로젝트를 통해 자신의 살을 빚고 다듬어서 자기를 닦는다. 7세—소년과 소녀가 자기 의식적으로 성정체성과 성별 영역을 분리하기 시작하는 규범적 연령—는 소녀가 감싼 발로서

---

95 『예기』, 「내칙」; Legge (1967) I, 478 참조.
96 위의 책, 479.

[자신의 정체성을] 표시하는 규범적인 연령이기도 하다. 문화적 적응 과정에서 그녀의 형제가 문학 학습을 배워 자신을 닦을 동안에 그녀는 천싸개와 바늘로 자신을 닦는다. 의도적인 신체 손상을 통해 문명화되는 여성의 전도된 유교적 방식은 문화적 인식에서 있어 여성의 존재가 예속적 측면을 지니고 있다는 데 대한 묵시적 증언이기도 하다. 다시 말해서, 완전히 문화적 인간이 되기 위해서는, 여성은 무엇보다 인위적 방식을 통해 불구가 되어 표식되어야 한다. 여성의 자연적인 몸은 길들여지지 않은 야생의 동물을 상징한다. 그리하여 자연적인 몸에 변형을 함으로써, 길들인 소나 말에도 그렇게 하는 것처럼, 여성의 자연적인 몸은 남성의 영역―즉 문화의 영역―으로 진입한다. 길들여진 동물에 인간의 표식으로서 의도적인 신체변형이 적용된 것은 『장자』의 다음 구절에 설명되어 있다. 장자는 하늘과 인간이 무엇을 의미하는지 물었을 때 "소와 말에게 각기 네 개의 발이 있는 것, 이것이 하늘의 자연이요. 말 머리에 고삐를 달고 쇠코에 구멍을 뚫는 일, 이것이 사람의 작위이다."[97] 이와 마찬가지로 야생동물의 몸과 같은 자연스런 상태의 여자 몸은, 의도적으로 손상을 주는 전족의 과정을 거쳐 남성의 영역으로 진입한다고 할 수 있다. 그러므로 문학―남성 예의범절의 진정한 표식인―에 접근할 권한이 박탈된 상황에서 한 쌍의 변형된 발은 여성적 예의범절의 표식이다.

전족은 여성의 안채에서 이루어졌을지라도, 이것은 단순히 사적인, 가족적 사안이 아니었다. 그 반대로 어린 소녀의 발을 처음으로

---

97 『장자』, 17편: 번역으로는 Mair (1998), 159 참조. 본 인용문은 안동림 역 (2013), 『장자』, 현암사, 431에서 인용함.

묶기 시작하는 날짜는 매우 중요한 의미를 지니고 있었기에, 어머니는 대개 [전족을] 시작하기 전에 신성한 축복을 구했다. 가족의 여성 친지들에게 있어 이 날은 소녀의 '여성성'의 시작을 알리는 기념하고 축하하는 날이었으므로, 그녀들은 종종 작고 속박된 발로 먼 거리를 여행해 이 행사에 참여하였다.[98] 이른바 '금련金蓮'신발의 패턴 및 모양이 가정이나 지역에 따라 크게 달랐듯이, 발을 묶는 기술도 다양하였다. 전족은 어머니에서 딸로, 숙모에서 조카로 전승되는 일종의 지식이자 기예였다. 신발뿐만 아니라 묶는 방법의 독특한 패턴의 제작은 여성 고유의 전통을 표현했을 뿐만 아니라 여성에게 마땅한 임무였다. 남성은 붓과 문장을 통해 문학적 문화 양식을 만들어냈듯이, 여성은 천싸개와 바늘을 통해 자신의 문화적 양식과 전통을 만들어냈다. 남성의 문예 문화와 여성의 신체각인 문화 사이의 동등성은 '문'의 의미에서 입증된다. 흥미롭게도 '문'은 문예 문화(남성의 특권)와 다채로운 패턴(대개 여자의 바느질과 공예와 관련됨) 모두를 의미할 수 있다. 『설문해자』에서, 문은 '교차하여 그린다[패턴]'는 뜻이다. 전족은 붓이나 문장이 아닌, 발싸개와 바늘로 패턴을 만드는 여성만의 문화였다. 전족에서 여성은 묶이는 대상이었으며 발을 묶고 패턴을 만드는 주체이기도 했다. 여성은 여자조상의 문화를 전유하고 전승한 사람들이었다.

원·청 시대와 같은 외세의 침략 시기—이 두 왕조는 한족이 아닌 이민족들이 세웠다—에 전족 또한 정치적인 의미를 가지게 되었다. 전족은 한족을 미개하고 큰 발을 가진 이민족 집권자들로부터 구별

---

[98] Jackson (1997), 28, 33.

시켜주는 민족적인 식별 표식이 되었다. 자신들의 소수 지배층들에 의해 몽고족과 만주족 모두는 전족 관행에 참여하는 것이 금지되었다.[99] 이러한 금지에 더불어, 전족은 성 정체성 그 이상을 의미했다. 더 중요하게는 전족은 한족의 민족적 정체성과 예의범절을 의미했다. 전족—의도적인 신체적 각인이자 문화적인 패턴 제작—은 여성의 올바른 옷차림새의 일부로 고려되었다. 이러한 전족 관행을 실천할 때, 신체는 문화적으로 적절히 동화될 수 있다. 전족에 대한 도로시 코의 연구에서는 중국의 인식에서 올바른 옷차림은 인간과 짐승, 또는 문명인과 비문명인을 구분하는 것이었다고 말한다.[100] 예의바름의 표식으로서 올바른 옷차림은 문의 웅대한 관념을 표현하는데, 문의 의미는 문장의 문학적 패턴뿐만 아니라 의복 및 공예품의 미학적 패턴까지 포괄한다. 도로시 코가 요약한 바와 같이 17세기 중국의 전족 관행은 다음과 같이 여겨졌다. 첫째, 중국문화의 예의범절을 표현한다. 둘째, 한족과 만주족을 구분하는 민족적 경계의 표식이었다. 셋째, 신체의 장식으로서, 곧 여성 신체를 가리는 합당한 문화적 방식이었다.[101]

명나라 풍[한족 풍]의 복장·피복·헤어스타일·머리 장식과 마찬가지로, 전족은 엄벌의 위협과 함께 반복적으로 금지되었다. 청나라의 건국황제는 1636년의 칙령에서 명령했다. "모든 한족들은, 관료건 평민이건, 남자건 여자건 간에, 그들의 옷과 장신구는 만주 풍을 따라야 한다. 남자는 넓은 깃과 소매가 있는 옷을 입을 수 없으며, 여성

---

99 Levy (1966)의 2장 「Origin and Presence」 참조. 특히 53.
100 Ko (1997), 12–15.
101 위의 책, 10.

은 머리를 올리거나 발을 묶는 것이 허용되지 않는다." 황제는 1638
년에 남녀 모두에게 한족 풍 의상과 전족을 금지하는 것을 되풀이하
였다.[102] 청 조정이 새롭게 출범한 시기에 몰락한 명나라의 유민들은
여전히 한족 풍 의상을 입었고, 이 한족 풍 의상은 분명 명나라에 대
한 정치적 충성을 의미했다. 남아있는 명나라의 영향력을 없애기 위
해 청나라 건국 황제는 한족에게 만주 풍의 의복을 강제할 필요가
있음을 깨달았다. 특히 한족 남성은 만주 풍 헤어스타일을 따르기
위해 앞머리를 밀고 뒤 머리털만 남겨야 했으며, 한족 여성은 그녀
들의 묶인 발을 풀어야 했다. 청 조정의 통치 기간 전반에 걸쳐 청나
라의 '변발령'에 대한 수많은 반발이 있었지만, 17세기 말까지 관리
와 서민들은 청나라의 변발로 거의 통일되었다고 해도 지나치지 않
다.[103]

한족 남성은 청나라에 대한 정치적 복종의 표식으로 새로운 헤어
스타일을 따라야 했지만, 한족 여성은 발을 묶은 여성과 그 부모들
에 대해 가혹한 처벌을 내렸음에도 불구하고 조정의 전족 금지령을
계속 무시하였다. 1645년 전족을 한 여성들은 황실 궁궐에 출입이
금지되었다. 1664년에 강희제康熙帝는 1662년(그가 통치하기 시작한
연도) 이후에 태어난 모든 소녀들은 전족이 금지되고 이를 위반한 소
녀의 아버지는 채찍질과 유배를 당할 것이라고 선언했다.[104] 1902년
까지도 청 조정은 전족금지령을 여전히 시행하였다.[105] 그러나 1664

---

102 위의 책, 16.
103 변발의 역사에 대해선, Godley (1994) 참조. 특히 54-57.
104 Ko (1997), 22.
105 Levy (1966), 79.

년 칙령에서 발표된 전족금지령과 그 전후에 발표된 수많은 칙령들은 별 효과가 없었다. 대중 앞에 노출되는 남자의 헤어스타일은 일종의 공적 표현이었지만, 이와 비교하여 여성의 묶인 발은 상대적으로 사적인 일이었다. 그럼에도 불구하고 청 조정이 엄벌을 내리는 상황에서 한족이 전족을 인가하지 않았다면, 전족 관행은 지속되지 않았을 것이다.[106] 따라서 청대의 전족은 정치적 저항의 수단이었으며, 이를 통해서 한족 대다수는 야만족 집권자들의 권위에 도전할 수 있었다.

대체로 보아, 조정의 수많은 금지령을 견뎌내고 천 년 동안 지속된 문화적 관행인 전족은 너무나도 빤한 관점 그 이상으로 이해되어야 한다. 즉, 전족은 남성에 의해 자행되는 여성에 대한 성적 억압의 표식이자 가부장적 가족 구조에 의한 여성의 희생을 나타내는 표식 그 이상으로 이해되어야 한다. 대신에 전족은 다음과 같이 해석될 수 있다. 첫째, 중국 문화의 예의범절을 나타내는 표식이다. 즉 여성은 천싸개의 바늘을 통해, 여자 조상의 독특한 문화와 전통을 만들고 전수하였다. 둘째, 젠더 규범의 표식이다. 즉 '여성성'은 여성의 신체를 의도적으로 가린 한 쌍의 묶여진 발을 통해 표시되었다. 마지막으로, 민족적 정체성의 표식이다. 즉 청 조정의 권위에 대해 끈질기게 저항함으로써, 한족의 예의범절이 표현되었다. 19세기 말엽 부상하는 서구의 제국주의 세력에 의해 중국이 연거푸 패배하게 되면서, 이러한 전족의 문화적 의미는 전도되었다. 남성의 꽁지머리와 마찬가지로 여성의 전족은 중국의 야만성과 후진성을 보여주는 가

---

[106] Ko (1997), 21 – 22.

장 눈에 띠는 표식으로 전환되었다. 19세기 후반의 선교사의 저술에서부터 현대 중국의 성차별에 대한 페미니즘 담론에 이르기까지, [천싸개에] 묶여져 기형의 발을 가진 희생된 중국 여성은 서구의 중국에 대한 끔찍한 이미지가 되어버렸다.

다만 여기서의 나의 논의가 전족—여성에 대한 승인된 사회적 폭력—의 잔혹성을 부정하려는 데 있지 않다. 6-7세의 소녀들은 자신들의 자연적 몸을 손상하여야만 했는데, 문자 그대로 생살을 잘라내고 발 뼈 구조를 재배열하면서 위험한 감염과 끝없는 고통에 시달려야만 했다. '9센티 정도의 아름다운 발[三寸金蓮]'이란 규범적 이상을 달성하기 위해서 말이다. 어머니나 가족 구성원 중 여성 연장자에 의해 발이 묶여진 처음 2년 동안에는 충격적인 고통을 견뎌내야 했으며, 그 기간 이후에 소녀들은 남은 인생 내내 자신의 발을 감싸야 하는 책임을 떠맡게 되었다. 오늘날 여성의 신체를 아름답게 하고자 하는 미용문신과는 달리, 전족은 생애적 과정lifelong process으로 여성 스스로 발을 묶고자 하는 끊임없는 노력이 요구되었다. 이미 전족된 발을 이전의 '자연적인' 상태로 되돌리는 것이 완전히 불가능한 것은 아니지만, [그것이] 전족의 초기 과정보다 덜 고통스러운 것도 아니다. 성인 여성의 변형된 발을 이전의 '자연스러운' 상태로 되돌리는 것은 아이가 처음으로 발뼈 구조를 재배열할 때보다 그 고통이 작지 않았으므로, 잔인한 일이었다. 이 점은 19세기 후반이나 심지어 20세기 초반까지 사회 엘리트들의 견해가 전족의 정상성normalcy과 거리를 두었음에도 불구하고, 여성들이 여전히 자신과 자신의 딸의 발을 묶었던 이유를 부분적으로 설명해준다.[107]

전족의 잔인성뿐만 아니라, 전족은 또한 적시에 이뤄져야 할 관행임을 이야기할 필요가 있다. 아이가 전족을 할 수 있는 적절한 나이를 넘기게 되면, 그녀는 결코 제대로 묶일 수 없었다. 따라서 딸의 발을 묶을 것인지의 여부는 부모가 결국 아이를 대신해 내려야 할 결정이었으며, [전족이] 적시에 이루어지지 않는다면 부모는 자신의 딸이 여성적 이상에 참여하는 것을 평생토록 박탈됨으로 발생하는 사회적 후과를 감수해야만 했다. 그리고 수많은 부모들이 그러한 후과를 원하지 않았는데, 전족과 관련된 엄청난 건강상의 위험을 알고 있었고, 또 어린 딸들의 비명과 자비를 호소하는 간청을 들었음에도 말이다. 전족은 그 잔임함에도 불구하고, 역설적이게도 딸의 미래를 위한 부모의 사랑과 돌봄의 표현이었다.

구 중국의 관습인 전족의 악명이 서구에 널리 알려져 있다. 그러나 오늘날에도 여전히 여성의 몸에 부과된 문화적 각인의 악명에 대해서 반성하는 사람은 거의 있지 않다. 여기서의 요점은 '성차별적' 요소를 일축하거나 '문화적 다양성'의 기치 아래 그것들을 변명함으로써 첩, 과부, 전족 관행에 대해 [간단히] 사과하려는 데 있지 않다. 어쨌든 이러한 관행의 대부분은 중국, 대만, 홍콩을 아우르는 중화문화권의 경계 내에서 더 이상 규범적·사회적 이상ideal으로 현존하지 않는다. 오히려 여기서의 의도는 현대 독자들이 서구의 단순하고 잘못된 이분법을 극복해야 한다는 데 있다. 서구적 이분법에 따르면 서구사람들은 자율적·도덕적 주체이고, 그 나머지 사람들은 희생양

107 19세기 후반과 20세기 초반 사대부에게 발기되었고 귀족층으로부터 반발을 산 반전족운동에 대해선 Pao Chia-lin (1979), 266-95 참조. 서구 선교사의 영향 이전의 17세기와 18세기 초기의 전족에 대한 비판에 대해선 Ropp (1981), 120-289와 Shen (1979), 189-92 참조. 전족에 대한 서구의 저술(1300-1890)에 대해선 Ebrey (1999) 참조.

으로서 구출되고 해방되거나 그들의 '성차별적이고' '보수적인' 사회를 자각해야만 한다. 그러한 가정은 무언의 문화적이고 인종적인 위계질서를 도입하고 있는데, 즉 서구는 윤리 이론의 공급자로 그 나머지 세계는 해결되어야 할 도덕적 문제로 간주하고 있다. 이러한 가정은 여타의 가능성 있는 윤리적 이론의 출현을 막을 뿐만 아니라, 이방 문화의 사회적 관행—부호화된 상징적 의미들은 때때로 외부 관찰자의 눈에 보이지 않는다—에 대한 우리의 이해를 제한한다. 사회적 관습에 내재된 그러한 문화적 의미들을 해독함으로써 우리는 여성을 주체로 보게 되고, 여성들에게 부과된 구조적 한계에도 불구하고, 일종의 공유된 문화적 이상을 달성하기 위해 그러한 관습을 수용할 뿐만 아니라, 적극적으로 참여하는 여성 자신의 주체성을 이해할 수 있게 된다. 그러한 문화적 이해가 결여된다면 제3세계의 여성들은 편협한 '문화적' 도덕성을 뛰어넘고자 하는 서구의 윤리이론에 의해서만 해방이 정당화되는 단순한 희생자로, 시간에 멈춰버린 상태로 남아있게 된다.

이러한 신식민주의적 가정의 먹이감이 되지 않기 위하여 우리는 이제 유교—중국 고급문화의 정수—로 넘어가고자 한다. 유교를 지배적인 서구 윤리 이론(자유주의, 공리주의, 실존주의 등)에 견줄만한 실행 가능한 윤리 이론으로 이해할 뿐만 아니라, 보다 근본적으로는 페미니즘 이론으로도 이해하기 위함이다. 다시 말해서 우리가 서구에 의해 가정된 윤리 이론의 독점을 거부하고, 또 유교를 완전히 고정되고 성차별적인 이데올로기로 보는 과장된 레토릭을 거부할 때, 그렇다면 우리는 과감히 유교가 [주류적] 페미니즘의 대안으로 작용할 수 있는 가능성을 확인할 수 있을 것이다. 마지막 장에서 유교와 페미니즘 사이에 불협화음이 있을 것이라는 기존의 통념을 넘어, 성평등의 이론적 토대로서 혼종적 페미니즘 이론―'유교페미니즘'―을 구축하기 위하여 활용될 수 있는 유교의 이론적 구성요소들을 제시하고자 한다.

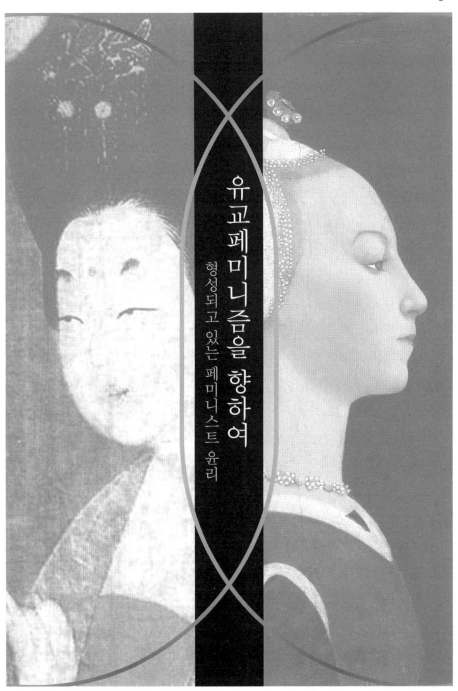

유교페미니즘을 향하여

형성되고 있는 페미니스트 윤리

Chapter 7

페미니즘 담론에서 유교란 단어는 여성 해방을 가능하게 하는 이론적 근거라기보다는 비판의 대상으로 여겨진다. 초기 페미니스트들이 보기에, '유교'는 남성우월주의를 강조하며 가부장적 가족 구조와 '내'라는 여성적 젠더 영역을 지지하고 있다. 따라서 유교는 중국 여성에 대한 이론 및 실천 상의 성억압을 시사한다. 성평등을 이루고자 하는 중국 여성들에게 있어 유일한 이론적 구원은 전적으로 서구 이론을 채택하는 데 있는 것 같다. 몇몇의 현대 페미니스트들은 도교에서 여성적 자질들을 우선시한다는 점을 들어 도교가 페미니즘의 우군일 수 있는 가능성을 탐구해왔다. 그러나 이러한 가능성은 종종 도교가 데카르트적 이원론 내에서 작동한다는 가정—음-양 및 여성성/남성성이 동등한 개념으로 취급되는—을 동반한다. 그러나 이전 장에서 우리는 이러한 가정에 대해 의문을 제기하였다. 페미니스트들과 중국학자들은 마저리 울프가 성리학을 재음미하고자 했던 뚜웨이밍을 비판한 것과 동일한 가정을 종종 취하곤 한다. '유교적 인격 Confucian personhood'은 남성적 자아와 일치하고, 유교 전체는 페미니즘과 근본적으로 공존할 수 없다. 즉 유교와 페미니즘은 개념적으로 양립할 수 없는 것으로 간주된다. 그러나 서구가 윤리적 이론의 유일한 공급자이며 나머지 세계는 해결되길 기다리는 도덕적 문제라는 관점 아래에서 유교와 페미니즘이 양립할 수 없다고 가정하는 것은 페미니즘을 가장하여 인종적 위계질서를 강요하는 것이다. 이러한 신식민주의적 가정을 거부하기 위해서는, 우리는 페미니즘 담론에서 발견되는 유교에 대한 잘못된 이해들을 거부해야 한다. 더 중요하게는, 우리는 유교적 틀 안에서 페미니스트 이론을 구성하고자 하는 미래적 과업의 윤곽을 그림으로써, 유교에 대한 페미니스트들의 부정적 평가를 넘어서야만 한다. 그렇다고 해서 유교가 페미니스트들의 비판(특히 내외라는 성별 기반의 분업에 대한 비판)으로부터 시사점을 얻지 못한다는 것은 아니다. 그러나 이렇게 유교에 수정이 요구되는 요소가 있다는 것을 인정하는 것은 유교 전체가 본질적으로 성차별적이라거나 반페미니즘적이라고 말하는 것과는 같지 않다. 아리스토텔레스의 덕 윤리, 칸트의 의무론 또는 니체의 실존주의가 그 일부 요소에서는 수정이 필요하므로, 그 이론들이 본질적으로는 성차별적이며 반페미니즘적이라고 말하지 않는 것과 마찬가지이다.

다음에서 우리는 유교의 주요한 윤리 개념, 특히나 인 개념(덕목에 기초하여 성취된 인격), 효의 덕목(인의 시작점) 그리고 음양과 내외의 상호보완적인 상관성에 집중하고자 한다. 여기서의 가정은 혼종적인 '유교의 페미니즘 이론' 내지는 '유교적 페미니즘'이 가능하다는 데 있다. 이러한 작업을 통해 유교는 자신의 이론적 틀을 벗어나지 않으면서도, 페미니즘의 도전에 대처하고 여성 억압에 대한 페미니즘적인 우려를 다룰 수 있게 된다. 그리고 더 중요하게는 페미니즘의 이론적 지평을 넓힐 수 있다. 다시 말해서 유교가 사회적 역할의 상호적 불평등과 효행·가계의 연속성이라는 가족적 미덕을 강조하고 있지만, 유교가 페미니즘에 여성 해방을 위한 이론적 대안 체계를 불어넣을 수 있다고 가정된다. 완전하게 체계적인 형태로서의 유교페미니즘에 대해서는 현대 페미니즘 이론을 충분히 평가하고자 추후의 연구 과제로 남겨두고자 한다. 지금으로서는 추후의 연구 과제에 대한 개요를 제공하여, 페미니즘과 유교의 융합 가능성 또는 유교 전통 내에서 가능한 '페미니즘적 공간'이 만들어질 수 있음을 입증하는 것으로 충분할 것이다.

젠더 문제와 페미니즘의 정치학

분석 범주로서 '젠더'는 페미니스트들을 크게 곤혹스럽게 했는데, 특히 여성의 '본질' 혹은 '본성'에 대한 전통적인 설명을 실존주의자들이 해체하고 나서부터였다. '여성'이라는 범주는 더 이상 타고난 생물학적 사실들의 집합—노동 및 사회적 역할의 자연화된 성별분업을 뒷받침하는—을 의미하지도, 뚜렷하게 여성적인 심리적 및/또는 행동적 특징들의 집합을 의미하지도 않는다. 실존주의자들의 해체작업에서 '여성'은 사회적 구성물로, 젠더화 과정(사회적으로 인식할 수 있는 젠더 규범을 획득하고 구현하는 과정)에 참여함으로써 지속되는 현상을 의미한다. 보부아르가 과감하게 선언했듯이 "여자는 태어나는 것이 아니라, 여자로 만들어지는 것이다." 거기에는 자연적인 존재로서 '여성'은 없다. 오히려 사회적으로 그리고 문화적으로 인식될 수 있는 '여성'으로서 각각의 여성은 적절한 '여성'을 구성하는 각 문화적 개념에 따라 만들어진다. 이러한 실존적 해체는 여성을 전통적인 '생물학적 결정론'에서 부분적으로 해방시킨다. 이 생물학적 결정론에선 여성은 남성과의 생물학적 차이에 뿌리를 둔 일련의 자연스러운 역할, 의무 및 능력을 가진 자연적 존재로 간주된다. 미리 결정된 본질 대신에 자유롭게 선택된 프로젝트에 의해 정의되는 진정한 자아에 대한 실존적 강조는 여성을 정의하는 가부장적 전통으로부터 여성이 자유로워질 수 있는 새로운 가능성을 열어준다. 실존주의적 페미니즘은 여성 해방을 위한 새로운 윤리적인 기초뿐만 아니라 인식론적 기초를 제공한다.

하지만 그러한 해체는 페미니스트들에게 어려움도 준다. 즉 특정한 사회적 구인을 넘어서는 그러한 '여성'이 없기 때문에, 페미니스트들이 문화적, 인종적, 계급적 경계를 초월한 성억압을 논의하기 위해 집합적 용어로서 '여성'이라는 범주를 어떻게 계속 사용할 수 있겠는가?[1] 다시 말해 실존주의자의 세계에서 '여성'이 되는 현상은 특정 사회가 인가하는 젠더화 과정에 참여한다는 것과 같은 맥락일 뿐, 그 이상은 아니다. 따라서 원칙적으로 미국 여성, 중국 여성, 라틴계 여성 등에 대해서 말할 수 있을 뿐이고, 모든 문화적, 인종적, 또는 계급적인 특수성을 초월하는 존재로서 '여성'은 말할 수 없다. 말하자면 '여성'에 대한 각각의 독특하고 문화적인 개념의 근간을 이루는 본질로서 기능하는 '여성'에 대한 독창적인 관념은 없으며, 그 덕분에 '여성'에 대한 각각의 문화적 개념은 '여성'이라는 포괄적이고 독창적인 개념의 특정한 예로 여겨진다. 특정한 문화적 현상으로서 '여성'이 태어나는 것이 아니라 만들어지는 것이 사실이라면, 여성의 조건을 이해하려는 어떠한 교차문화적 시도는 문화 연구에서부터 시작되어야 한다. 중국 여성의 경우, '여성'이란 개념은 위계적

---

[1] '여성' 범주에 대한 비판은 Riley (1988) 참조.

친족 구조 안에서의 일련의 친족적 역할, 의례적으로 적절한 범주 및 노동 분업을 의미한다. 즉 중국 사회에서 젠더화는 의례화 및 문명화와 공명하며, 여기서 젠더화된 존재는 예의범절과 문명성을 체현한 존재이기도 하다. 따라서 중국 여성을 구성하는 요소에 대한 탐구는, '여성'이라는 당초 개념이 갖는 일련의 초문화적인 특징들이 아닌 문화적인 개념에서부터 시작해야 한다.

자기의 방을 보존해야 하는 것처럼(역자 주: 버지니아 울프는 『자기만의 방 *A Room of One's Own*』에서 여성이 자유로워지기 위해서는 자기만의 방(즉 남자와 동등한 권리)이 요구된다고 주장했다.) 여성 간의 문화적 차이를 긍정해야 할 필요성은 '여성'의 분석적 범주를 도입하면서 동시에 '제3세계 여성'과 '서구 여성'의 범주를 한데 묶어버리는 주류 페미니스트의 담론에 응답한 제3세계 페미니스트 찬드라 모한티와 카렌 캐플런Caren Kaplan에게서 잘 표현되었다.[2] 에이드리엔 리치 Adrienne Rich가 위치의 정치학이란 용어를 처음으로 고안한 1980년대 이래로, 위치의 정치학은 교차문화적 젠더 연구에서 포스트모던 페미니즘의 중요한 부분으로 등장하였다.[3] 경험적 지역성은 교차문화적 맥락에서 젠더를 논의하려는 데 중요하지만, 경험적 지역성은 [내가] 다루고자 하는 특정 지역에서의 사람들의 물리적 존재 그 이상을 의미한다. 말하자면 중국의 풍부한 문화자원을 탐색하는 데 필요한 언어적 능력이 없고 중국에 발을 들여놓지 않는다면, 과거 또는 현재의 중국 여성의 위치에 대한 이해는 제한적일 것이다. 또한 단순히 [관찰자가] 중국에 있다고 하더라도 중국 여성의 위치에 대한

---

2   Kaplan (1994); Mohanty (1991) 참조.
3   Kaplan (1994), 138.

관찰이 자동적으로 유효해지는 것은 아닐진대, 경험적 관찰은 반드시 개념적 틀에 의해 인도되어야 하기 때문이다. 그리고 그녀의 친숙한 개념적 틀이 그대로 남아있는 한, 그녀의 경험적 관찰은 그녀가 재현하고자 하는 대상보다 그녀 자신의 문화적 범주를 더 많이 반영할 것이다. 마저리 울프가 중국 정보원에게 친족 역할 외의 좋은 여성의 특성을 설명하도록 압박한 사례는 완벽한 사례이다. 따라서 여성 사이의 경험적 차이를 인식하려면, 이론적 상상력의 전환— 자신에게 익숙한 문화적 범주가 더 이상 규범적 기준점이 아닌— 이 더욱 필요하다. 포스트모던 페미니스트 담론의 비판적 관행인 서구적 이론의 중심성을 해체하는 것에는 카렌 캐플런이 경고한 것처럼, '백인'이라는 특권적 입장이 그대로 유지된 채 주변부로부터의 이론이 피상적으로 포함하는 것이 되어선 안 된다.[4] 다시 말해서 그것이 도달하려는 것은 '제3세계 여성'에 대한 지배 및 주변화 행위에 지나지 않는데, 제3세계 여성이 서구 페미니스트 담론에 포함되어 주변화되고 지배되기 때문이다.

서구 페미니스트 학계에서는 인종과 계급 문제를 분석하는 데 상당한 노력을 기울였다. 그러나 교차문화적 젠더 연구에서 문화의 요소는 상대적으로 무시되며, 이는 부분적으로 세계의 다른 지역에 있는 여성들이 획일적으로 두말 말고 폐기되어야 하는 '성차별적인' 전통의 수동적 희생자일 뿐이라는 신식민주의의 가정 때문이다. 그러나 문화에 대한 진정한 이해가 결여된 상태에서, 페미니스트들은 또한 그들이 이해하고자 하는 바로 그 주제와 그 주제의 주체들을

---

4 위의 책, 144.

지워버린다. 백인 남성과 백인 여성 사이에서 발견되는 주변화 패턴이 초국가적 페미니스트 담론에서도 동일하게 영속되는데, '서구 여성'의 주체성과 근대성은 전통에 묶인 '제3세계 여성'의 희생과 대조되고 있다. 그러나 타자의 세계에 자신의 문화적 틀을 부과하는 것은 타자의 현실에 대한 근사라기보다는 자기 자신의 개념적 지평의 한정만을 반영할 뿐이다. 서구 작가들은 종종 희생된 제3세계 여성을 구하러 오는 도덕적 이론가의 자세를 취한다. 이러한 렌즈를 통해 전 지구적 페미니스트 운동은 단지 단순한 '충격-반응' 모델에서만 생각될 수 있으며, 이러한 관점에 따르자면 '성차별주의적'이고 '보수적인' 사회의 변화는 오직 서구 윤리이론과 삶의 방식을 수입됨으로써만 이루어질 수 있다. 교차문화적 연구에 내재된 이 암묵적이지만 제국주의적인 이분법은 타자의 도덕적 주체성—자신의 문화적 자원 내에서 자기 자신을 바로잡을 수 있는—을 확인함으로써 거부되어야 한다. 중국사회의 경우 유교가 자기를 바로잡을 수 있는 가장 중요한 문화적 자원으로 여겨지며, 이렇게 수정된 유교는 여성 해방을 위한 새로운 혼종적 페미니즘 윤리 이론이기도 하다. 그러나 여기에서 내가 유교에 집중하는 것은, 중국 문화 서사에서 중요한 도교 페미니즘 윤리나 불교 페미니즘 윤리의 구축 가능성을 배제하려는 데 의도가 있지 않다. 하지만 대부분의 페미니스트들의 비평은 유교에 초점을 맞추고 있고, 많은 중국학자들이 유교가 중국 문명의 토대를 뒷받침한다는 데 동의하기 때문에, 유교야말로 혼종적 페미니즘 이론의 새로운 세계로 진입하는 출발점이 되는 것은 적절해 보인다.

유교페미니즘의 개요: 혼종적 정체성

앞서 우리는 중국의 여성 억압에 대한 가능성 있는 요인들과 그것들이 유교와 갖는 연관성에 대해 논의했다. 효, 조상숭배, 가계의 존속의 세 가지 문화적 의무는, 사회적 관행(가장 눈에 띄게는 첩, 민며느리 그리고 여아살해 관행)을 정당화하고 유지시키는 이론적·윤리적인 근거가 되었다. 가문의 존속이 강조되었고 여기에 그 존속이 오직 남성 계통을 통해서만 가능하다는 가정이 덧붙여지게 되었는데, 대체적으로 그 필연적 결과물이 중국의 성차별주의라고 해석될 수 있다. 이것은 차례로 유교의 효라는 가족적 덕목과 조상숭배의 의례·종교·문명적 관행과 맞물려져 있다. 성별 구분으로서 내-외 구분에 따르면, 남성은 외의 영역(문학, 개인적 성취 및 가족 외 관계의 영역)에 할당되고 여성은 내의 영역(은폐, 실용적 가사 관리 및 가족·친족적 관계의 영역)에 할당되며, 이러한 구분은 여성에게 할당된 제한된 기능적 역할 및 영역을 구체화하는 데 일조한다. 가계를 영속시키기 위하여 딸·아내·어머니로 길들여지는 것 외에도, 여성은 문학[文]과 정치[政]의 '외' 영역 ─ 한 사람의 문학적 재능이 명백한 공적·윤리적 쓰임을 갖게 되고, 자신의 이름과 명성이 가까운 가족 영역을 넘어 전달되고 기억되는 곳 ─ 에 대한 접근도 박탈된다.

사회적 관행들과 남녀 간의 규범적 구분으로서 내-외 구분 사이의 가장 주목할 만한 교차점은 아마도 악명 높은 전족일 것이다. 이 전족 관행에서, 문명의 '내' 영역에 있는 여성들은 문文(문화와 예의범절)의 방식을 통해 은폐되고 표시된다. 문장과 붓 대신에 천싸개와 바늘로 자신과 딸들의 발을 묶음으로써, 여성 ─ '내'의 영역에 국한된 기능적 존재 ─ 은 독특한 '우리들의 문화'를 창조하고 전수해 남성 상대방을 모방하려 한다. 다시 말해 전족 관행을 통해 여성은 온전한 인격을 닦는 것이 아니라, 생살을 다듬음으로써 유교적인 예의 범절 방식을 전복시킨다. 그러나 이러한 전복도 '외' 영역(문학 학습, 정치 그리고 개인 성취의 영역)에 합법적으로 접근할 수 없는 여성에게 부과된 구조적인 제한을 반영한다. 그리고 가족 영역에서 남자 후손을 영속화하여 기억되고자 하는 욕구와 가족 외 영역에서 유덕한 자기 수양과 성취를 통해 기억되고자 하는 욕망은 중국 사회의 성 불평등 문제의 기저가 되었다. '내'의 영역에 은폐되어 글도 모르고 익명적인 존재인 여성은 완전하게 인격화되지 않았으며, 또 그렇게 될 수도 없다. 요컨대 중국 사회의 성차별 문제는 성별에 따른 분업과 활동 영역을 규정하는 내-외의 의례적 규범에 대한 문제이기도 하다. 본래 역동적인 상호작용을 전제한 내와 외 이념은 여성이 문학 학습의 '외' 영역에 합법적으로 접근할 수 없게 하였으며, 또 한편으로는 여성의 성취—특히 문학과 정치 영역의—를 은폐하였다.

여성의 불완전한 인격은 유교의 자기 수양의 윤리적 프로젝트에서 더욱 가속화된다. 유교의 자기 수양은 고전古典, 고대 성인의 언행, 그리고 유교적 이상적 인간인 군자—효와 예를 겸비했을 뿐만 아니라 무엇보다 고결한 본보기로서 사람들을 이끌 수 있는—를 연구하고 체화하는 것에서부터 시작된다. 이에 반해 내-외 구별 때문에 제약된 존재인 여성은 영원히 불완전하다. 유교의 자기 수양 프로젝트와 그 군자의 이상은 비록 도덕적 내용에 있어서는 성별에 국한되고 있지는 않지만, 그럼에도 불구하고 '내'에 국한된 젠더적 존재인 여성이 닿을 수 없는 영역에 있다. 그러므로 유교에서 바로잡아야 할 것은 내-외 관념에 근거한 성별 분업이지, 성취된 인격[仁]

을 추구하는 유교의 전체적 체계가 아니다. 유교가 효와 가계 존속의 중요성을 강조하는 것은 가족 성씨가 전수되고 있는 관행과 조상 숭배의 관행에 체현되어 있는데, 이 두 관행은 효라는 거대한 관념을 구성한다. 우리의 혼종적인 유교페미니즘에서, 유교 내부에 페미니스트 공간을 만들기 위하여 성별 구분으로서 내-외 관념은 약간의 수정이 필요하다.

다만 무엇보다 우리들의 혼종적인 페미니즘 이론—유교적이면서 동시에 페미니즘적인—의 기본 가정들을 개괄하고자 한다. 우선 우리의 유교페미니즘에선 관계들의 망web 안에 위치한 관계적 자아를 가정한다. 이 관계망은 외부적인 것, 즉 '핵심' 자아—외부 관계보다 선재하는 것으로 간주되는—에 '부가된 것'이 아니다. 대신에 여러 관계들이 실존적 자아를 구성하므로, 그 자아는 관계망과 공존하는 것으로 여겨진다. 또 자신의 도덕적 가치는 조화로운 사회적 관계를 유지하는 실천적인 성취에 따라 측정된다. 그 사회적 관계는 부모-자식의 관계에서 시작하는데, 왜냐하면 부모-자식 관계야말로 세상에서 가장 먼저 자기 자신을 발견하는 곳이기 때문이다. 부모와 자식의 상호적 돌봄을 강조하는 효의 덕목은 인간이 되는 출발점이다. 부모는 자애로워야 하고, 자식은 효를 실천해야 한다. 즉 아이는 예의가 바라야 하고 부모의 바람에 호응해야만 한다. 사회적 관계 속에 자기 자신을 정위시키지 않으면 사람은 실존적 존재가 되지 못하며, 그러므로 이 세계에서 완전한 인격체가 되지 못한다. 이러한 [실존적] 출발점은 철저히 유교적인데, 그것은 유교의 성취되는 인격성과 전적으로 일치하기 때문이다. 유교적 관점에 따르면 사람은 오직 특정한 사회적 관계와 역할—가족 관계·역할로부터 시작하는

―로 실현될 수 있는 특정한 사회적 덕목을 체화했을 때에만 '사람'일 수 있다.

이에 대한 한 가지의 가능한 이의제기는 인간 사이의 불평등한 가치를 전제한다는 위험이 존재한다는 것이다. 당연하게도 그러한 위험은 사회적으로 정의된 최소한의 인간적 조건에도 미치지 못하는 사람들에게 가해지는 인권 침해 가능성에 있다. 즉 권리와 자격이 사회적 관계의 성공 여부에 따라 측정되는 개인의 실제적인 기여에 달려있다면, [사회적 관계를] 성취하는 데 실패한 사람들을 위한 안전망이 없을 것이다. 인간의 자연권(역자 주: 인권은 역사적으로 형성되거나 실정법에 의해서 창설되는 것이 아니라, 천부적으로 주어지는 것임)에 대한 담론은 실로 근대 서구 정치이론에서 친숙한 것이다. 홉스의 남성(그리고 여성)의 자연적 평등은 모든 남성이 어떠한 조건 없이 평등하고 자유롭다고 말하는 현대의 사회계약론의 시작을 나타낸다. 이러한 서구 정치 철학의 절대적 평등은 로크의 이론에서 예시된 바와 같이 대체적으로 기독교적 창조론에 뿌리를 두고 있다. 창조론은 절대적 평등에 관한 형이상학적 근거를 제공한다.

그러나 사람이 사람이게 하는데 있어 어떠한 자격조건이 없다는 일종의 형이상학적 근거를 거부한다면, 사회적 관계의 중요성은 반드시 자아의 '일부'가 아니라 자아의 바로 그 '본질'로서 구체화되어야 한다. 다시 말해서, 사람은 오직 관계-내-존재일 때만 사람이다. 어떤 의미에서 모든 사회적 관계의 단절은 사람을 사람답지 않게 만든다. 세상에서 가장 먼저 자기 자신을 발견하는 부모-자녀 관계는 세상에서 자신을 확장하는 다른 관계들보다도 먼저 구체화되어야 한다. 그러나 효의 미덕은 친부모와 그 자식 간의 타고난 관계에만 국한되지 않는다. 그것은 확실히 현대의 비전통적 가족들 ― 조부모, 양부모, 친척 또는 고아원의 사회복지사 등이 주요한 돌봄 제공자인 경우 ― 을 수용하도록 확장될 수 있다. 효의 중요성을 강조하는 여기서의 강조점은 돌보는 자와 돌봄을 받는 자 사이의 전통적인 가계 관계를 변형해 상호호혜주의적인 관계로 전환시킴으로써, 상호 호혜성이 전제되지 않는 타자에 대한 '타고난' 책임이나 의무가 없게 하는 데 있다. 효는 최소한의 수준에서 인간다움을 향하는 관문이다. 타인에 대한 진정한 돌봄은 인간이 되는 출발점이며, 그러한 점이 생략되고선 어느 누구도 그 자체로 대가를 받을 자격이 없다. 한 마디로 유교에서는 아무런 조건 없이 받을 자격이란 없다.

일부 학자들은 노예제나 인권 유린과 같은 이슈를 다루기 위해서는 윤리학에서 타인에 대한 일종의 기본적 존중이 필요하다고 주장한다.[5] 가장 눈에 띄게는 칸트의 보편적인 '인간 그 자체에 대한 존중'은 필수불가결한 윤리적 원칙으로 받아들여지고 있다. 비록 칸트 윤리학에서 전제하는 인간 본성이 추상적이라는 많은 비판이 제기되고 있지만 말이다. 그러나 [칸트의] 그 목적이 모든 사람을 존중하고 보살피는 일종의 '보편적인' 원칙을 주장하는 것이라면, 효도의 덕목이야말로 칸트 윤리학의 사람에 대한 추상적인 존경보다도 더 나은 역할을 수행할 수 있다. 부모와 자식 사이의 타고난 관계에서

---

5 관련 사례에 대해서는 James Tiles (2000) 참조. 칸트 윤리학의 추상적 성격에 대한 그의 비판에도 불구하고 Tiles는 도덕성의 세 가지 척도 중 하나로 칸트가 제안한 인간에 대한 존중을 취하였다. 자세한 내용은 Rosenlee (2003b) 참조. 추상적 인격체에 대한 칸트의 경향 이외에도, 칸트윤리학은 신을 도덕성에 대한 규제적 이상으로 만듦으로써 다량의 도덕적 신학을 도입한다. 칸트윤리학과 신학 사이의 연결의 측면에서, 칸트에 대한 더 많은 비판으로는 Rosenlee (2003a) 참조.

발견되는 효심을 이방인에게까지 확장함으로써 추상적인 사람에 대한 단순한 존중으로서가 아니라, 타자에 대한 진정한 돌봄이 성취되고 '보편화'될 수 있다. 모든 사람이 부모-자식 관계에 있는 사람이기 때문에 이러한 확장은 이루어질 수 있다. 즉 모든 사람은 누군가의 아버지, 어머니, 아들 또는 딸이지, 사회적 관계가 없는 추상적인 사람이 아니다. 가족에 대한 진정한 애정은 이방인―그 역시도 관계-내-존재인―에게까지도 확장될 수 있다. 또한 효도는 모든 감정이 있는 존재들[有情物]―역시 부모-자식의 타고난 관계에 있는―에게까지도 확장될 수 있다. 효의 덕목은 인격성의 본질적인 관계성을 주장하고 있으며, 더 중요하게는 칸트의 추상적인 '인간 그 자체에 대한 존중'에 구체적인 내용을 부여하고 존중의 실천 범위를 인간세계에서부터 모든 유정물의 세계로 확장할 수 있다.

둘째, 우리는 유교페미니즘의 내용으로서 인 덕목―성취된 인격의 정점인―의 중심성을 제안하고자 한다. 효의 덕은 [참된] 사람이 되고자 하는 출발점인데, 또 인간은 점점 확장되는 관계망 속의 인간이기도 하다. 가족이 관계적 자아의 중심적 영역이라면, 공동체·사회·국가·세계 전체는 그 자아의 확장된 장이다. 또는 가족·공동체·국가·세계 전체가 일련의 동심원들이라 말할 수 있다. 자기가 관심을 기울이고 관계를 맺는 권역이 확대될수록 자아도 확대된다. 가족에 대한 관심권역은 국가 또는 세계 전체에 대한 관심과 분리되거나 충돌하는 것으로 인식되지 않는다. 앞서 논의한 바와 같이, 효의 사적 덕목은 정치적 선과 별개의 덕목이 아니다. 대신에 효는, 확장된 공공선이 실현되기 위하여 의존하는 기초이자 구성요소이다. 즉 유교 윤리는 가정을 우선시하며, 가족의 덕목을 공적 덕목의 실현을 위한 필요조건으로 삼는다. 불효하는 자녀는 또한 믿음직스럽지 못한 신하이기에, 효를 실천하는 자녀를 기름으로써 믿음직스러운 신하를 기르는 것은 나라가 조화롭고 오래가기 위한 한 가지의 방법이다. 기초가 탄탄해야만 공공선의 실현 또한 탄탄해진다. 또는 현대 정치학의 레토릭으로 표현하자면, 강한 가족적 가치는 사회적 불협화음을 완화시킨다.

2장에서 지적한 바와 같이 인의 덕은 효의 덕에서부터 시작되므로 효는 [진정한] 사람이 되는 시작이기도 하다. 유교 윤리학에서 인 仁과 사람[人] 개념이 어원학적/동음론적에서뿐만 아니라 철학적으로도 동일하다는 것은 놀라운 일이 아니다. 인한 사람은 집에서 효를 실천하고 공경하는 것 이외에도, 의롭고[義], 예의 바르며[禮], 지혜롭고[智], 호혜적이며[恕] 믿음직한[信] 사람이기도 하다. [그 사람이] 인하다는 것은 그 사람이 위치한 특정한 사회적 관계에 적합한 특정한 사회적 수월성을 체화했기 때문이다. 또한 사람이 사람이게끔 하는 데 어떠한 조건이 없다는 형이상학적 근거가 전제되지 않으므로, 그 사람의 사회적 관계의 범위가 곧 그 사람의 실존적 자아의 범위이기도 하다. 말하자면 자아는 자신을 실현하기 위하여 외부로 확장되어야 하며, 최소한의 수준에서 자아는 자아가 처음으로 존재하게 되는 기존의 가족 관계를 지속적으로 유지해나갈 것이다. 일생의 과정에서 관계망은 가족에서부터 세계로 확장될 것이고, 이러한 관계를 계속 유지하기 위해 [각 관계에] 요구되는 다양한 사회적 미덕의 범주도 확장될 것이다. 인의 덕은 그 범위가 포괄적이기는 하지만, 다른 모든 덕목들의 기초가 되는 '원초적' 원리가 아니다. 즉 인은 다른 모든 덕의 실현을 위한 필요조건으로서, 다른 모든 덕목들보다 선재하지 않는다. 대신에 인격의 정점으로서 인의 덕목은 특정한 관계에서 실현될 수 있으며, 그 특정한 관계는 그 관계에 적합한 특정한 사회적 수월성이 적용된다. 인의 덕을 관계적 인격의 가장 높은 경지로 단언함으로써, 우리의 유교페미니즘은 형이상학적 기초가 없는 실천 윤리를 긍정한다. 유교페미니즘은 인간관계의 우선성을 단언한다. 자신이 속한 공동체는 [자아의] 출발점이자 중심 영역이어야 한다. 그리고 세계 전체 즉 타자의 세계는 확장된 장으로서, 이곳에선 타자에 대한 돌봄이 이성reason의 비인격적인 법칙을 통한 추상적인 존중이 아니라 구체적인 의례적ritual 내용을 통한 진정한 돌봄이 된다. 그러나 인의 덕목은 자신의 관심사가 가족이나 공동체에 국한되는 엄격한 공동체주의적 윤리를 낳지 않는다. 대신에 인의 윤리는 자신이 속한 공동체의 요구를 충족시키는 것을 출발점으로 하는 우선성을 인정하면서, 동시에 진정한 돌봄을 자신에서부터 타인의 세계로 확장할 것을 강조한다. 그러므로 인의 덕을 윤리적 이상으로 삼는 우리의 유교페미니즘은 한편으로는 인간관계를 우선시하는 구체적인 도덕성에 관한 페미니즘의 요구에 대응할 수 있으며, 또 다른 한편으로는 자격이 없는 사람들에 대한 의무감으로서 '정의'와 '공정' 의식 또는 일종의 기본적 '인권'을 보장하기 위한 '보편적인' 윤리 원칙에 관한 윤리학자의 요구를 충족시킬 수 있다.

마지막으로 유교페미니즘은 음양과 내외의 상호보완성과 호혜성을 인간관계의 기본 구조로서 삼고자 한다. 우리는 구체적인 인간관계의 세계에서 상호보완성과 호혜성이 각 관계의 본질 그 자체를 특징짓는다고 가정한다. 각 특정 관계의 권력 구조는 상위자가 하위자에게 절대적인 권력을 갖는 지배와 복종의 구조가 아니다. 유교세계에서 사회적 관계는 본질적으로 위계적인 것이 사실이지만, 그 자체로 호혜적이고 상호보완적이기도 하다. 예를 들어 부자 관계에서 아버지와 아들은 사회적으로 불평등하지만, 아들에 대한 아버지 권위의 정당성은 아버지와 아들이 서로에 대해 실천하는 호혜적인 돌봄에 달려 있다. 아버지가 아들에게 예에 따라 자애를 베풀지 않는다면, 아들은 아버지에 대한 효의 의무를 다하지 않게 된다. '역사적' 현실에서 자신이 결혼을 할 때 사악한 아버지에게 알리지 않았지만 여전히 유덕한 것으로 여겨지는 성왕聖王 순 임금의 전설이 여기서의 요점을 잘 보여준다. 아버지는 자신의 행위가 의로운 경우에만 아들의 효도를 받을 자격이 있다. 우리의 유교페미니즘은 아버지의 도덕적인 실제적 성취와 상관없이 아버지라는 위치에 체현되어 있는 근본적인 우위를 상정하지 않는다. 즉 [유교페미니즘에서] 인간관계의 위계적 성격을 긍정한다는 것이 아버지의 지위에 절대적 권위를 인정하는 가부장적 가치 ─ 서구 정치 이론에서 분명히 표현된 ─ 를 긍정한다는 뜻은 아니다. 유교윤리학에서 사회적 우월자로서의 아버지의 권력은 호혜성에 의해 완화되기 때문이다. 유교윤리학에서 절대 권력은 고사하고 의무 없는 권리란 없다. 여기서의 요점은 각각의 사회적 관계가, 비록 본질적으로는 위계적일지라도, 호혜적이고 상호보완적이기도 하다는 것이다.

유교페미니즘은 기본적으로는 위계적이지만 또 상호보완적이고 호혜적인 인간관계 구조를 주장한다. 개별적 관계들은 도덕적 권위에 근거하는 불평등에서부터 출발할 것이며, 무조건적인 절대적 평등에서 출발하지 않을 것이다. 부모와 자녀는 사회적으로 평등하지도 않고 평등해서도 안 된다. 교사와 학생, 어르신과 젊은이도 그러하다. 유교윤리학에서는 사회적인 하급자가 사회적인 상급자에게 기본적인 존경심을 지녀한다고 가정한다. 그리하여 어르신에서 어린이로, 부모로부터 자식에게, 선생님으로부터 학생들에게 과거의 지식이 전수되어, 인간관계의 복잡한 망에서 조화와 연속성이 있을 수 있다. 그 사람이 과거에 대해 어떻게 평가하느냐와 별개로, 과거에 대한 지식은 과거의 문학적·지적 전통 그 이상을 의미한다. 여기서의 과거의 지식은 의례적 전통과 가족 및 문화적 정체성의 연속을 의미하며, 이는 특정한 친족 및 사회적 역할을 체화함으로써만 배울 수 있다. 따라서 사회적인 상급자에 대해 기본적인 존경심을 갖는 것은 과거의 의례적·지적 전통의 연속성에 있어 필수적이다. 이러한 사회적 불평등은 일생 동안 변화한다. 사람은 절대적으로 사회적으로 열등하거나 우월하지 않다. 그리고 각각의 관계는 지배와 복종 대신에 상호보완성과 호혜성을 전제로 한다.

페미니즘의 도전에 대처하기 위하여 남편과 아내의 위계적 관계와 내-외의 관념에 따른 성별 분업은 수정이 필요하다. 유교 윤리 체계 안에서 아내가 남편에게 종속되어야 할 필요는 없다. 전통적인 설명에서 부부 관계는 군신 관계의 본보기가 되었으며, 그리하여 남편은 사회적으로 우월하고 아내는 사회적으로 열등하다. 그러나 군신과 부부 관계의 은유는 잘못된 것인데, 부부 관계는 군신 관계와는 달리 본질적으로 개인적이고 친밀한 관계이기 때문이다. 또한 통치자와 신하 사이의 계약 관계와는 달리 남편과 아내(혹은 현대적인 파트너십의 의미에서) 사이의 유대는 이상적으로는 죽을 때까지 지속된다고 가정된다. 만약 여성이 남성 상대방처럼 문화적 자원에 대한 완전한 접근이 허용된다면, 부부관계에서 성별에 기반을 둔 위계질서는 그 정당성을 잃을 것이다. 오늘날의 시대에 부부 사이의 관계에 대한 대안적인 비유는 친구 간의 관계(유교의 오륜 중 하나인)일 것이다. 비록 유교적 세계에서의 모든 인간관계의 기본적 체계―친구 간의 관계를 포함하여―가 본질적으로는 위계적인 것이 사실이지만, 우정에 가정된 위계는 성별에 기반을 두고 있지 않다.

우정의 위계질서는 대부분 능력과 도덕적 권위에 근거한다. 친구 간의 교제는 전적으로 자발적이고, 그 교제가 지속되는 기간은 상정된 공통의 목표에 따라 달라진다. 사람들이 스스로 정의한 공통의 목표를 위해 결속된 그러한 자유로운 교제는 현대의 부부 관계와 가장 근접한다. 부부 관계 및 성별 기반의 분업을 수정하는 우리의 작업은 절대적 평등이라는 형이상학적 근거에 의존하지 않고 유교적 틀 안에서 이루어진다. 다시 말해서 내외 관념에 근거한 성별 기반의 분업과 남편과 아내라는 위계적 관계로부터 파생된 성차별 문제들은 유교 전통 내에서 사용할 수 있는 [사상적] 자원을 활용하여 해결될 수 있다. 이러한 수정 작업으로 여성 해방의 이론적 정당성은 개인의 권리에 대한 자유주의적 논증―만인에 대한 절대적 평등을 암묵적으로 가정하는―에 국한되지 않는다. 우리의 유교페미니즘은 성평등에 대한 페미니즘적 관심을 고려하면서도 유교적 전통을 긍정한다. 유교페미니즘의 혼종적 정체성을 만들어낸 최종적인 결과는 조건부의 불평등으로, 그 불평등은 젠더 자체가 아닌 능력과 도덕적 능력에 근거한다. 부부 관계에서 성별에 따른 분업과 위계질서가 제거되면, 보다 유연한 분업의 재편성이 가능할 것이다. 가정 내에서 여성은 '외'의 전체 또는 일부를 남성은 '내'의 전체 또는 일부를 책임질 수 있을 것이고 그 반대의 경우도 마찬가지다. 구성원이 특정 관계에서 설정한 공통적 목표에 따라 그 양상이 달라질 것이다.

성별에 따른 분업이 근절되면 여성은 더 이상 '내'의 제한된 영역에 국한되지 않을 것이고 그리하여 군자—가정 안에서 예의범절을 따를 뿐만 아니라, 충분히 교양을 갖추고 덕행의 본보기로서 대중을 인도하는—라는 최고의 문화적 이상을 달성할 수 있을 될 것이다. 그러나 성별의 내외 경계를 뿌리 뽑고자 하는 것은 규범적인 젠더 정체성은 물론 중국 세계의 예의범절에 직접적으로 도전하게 한다. 문제는 그러한 변혁을 해야 하는지의 여부에 있는 것이 아니다. 오히려 여기서의 문제는 그러한 변혁이 유교 전통 자체에 의해 정당화될 수 있는지, 아니면 젠더 관계의 변혁이 서구 윤리 이론을 도입해야만 가능해질 수 있는지의 여부에 있다. 다시 말해서 문제는 유교가 그 자체로 성차별적 이념으로 인식되는지 그리하여 여성 억압 문제에 있어 유교 내부에서 스스로 바로잡을 수 있는지의 여부에 있다.

살아있는 전통으로서 유교는 자기의 사상 체계 안에 다른 문화를 통합함으로써 확장해나갔다. 그 유교의 적응성은 역사 전반에 걸쳐 입증되었다. 예를 들어 유교적 확장의 첫 번째 물결은 진나라 말기 및 한나라 초기에 음양오행론을 자신의 사상 체계 안에 포섭한 것이다. 우선 반유교정책을 펼치는 진대에 정치적으로 생존하고, 그 후 한대에서는 도가뿐만 아니라 대중적인 음양가와 경쟁하기 위해서였다. 일반적으로 알려진 바와 같이, 두 번째 확장의 물결은 송대에 발생하였는데 그 결과로 도학道學과 리학理學—즉 신유학—이 부상하게 되었다. 이 신유학은 실제로 유교, 도교, 불교가 섞인 믹스 플레이트mixed plate(역자 주: 하와이에선 신선한 과일들을 한 그릇 안에 섞은 샐

러드가 유명하다)와 같다. 이제 유교가 당면하고 있는 새로운 도전은 페미니즘이다. 뚜웨이밍의 표현대로 유교페미니즘의 형성은 유교 확장의 세 번째 물결이 될 것이며, 유교는 다시 생사의 갈림길에 서 있다.[6] 물론 유교페미니즘을 형성하고자 하는 목표는 21세기에 유교를 유지시키는 것 그 이상으로, 그것은 유교의 역동성을 확인하는 데 있다. 그럼으로써 우리는 [별도로] 해명할 필요 없이 유교를 따르면서도 동시에 페미니스트일 수 있다. 비록 몇몇의 성차별적 진술이 특정한 지적 전통에 포함되어 있지만, 우리가 아리스토텔레스철학을 따르면서도 동시에 페미니스트일 수 있으며, 칸트 철학을 따르면서도 동시에 페미니스트일 수 있으며, 실존주의자이면서도 동시에 페미니스트일 수 있듯이 말이다.

성찰과 결론

따지고 보면 이 프로젝트는 개인적인 질문에서 출발하였다. 여성이 된다는 것이 무엇을 의미하는지에 대한 개인적인 질문에 답하기 위해 『제2의 성』을 쓴 보부아르처럼, 나는 중국의 유교 여성이 된다는 것이 무엇을 의미하는지에 대해 나 자신에게 답하려고 노력하였다. 서구 페미니즘의 관점을 통할 때, 나는 타자에 비춰진 나의 모습을 보았다. 페미니스트가 된다는 것과 중국인이 되는 것 사이의 긴장은 보편적인 자매애를 형성해야 한다는 요구—모든 여성은 일련의 공통적인 억압의 뿌리를 공유하고 있다고 가정된다—와 나의 문화적 정체성을 확인하고 구체화해야한다는 요구—이는 문화적 경계를

---

6   유교의 제 3의 물결이라는 용어에 대해, 내가 뚜웨이밍에게 빚지고 있음을 여기에서 밝힌다.

318

넘어 여성 사이에 가정된 공통성을 해소한다 ― 사이의 긴장이다. 나는 페미니스트이자 중국인으로서 그러한 긴장을 풀기 위해 노력하고 있다. 동시에 나는 내 자신의 문화적 정체성을 우선시해야 한다는 강박감을 느낀다. 왜냐하면 여성이 몰역사적이고 몰문화적으로 있는 이론적 공간에서 나는 길을 잃어버렸기 때문이다. 그러나 그 추상적인 이론적 공간에서 서구의 문화적 가정은 초국가적인 페미니즘 담론에서 특권을 누리고 있다. 그러한 서구 윤리 이론의 특권적 위치는 결과적으로 실질적인 정체성이 유교라는 보다 큰 문화적 틀에 뿌리를 둔 내가 중국인이면서 동시에 페미니스트가 될 수 없게 만든다.

이 프로젝트는 하나의 혼종적 윤리 이론을 제안함으로써, 페미니즘과 유교 사이의 화해를 모색하고자 한 것이다. 그리고 그 이론 안에서 유교는 더 이상 중국 여성의 억압 문제에 대한 손쉬운 희생양이 아니게 된다. 대신에 유교는 정통적 가르침에서 다양한 목소리들과 불확실한 의미들을 발굴할 수 있는 작업장으로 간주된다. 유교는 중국인들이 그들의 유교적 뿌리에 대해 완전하게 거부하지 않으면서도 여성에 대한 사회적 학대에 대한 내부적인 비판에 참여할 수 있는 충분한 개념적 도구를 제공한다. 다시 말해서 유교를 추종하면서 동시에 페미니스트가 되는 것은 더 이상 모순이 되지 않으므로, 어떤 종류의 페미니스트가 되기 위해서 마르크스주의자, 자유주의자, 실존주의자 또는 급진적인 분리주의자가 될 필요가 없다. 중국의 문화적 경계 안에서 여성이 되는 문화적 요소들을 분류함으로써, 나는 또한 여성 억압의 뿌리가 되는 인식론적 진술을 추가하고자 한다. 그럼으로써 여성 해방의 모델이 더 이상 칸트의 자율적 주체, 데카르트의 몰젠더적 코기토cogito(역자 주: 생각하는 주체), 자유주의의 개인의 권리 또는 마르크시즘적 물질적 평등에 국한되지 않을 것이다. 이제 여성 해방의 실행 가능한 목표로 유교의 관계적이고 덕에 기초한 인격성을 삼는 것도 가능하다. 여성 억압의 뿌리에 대한 인식론적 진술이 유교에 대한 연구를 통해 풍부해짐에 따라, 페미니즘 윤리학과 이론적 상상력에서 여성 해방 가능성의 범위도 넓어지고 있다.

감사의 글

이 프로젝트는 1998년 하와이대학교에서 열린 동서양 회의East & West Conference 에서, 서양의 윤리이론의 수입 없이 유교가 성차별 문제에 대응하기 위하여 스스로 개변할 수 있는지의 가능성을 묻는 코멘트에서 처음 영감을 받았습니다. 당시 제가 대학원생이었을 때, 저는 문제의 진상을 파악해서 유교가 정말로 성차별적인지를 철두철미하게 확인하길 갈망했습니다. 이 책은 하와이대학교의 수많은 멘토들, 특히 메리 타일스Mary Tiles, 제임스 타일스James Tiles, 로저 에임스Roger Ames, 브린다 달미야Vrinda Dalmiya 그리고 위에 밍바오俞明寶, Ming-Bao Yue 의 훌륭한 도움으로 2002년에 구체화되었습니다. 이 프로젝트는 또한 메리워싱턴대학교의 친구와 동료, 특히 크레이그 베시Craig Vasey, 데이빗 엠뷰얼David Ambuel, 조셉 로메로Joseph Romero, 메디 아민라자비Mehdi Aminrazavi 그리고 신디 투미Cindy Toomey 의 의견과 격려로부터 큰 도움을 받았습니다. 로욜라메리마운트대학교의 로빈 왕Robin Wang 도 유익한 제안을 했습니다. 마지막으로, 뉴욕주립대학교출판부의 한 익명 독자의 상세하고 건설적인 비판은 이 프로젝트를 최종적 형태로 만드는 데 있어 특히 중요했습니다. 사랑하는 남편 코리Corey 의 변함없는 성원에도 고맙습니다. 물론 이 프로젝트에 존재하는 모든 실수와 결점은 전적으로 제 자신 때문입니다. 또한 Asian Philosophy 14권 1호(2004년 봄호)의 41-58쪽에 게재되었던 「내외, 예의 그리고 젠더 구분Neiwai, Civility, and Gender Distinctions」을 이 책의 4장으로 전재하는 데 허가해주신 것에 대해 감사드립니다.

역자 후기

대학원생 시절 여성학협동과정에서 여성학 관련 강의를 수강하기는 하였지만, 학위과정 이후에 교원양성기관에 근무하게 되면서 여성학에 대한 관심이 고조되지는 못했습니다. 더군다나 여성이란 타자를 남성인 제가 연구한다는 점―남성 여성학 연구자들이 진지하게 고민하듯―과 저의 주연구분야가 유교와 도덕 교육이라는 점은 본서의 번역에 착수하는 일을 주저하게 하였습니다. 그러나 저의 은사이신 김병환 선생님께선 줄곧 유교의 현대화를 위해 오늘날의 유교 연구자들이 과학과 페미니즘과 같은 현대적 사조와 대화해야 하며, 그런 의미에서 저의 번역 작업이 가치 있는 작업이라고 격려해주셨습니다. 이 지면을 빌어 저의 뜻을 언제나 지지해주신 선생님께 진심으로 감사드립니다.

가야트리 차크라보티 스피박Gayatri Chakravorty Spivak 은 '서발턴Subaltern 은 말할 수 있는가'라는 논점을 우리에게 제기하였습니다. 그녀는 인도 여성의 순사殉死 가 영국인과 인도 남성에 의해 다른 방식으로 재현되고 있음을 예로 들었습니다. 인도 여성의 순사를 두고, 영국인은 인도 여성이 겪는 비참한 처지를 강변하는 논거로 삼았으며 인도 남성은 민족의 이름으로 죽음을 결심한 여성 영웅들을 치하하기 바빴습니다. 서발턴 여성의 '말하기'는 제국주의와 민족주의라는 두 이데올로기에 의해 끊임없이 왜곡되었습니다. '서구와 제3세계' 내지는 '보편과 민족'이라는 대립 속에 제3세계 서발턴 여성들의 목소리는 형해화되어 재현되고, 따라서 우리들은 서발턴의 목소리를 온전하게 들을 수 없게 됩니다. 이러한 스피박의 문제 제기는 중국 여성의 재현 문제에서도 마찬가지일 것입니다.

한국의 철학계 내지 여성학계에 이미 고대 중국의 여성에 대한 많은 연구가 축적되어 있습니다. 그러나 유교 전공자들은 문헌적이고 이론적인 근거를 끌어와 유교가 여성 억압의 책임과는 무관하다는 호교론적 주장을 펼치거나, 여성학 연구자들은 전근대의 모든 성억압의 문제를 유교에 돌리는 환원주의적 논리를 전개하곤 했습니다. 서로 다른 진영의 학자들은 각자의 취향에 맞는 논리를 유학의 여성관에 투영해왔습니다. 그러나 이 책의 최대 장점은 우리가 가진 이데올로기를 제3세계 중국의 여성에 투사하기보다는 중국 여성이 처한 중첩적인 구조를 해명하려 노력한다는 점입니다. 따라서 이 책의 저자는 유교와 중국 여성에 대한 신식민주의적 관점을 잠시 제쳐두면서도 역사 속 중국 여성의 주체적 모습을 발굴해냅니다. 그러면서도 중국 여성의 억압에 있어 유교가 어떤 방식으로 일조했는지도 분명히 밝히고 있습니다. 이 책이 중국 여성을 온전히 '말하고 있는지는' 여전히 불확실하겠지만 중국 여성에 대한 피상적 재현을 넘어서려고 시도한다는 점에서 이 책은 분명 '논쟁적'입니다.

따라서 역자로서는 이 책(Li-Hsiang Lisa Rosenlee, *Confucianism and Women: A Philosophical Interpretation*, SUNY Press, 2006)을 접한 뒤에, 유교 혹은 여성학에 관심이 있는 선생님들께 이 책을 적극적으로 소개하고 싶었습니다. 유교 혹은 여성학의 일방에 관심이 있다는 것은, 일반적으로는 다른 한쪽의 일방에 대해서는 깊게 이해하지 못하고 있다는 것을 의미하기도 합니다. 따라서 저는 이 책을 독자들이 최대한 쉽게 이해할 수 있도록 번역해야한다는 의무감을 느꼈습니다. 그런 나머지 문장을 변형하고 단어를 산입하는 등의 과감한 윤색도 수차에 걸쳐 했습니다. 이러한 저의 시도가 저자의 원의와는 동떨어지지 않았길 기대합니다만, 번역상의 문제는 전적으로 저의 부족함 때문일 것입니다. 더불어 이 책이 나오기까지 출판사 필로소픽의 김하종 선생님의 도움이 컸음을 여기서 밝힙니다.

유교 전공자인 저에게 있어, 유교를 이해하기 위해 '여성' 문제를 거론한다는 것은 단지 여성을 연구 대상으로 삼는다는 의미보다도 유교를 이해하기 위한 일종의 '방법론'에 가깝다고 생각합니다. 삼풍백화점과 세월호가 현대 한국이 갖고 있는 근원적 문제를 예증하듯, 유교적 세계를 전망하는 데 있어 '여성'이란 가장 취약한 지점에서 파고 들어간다면 우리는 유교적 세계의 제문제를 보다 용이하게 탐구할 수 있을 것입니다. 제가 번역 초벌 작업을 마친 뒤에 다시 이 원고를 읽어보게 되었을 때, 저는 은연중에 '고대 중국 여성'을 '현대 한국 여성'이라고 바꾸어 읽어 보았습니다. 그렇게 바꾸어 읽어도 책의 내용이 일정 부분 무리 없이 읽힌다는 점은, 이 책이 유교의 여성관을 철학적으로 탐구하는데 그치지 않고 세계에서 가장 유교적인 나라인 대한민국에 여전히 유효한 질문을 던지고 있음을 의미하는지도 모르겠습니다. 이 책의 번역으로 유교와 여성학 연구자들이 서로 가까워질 수 있길 기대합니다.

2023년의 겨울, 역자 올림

참고문헌

Ames, Roger T., and David L. Hall, trans. (2003) *A Philosophical Translation of Dao DeJing: Making this Life Significant.* New York: Ballantine Books.

_____. (2001) *Focusing the Familiar: A Translation and Philosophical Interpretation of the Zhongyong.* Honolulu: University of Hawaii Press.

Ames, Roger T. (1999) 「New Confucianism: A Native Response to Western Philosophy」. *China Studies (Zhongguo yanjiu)* 5:23–52.

Ames, Roger T., and Henry Rosemont Jr., trans. (1998) *The Analects of Confucius: A Philosophical Translation.* New York: Ballantine Books.

Ames, Roger T. (1994) 「The Focus-Field Self in Classical Confucianism」. In *Self as Person in Asian Theory and Practice*, ed. Roger T. Ames, Wimal Dissanayake, and Thomas P. Kasulis. Albany: State University of New York Press.

_____. (1981) 「Taoism and the Androgynous Ideal」. In *Women in China*, ed. Richard W. Guisso and Stanley Johannesen. New York: Philo Press.

Andors, Phyllis. (1983) *The Unfinished Liberation of Chinese Women 1949 –1980.* Bloomington: Indiana University Press.

Antony, Louise M., and Charlotte Witt, eds. (1993) *A Mind of One's Own: Feminist Essays on Reason and Objectivity.* Boulder: Westview.

Ayscough, Florence. (1937) *Chinese Women: Yesterday and Today.* Boston: Houghton Mifflin.

Bar On, Bat-ami, ed. (1994) *Modern Engendering: Critical Feminist Readings in Modern Western Philosophy.* Albany: State University of New York Press.

Barlow, Tani E. (1994a) 「Theorizing Woman: *Funu, Guojia, Jiating* (Chinese Women, Chinese State, Chinese Family)」. In *Body, Subject and Power in China*, ed. Angela Zito and Tani E. Barlow. Chicago: University of Chicago Press.

_____. (1994b) 「Politics and Protocols of Woman」. In *Engendering China: Women Culture, and the State*, ed. Christina K. Gilmartin, Gail Hershatter, Lisa Rofel, and Tyrene White. Cambridge: Harvard University Press.

_____. (1989) 「Asian Perspective: Beyond Dichotomies」. *Gender and History* 1:3: 318‒30.

Barnes, Jonathan. (1984) *The Complete Works of Aristotle*. Princeton: Princeton University Press.

Bielenstein, Hans. (1980) *The Bureaucracy of Han Times*. Cambridge: Cambridge University Press.

Black, Alison. (1989) 「Gender and Cosmology in Chinese Correlative Thinking」. In *Gender and Religion: On the Complexity of Symbols*, ed. Caroline W. Bynum, Stevan Harrell, and Paula Richman. Boston: Beacon Press.

Blake, Fred. (1994) 「Foot-binding in Neo-Confucian China and the Appropriation of Female Labor」. *Signs* (Spring):676‒712.

Bol, Peter K. (1987) 「Seeking Common Ground: Han Literati under Jurchen Rule」. *Harvard Journal of Asiatic Studies* 47:2 (Dec.):461‒538.

Boltz, William (1993a) 「Chou li」. In *Early Chinese Texts: A Bibliographical Guide*, ed. Michael Loewe. The Society for the Study of Early China and the Institute of East Asian Studies. Berkeley: University of California Press.

_____. (1993b) 「Shou wen chieh tzu」. In *Early Chinese Texts: A Bibliographical Guide*, ed. Michael Loewe. The Society for the Study of Early China and the Institute of East Asian Studies. Berkeley: University of California Press.

Bonnin, M., and Y. Chevrier. (1991) 「Autonomy during the Post-Mao Era」. *China Q.* 123:569‒93.

Boodberg, Peter. (1953) 「The Semasiology of Some Primary Confucian Concepts」. *Philosophy East and West* 2:4:317‒32.

Bordo, Susan, ed. (1999) *Feminist Interpretations of Rene Descartes*. University Park: Pennsylvania State University Press.

Bray, Francesca. (1995) 「Textile Production and Gender Roles in China, 1000‒1700」. *Chinese Science* 12:115‒37.

Butler, Judith. (1993) *Bodies that Matter: On the Discursive Limits of 「Sex」*. New York: Routledge.

_____. (1990) Gender Trouble: Feminism and the Subversion of Identity. London: Routledge.

Cai, Xianlong. (1979) 「[The Origin of the System of Chinese Polygamy]」. In *Zhongguo funushi lunji* [Readings in the Chinese Women's History]. First edition. Ed. Pao Chia-lin. Taipei: Cowboy.

Cao, Xueqin, and Gao E. (1978) *Dream of the Red Chamber.* Trans. Yang Hsienyi and Gladys Yang. Beijing: Foreign Languages Press.

Carlitz, Katherine. (1991) 「The Social Uses of Female Virtue in Late Ming Editions of Lienu Zhuan」. *Late Imperial China* 12:2 (December):117-52.

Carson, Michael, and Michael Loewe. (1993) 「Lu shih ch'un ch'iu」. In *Early Chinese Texts: A Bibliographic Guide*, ed. Michael Loewe. The Society for the Study of Early China and the Institute of East Asian Studies. Berkeley: University of California Press.

Chan, Ching-ki Stephen. (1988) 「The Language of Despair: Ideological Representations of the 'New Woman' (xing nuxing) by May Fourth Writers」. *Modern Chinese Literature* 4:1-2:19-39.

Chan, Wing-tsit, ed. (1986) *Chu Hsi and Neo-Confucianism.* Honolulu: University of Hawaii Press.

Chan, Wing-tsit. (1975) 「Chinese and Western Interpretations of Jen (Humanity)」. *Journal of Chinese Philosophy* 2:107-29.

_____, trans. (1967) *Reflections on Things at Hand.* New York: Columbia University Press.

_____, trans. (1963) *A Source Book in Chinese Philosophy.* Princeton: Princeton University Press.

_____. (1955) 「Evolution of the Confucian Concept Jen」. *Philosophy East and West* 4:295-319.

Chang, I-jen, William G. Boltz, and Michael Loewe. (1993) 「Kuo yu」. In *Early Chinese Texts: A Bibliographical Guide*, ed. Michael Loewe. The Society for the Study of Early China and the Institute of East Asian Studies. Berkeley: University of California Press.

Chen, Dongyuan. (1937) *Zhongguo funu shenghuo shi* [History of the Lives of Chinese Women]. Shanghai: Shangwu yinshuguan.

Chen, Lungjie, comp. (1992) *Jinsilu xiangzhu jiping* [A Detailed Collection of the

Commentaries of Jinsilu]. Taipei: Taiwan xueshen shuzhu.

Chen, Ellen Marie. (1969) 「Nothingness and the Mother Principle in Early Chinese Taoism」. *International Philosophical Quarterly* 9:391‒405.

Chen, Yu-shih. (1996) 「The Historical Template of Pan Chao's Nu Chieh」. *T'oung-Pao* 82:230‒57.

Cheng, Anne. (1993) 「*Ch'un ch'iu, Kung yang, Ku liang and Tso chuan*」. In *Early Chinese Texts: A Bibliographical Guide*, ed. Michael Loewe. The Society for the Study of Early China and the Institute of East Asian Studies. Berkeley: University of California Press.

Chiao, Chien. (1971) 「Female Chastity in Chinese Culture」. *Bulletin of the Institute of Ethnology*, Academia Sinica 31:205‒12.

Chodorow, Nancy. (1974) *The Reproduction of Mothering: Psychoanalysis and the Sociology of Gender*. Berkeley: University of California Press.

Chu, Tung-tsu. (1965) *Law and Society in Traditional China*. Paris: Mouton.

Croll, Elisabeth. (2000) *Endangered Daughters: Discrimination and Development in Asia*. London: Routledge.

_____. (1978) *Feminism and Socialism in China*. London: Routledge and Kegan Paul.

Curtin, Katie. (1975) *Women in China*. New York and Toronto: Pathfinder Press.

Dardess, John W. (1983) *Confucianism and Autocracy: Professional Elites in the Founding of The Ming Dynasty*. Berkeley: University of California Press.

De Bary, Wm. Theodore. (1994) 「Roundtable Discussion: Wm. Theodore De Bary. The Trouble with Confucianism」. *China Review International* 1:1 (Spring):9‒47.

De Beauvoir, Simone. (1989) *The Second Sex*. Trans. H. M. Parshley. New York: Vintage Books.

Dong, Jiazun. (1979) 「[Investigation into the Custom of Widow Remarriage from the Han to Song]」. In *Zhongguo funushi lunji* [Readings in the Chinese Women's History]. First edition. Ed. Pan Chia-lin. Taipei: Cowboy.

Dubs, Homer H., trans. (1966) *The Works of Hsuntze*. Reprint. Taipei: Ch'eng-wen.

_____, trans. (1944) II. *The History of the Former Han Dynasty by Pan Ku*. 3 volumes. The American Council of Learned Societies.

Ebrey, Patricia B. (2003a) 「The Book of Filial Piety」. In *Images of Women in Chinese Thought and Culture*, ed. Robin R. Wang. Indianapolis: Hackett.

_____. (2003b) 「The Book of Filial Piety for Women」. In *Images of Women in Chinese Thought and Culture*, ed. Robin R. Wang. Indianapolis: Hackett.

_____. (1999) 「Gender and Sinology: Shifting Western Interpretations of Footbinding, 1300–1890」. *Late Imperial China* 20:2 (Dec.): 1–34.

_____. (1993) *The Inner Quarters: Marriage and the Lives of Chinese Women in the Sung Period.* Berkeley: University of California Press.

_____. (1992) 「Women, Money, and Class: Ssu-ma Kuang and Sung Neo-Confucian Views on Women」. In *Papers on Society and Culture of Early Modern China.* Comp.

Academia Sinica, Institute of History and Philology. Taipei: Academia Sinica.

_____. (1990) 「Women, Marriage, and the Family in Chinese History」. In *Heritage of China: Contemporary Perspectives on Chinese Civilization*, ed. Paul S. Ropp. Berkeley: University of California Press.

Elman, Benjamin A. (1991) 「Political, Social, and Cultural Reproduction via Civil Service Examinations in Late Imperial China」. *Journal of Asian Studies* 50:1 (February):7–28.

_____. (1990) *Classicism, Politics, and Kinship: The Ch'ang-chou School of New Text Confucianism in Late Imperial China.* Berkeley: University of California Press.

Elvin, Mark. (1984) 「Female Virtue and the State in China」. *Past and Present* 104:111–52.

Fang, Ying-hsien. (1976) 「[On the Origin of *Ren*: the Transformation of the Concept of *Ren* from the Time of the *Book of Songs* and the *Book of Documents* to Confucius]」. *Ta-lu Tsa-chih* 52:3 (March):22–34.

Fingarette, Herbert. (1983) 「The Music of Humanity in the Conversations of Confucius」. *Journal of Chinese Philosophy* 10:331–56.

Fei, Xiaotong. (1992) *From the Soil: The Foundations of Chinese Society.* Trans. Gary G. Hamilton and Wang Zheng. Berkeley: University of California Press.

Fu, Yuechen. (1979) 「[The life of Tang Women.]」 In *Zhongguo funushi lunji* [Readings in the Chinese Women's History]. First edition. Ed. Pan Chia-lin. Taipei: Cowboy.

Fung, Yu-lan. (1952) *A History of Chinese Philosophy*. Trans. Derk Bodde. Princeton: Princeton University Press.

Furth, Charlotte. (1999) *A Flourishing Yin: Gender in China's Medical History, 960 –1665*. Berkeley: University of California Press.

_____. (1998) 「Androgynous Males and Deficient Females: Biology and Gender Boundaries in Sixteenth- and Seventeenth-Century China」. *Late Imperial China* 9:2 (Dec.):1–31.

Gaukroger, Stephen. (1995) *Descartes: An Intellectual Biography*. Oxford: Clarendon Press.

Gilligan, Carol. (1982) *In a Different Voice: Psychological Theory and Women's Development*. Cambridge: Harvard University Press.

Godley, Michael R. (1994) 「The End of the Queue: Hair as Symbol in Chinese History」. *East Asian History* 8:53–72.

Goldin, Paul R. (2003) 「Comprehensive Discussions in the White Tiger Hall」. In *Images of Women in Chinese Thought and Culture*, ed. Robin R. Wang. Indianapolis: Hackett.

Graham, A. C. (1989) *Disputers of the Tao: Philosophical Argument in Ancient China*. Chicago: Open Court.

_____. (1986) *Yin-Yang and the Nature of Correlative Thinking*. Occasional Paper and Monograph Series No.6. Kent Ridge, Singapore: Institute of East Asian Philosophies.

Griffiths, Morwenna, and Margaret Whitford, eds. (1988) *Feminist Perspectives in Philosophy*. Bloomington: Indiana University Press.

Grimshaw, Jean. (1986) *Feminist Philosophers: Women's Perspective on Philosophical Traditions*. Brighton, England: Wheatsheaf Books.

Guisso, Richard W. (1981) 「Thunder Over the Lake: The Five Classics and the Perception of Woman in Early China」. In *Women in China*, ed. Richard W. Guisso and Stanley Johannesen. New York: Philo Press.

Hall, David L., and Roger T. Ames. (1999) *The Democracy of the Dead: Dewey, Confucius, and the Hope for Democracy in China*. Chicago: Open Court.

_____. (1987) *Thinking Through Confucius*. Albany: State University of New York Press.

Harding, Sandra, and Merrill B. Hintikka, eds. (1983) *Discovering Reality: Feminist*

Perspectives on Epistemology, Metaphysics, Methodology, and Philosophy of Science. Dordrecht: D. Reidel.

Hay, John. (1994) *Boundaries in China.* London: Reaktion Books.

Headland, Isaac Taylor. (1895) 「The *Nu Erh Ching*; or *Classic for Girls*」. *The Chinese Recorder* 26:12 (December):554–60.

Hinsch, Bret. (2002) *Women in Early Imperial China.* Oxford: Rowman and Littlefileld.

Ho, Clara Wing-chung. (1995) 「The Cultivation of Female Talent: Views on Women's Education in China during the Early and High Qing Periods」. *Journal of the Economic and Social History of the Orient (JESHO)* 38:2:191–223.

Holmgren, J. (1981) 「Myth, Fantasy, or Scholarship: Images of the Status of Women in Traditional China」. *The Australian Journal of Chinese Affairs* 6:147–70.

Honig, Emily, and Gail Hershatter. (1988) *Personal Voices: Chinese Women in the 1980's.* Stanford: Stanford University Press.

Hu, Shi. (1953) 「*Shou Ru*」 [On the Concept of *Ru*]. In *Hu Shi Wencun* [Preserved Works of Hu Shi]. Volume 4: Reprint. Taipei: Yuandong.

_____. (1919) *Zhongguo zhexueshi dakang* [*An Outline of the History of Chinese Philosophy*]. Shanghai: Commercial Press.

Hu, Wenkai. (1957) *Lidai funu zhuzuo kao* [A Survey of Women's Writings throughout the Ages]. Shanghai: Gujichubanshe.

Hu, Ying. (1997) 「Re-confi guring Nei/wai: Writing the Woman Traveler in the Late Qing」. Late Imperial China 19:1 (June):72–99.

Hutton, Eric L., trans. (2003) *Xunzi. In Images of Women in Chinese Thought and Culture*, ed. Robin R. Wang. Indianapolis: Hackett.

Hsu, Francis L. K. (1968) 「Chinese Kinship and Chinese Behavior」. In *China in Crisis*. 2 volumes. Ed. Ping-ti Ho and Tang Tsou. Chicago: University of Chicago Press.

Jackson, Beverley. (1997) *Splendid Slippers: a Thousand Years of an Erotic Tradition.* Berkeley: Ten Speed Press.

Jensen, Lionel M. (1997) *Manufacturing Confucianism: Chinese Traditions and Universal Civilization.* Durham and London: Duke University Press.

Jia, Shen. (1979) 「[An Investigation into Chinese Women's Footbinding]」. In

Zhongguo funushi lunji [Readings in the Chinese Women's History]. First edition. Ed. Pan Chia-lin. Taipei: Cowboy.

John, Mary. (1996) *Discrepant Dislocations: Feminism, Theory, and Postcolonial Histories*. Berkeley: University of California Press.

Johnson, Kay Ann. (1983) *Women, the Family, and Peasant Revolution in China*. Chicago: University of Chicago Press.

Kaplan, Caren. (1994) 「The Politics of Location as Transnational Feminist Critical Practice」. In *Scattered Hegemonies: Postmodernity and Transnational Feminist Practices*, ed. Inderpal, Grewal and Caren Kaplan. Minneapolis: University of Minnesota Press.

Karlgren, Bernhard. (1957) *Grammata Serica Recensa*. Stockholm.

King, Ambrose Y. C. (1985) 「The Individual and Group in Confucianism: A Relational Perspective」. In *Individualism and Holism: Studies in Confucian and Taoist Values*, ed. Donald Munro. Ann Arbor: University of Michigan Press.

Knoblock, John, trans. (1988) *Xunzi: A Translation and Study of the Complete Works*. 3 volumes. Stanford: Stanford University Press.

Ko, Dorothy. (2001) *Every Step a Lotus: Shoes for Bound Feet*. Berkeley: University of California Press.

_____. (1997) 「The Body as Attire: the Shifting Meanings of Footbinding in Seventeenth-Century China」. *Journal of Women's History* 8:4 (Winter):8-27.

_____. (1994) *Teachers of the Inner Chambers: Women and Culture in Seventeenth Century China*. Stanford: Stanford University Press.

Kourany, Janet A., ed. (1994) *Philosophy in Feminist Voice: Critique and Reconstructions*. Princeton: Princeton University Press.

Kracke, E. A. Jr. (1957) 「Region, Family, and Individual in the Chinese Examination System」. In *Chinese Thought and Institutions*, ed. John K. Fairbank. Chicago: University of Chicago Press.

Kristeva, Julia. (1977) *About Chinese Women*. Trans. Anita Barrows. New York: Urizen Books.

Lan, Hua R., and Vanessa L. Fong, eds. (1999) *Women in Republican China: A Sourcebook*. Armonk: M. E. Sharpe.

Lang, Olga. (1946) *Chinese Family and Society*. New Haven: Yale University Press.

Lau, D. C., trans. (1979) *The Analects*. London: Penguin Books.

_____, trans. (1963) *Lao Tzu —Tao Te Ching*. London: Penguin Books.

Lee, Lily Xiao Hong. (1994) *The Virtue of Yin: Studies on Chinese Women*. Broadway: Wild Peony.

Lee, Pauline C, trans. (2003) *Biographies of Women. In Images of Women in Chinese Thought and Culture*, ed. Robin R. Wang. Indianapolis: Hackett.

Legge, James, trans. (1967) *Li Chi: Book of Rites*. 2 volumes. Reprint. New York: University Books.

_____, trans. (1960) I. *Confucian Analects, The Great Learning, The Doctrine of the Mean*. In The Chinese Classics. 5 volumes. Reprint. Hong Kong: Hong Kong University Press.

_____, trans. (1960) II. *The Works of Mencius. In The Chinese Classics*. 5 volumes. Reprint. Hong Kong: Hong Kong University Press.

_____, trans. (1960) III. *The Shoo King or The Book of Historical Documents*. In The Chinese Classics. 5 volumes. Reprint. Hong Kong: Hong Kong University Press.

_____, trans. (1960) IV. *The She King or The Book of Poetry. In The Chinese Classics*. 5 volumes. Reprint. Hong Kong: Hong Kong University Press.

_____, trans. (1960) V. *The Chun Tsew with the Tso Chuen. In The Chinese Classics*. 5 volumes. Reprint. Hong Kong: Hong Kong University Press.

Lewis, Mark Edward. (1990) *Sanctioned Violence in Early China*. Albany: State University of New York Press.

Levy, Howard S. (1966) *Chinese Footbinding: The History of a Curious Erotic Custom*. New York: Walton Rawls.

Li, Chenyang, ed. (2000) *The Sage and the Second Sex: Confucianism, Ethics, and Gender*. Chicago: Open Court.

Li, Yu-ning. (1992) 「Historical Roots of Changes in Women's Status in Modern China」. In *Chinese Women through Chinese Eyes*, ed. Li Yu-ning. New York: M. E. Sharpe.

Lin, Yu-sheng. (1974) 「The Evolution of the Pre-Confucian Meaning of Jen and the Confucian Concept of Moral Autonomy」. *Monumenta Serica* 31 (1974-75):172-204.

Liu, Jihua. (1995) 「The Historical Evolution of Chinese Concept of Chastity」. In

Zhongguo funushi lunji [Readings in the Chinese Women's History]. Fourth
    volume. Ed. Pao Chia-lin. Taipei: Cowboy.

Lloyd, Genevieve. (1984) *The Man of Reason:* 「*Male*」 & 「*Female*」 *in Western
    Philosophy*. Minneapolis: University of Minnesota Press.

Loewe, Michael. (1993) 「Chun chiu, Kung yang, Ku liang and Tso chuan」. In
    Early Chinese Texts: A Bibliographical Guide, ed. Michael Loewe. The Society
    for the Study of Early China and the Institute of East Asian Studies.
    Berkeley: University of California Press.

Louie, Kam, and Louise Edwards. (1994) 「Chinese Masculinity: Theorizing
    Wen and Wu」. *East Asian History* 8:135–48.

Mahowald, Mary Briody, ed. (1994) *Philosophy of Woman: An Anthology of Classic
    to Current Concepts*. Third edition. Indianapolis: Hackett.

Mair, Victor H., trans. (1998) *Wandering on the Way: Early Taoist Tales and Parables
    of Chuang Tzu*. Reprint. Honolulu: University of Hawaii Press.

Mann, Susan. (1997) *Precious Records: Women in China's Long Eighteenth Century*.
    Stanford: Stanford University Press.

––––––. (1992) 「'*Fuxue*' (Women's Learning) by Zhang Xuecheng (1728–1801):
    China's First History of Women's Culture」. *Late Imperial China* 13:1
    (June):40–62.

––––––. (1987) 「Widows in the Kinship, Class, and Community Structures of
    Qing Dynasty China」. *Journal of Asian Studies* 46:1 (February):37–56.

Martin-Liao, Tienchi. (1985) 「Traditional Handbooks of Women's Education」.
    In *Woman and Literature in China*, ed. Anna Gerstlacher, Ruth Keen,
    Wolfgang Kubin, Margit Miosga, and Jenny Schon. Bochum:
    Brochkmeyer.

Mei, Yi-Pao, trans. (1929) *The Ethical and Political Works of Motse*. London: Arthur
    Probsthain.

Miyakawa, Hisayuki. (1960) 「The Confucianization of South China」. In *The
    Confucian Persuasion*, ed. Arthur F. Wright. Stanford: Stanford University
    Press.

Mohanty, Chandra T., Ann Russo, and Lourdes Torres, eds. (1991) *Third World
    Women and the Politics of Feminism*. Indianapolis: Indiana University Press.

Needham, Joseph. (1956) *Science and Civilisation in China*. 5 volumes.

Cambridge: Cambridge University Press.

Nie, Chongqi. (1979) 「On the Evolution of the Question of Women's Remarriage in History.」 In *Zhongguo funushi lunji* [Readings in the Chinese Women's History]. First edition. Ed. Pan Chia-lin. Taipei: Cowboy.

Nivison, David S. (1966) *The Life and Thought of Chang Hsueh-cheng (1738 –1801)*. Stanford: Stanford University Press.

Niu, Zhipin. (1995) 「[From Divorce and Remarriage to View the Concept of Women's Chastity in the Tang Dynasty]」. In *Zhongguo funushi lunji* [Readings in the Chinese Women's History]. Fourth volume. Ed. Pao Chia-Lin. Taipei: Cowboy.

Noddings, Nel. (1984) *Caring: A Feminine Approach to Ethics and Moral Education*. Berkeley: University of California Press.

O'Hara, Albert Richard. (1945) *The Position of Women in Early China*. Washington: The Catholic University of America Press.

Ortner, Sherry B. (1981) 「Gender and Sexuality in Hierarchical Societies: the Case of Polynesia and Some Comparative Implications」. In *Sexual Meanings: the Cultural Construction of Gender and Sexuality*, ed. Sherry B. Ortner and Harriet Whitehead. Cambridge: Cambridge University Press.

Pao, Chia-lin. (1979) 「[Women's Thought during the Xinhai Revolution.]」 In *Zhongguo funushi lunji* [Readings in the Chinese Women's History]. First edition. Ed. Pao Chia-lin. Taipei: Cowboy.

Peterson, Willard J. (1968) 「The Life of Ku Yen-wu (1613–1682)」. *Harvard Journal of Asiatic Studies* part I, 28:114–56.

Plaks, Andrew H. (1987) *The Four Masterworks of the Ming Novel*. Princeton: Princeton University Press.

Queen, Sarah A. (1996) *From Chronicle to Cannon: the Hermeneutics of the 'Spring and Autumn' According to Tung Chung-shu*. Cambridge: Cambridge University Press.

Raphals, Lisa (2002) 「A Woman Who Understood the Rites」. In *Confucius and the Analects: New Essays*, ed. Bryan van Norden. Oxford: Oxford University Press.

_____. (1998) *Sharing the Light: Representations of Women and Virtue in Early China*. Albany: State University of New York Press.

Riley, Denise. (1988) 「*Am I that Name? Feminism and the Category of* 「*Woman*」. Minneapolis: University of Minnesota Press.

Rickett, W. Allyn, trans. (1985) *Guanzi: Political, Economic, and Philosophical Essays from Early China.* 2 volumes. Princeton: Princeton University Press.

Ropp, Paul S. (1981) *Dissent in Early Modern China: Ju-lin wai-shih and Ch'ing Social Criticism.* Ann Arbor: University of Michigan Press.

Rosenlee, Li-Hsiang Lisa. (2003a) 「Book review: Bryan van Norden's *Confucius and the Analects: New Essays*」. *The Philosophical Quarterly* 53:213 (October):609–13.

_____. (2003b) 「Book review: James E. Tiles' *Moral Measures: An Introduction to Ethics West and East*」. *Philosophy East and West* 53:3 (July):425–30.

_____. (2000) 「Book review: Lisa Raphals's *Sharing the Light*」. *Philosophy East and West* 50:1 (Jan.):149–53.

Roth, H. D. (1993) 「*Chuang tzu*」. In *Early Chinese Texts: A Bibliographical Guide*, ed. Michael Loewe. The Society for the Study of Early China and the Institute of East Asian Studies. Berkeley: University of California Press.

Rowe, William T. (1993) 「The Problem of 'Civil Society' in Late Imperial China」. *Modern China* 19:2 (April):139–57.

Rubin, Vitaly A. (1982) 「The Concepts of *Wu-hsing* and *Yin-yang*」. *Journal of Chinese Philosophy* 9:131–57.

Shaughnessy, Edward L., trans. (1996) *I Ching: The Classic of Changes.* New York: Ballantine Books.

Shaughnessy, Edward L. (1993a) 「*I Ching (Chou I)*」. In *Early Chinese Texts: A Bibliographical Guide*, ed. Michael Loewe. The Society for the Study of Early China and the Institute of East Asian Studies. Berkeley: University of California Press.

_____. (1993b) 「*Shang Shu (Shu Ching)*」. In *Early Chinese Texts: A Bibliographic Guide*, ed. Michael Loewe. The Society for the Study of Early China and the Institute of East Asian Studies. Berkeley: University of California Press.

Sivin, Nathan. (1995) 「State, Cosmos, and Body in the Last Three Centuries B.C」. *Harvard Journal of Asiatic Studies* 55:1:5–37.

Snow, Helen F. (1967) *Women in Modern China.* Paris: Mouton.

Sommer, Matthew H. (1996) 「The Use of Chastity: Sex, Law, and the Property of Widows in Qing China」. *Late Imperial China* 17:2 (December):77-130.

Song, Lian. (1310-1381) 「*Qirujie*」. In *Song wenxian gong quanji* [The Collected Works of the Cultural Eminent during the Song]. Reprint. Taipei: Zhonghua shuju, 1970.

Spelman, Elizabeth V. (1988) *Inessential Woman: Problems of Exclusion in Feminist Thought.* Boston: Beacon Press.

Sung, Marina H. (1981) 「The Chinese Lieh-nu Tradition」. In *Women in China: Current Directions in Historical Scholarship*, ed. Richard W. Guisso and Stanley Johannesen. New York: Philo Press.

Swann, Nancy Lee. (1968) *Pan Chao: Foremost Woman Scholar of China.* Reprint. New York: Russell and Russell.

Tang, Chunyi. (1976) *Zhongguo zhexue yuanlun, Yuan Dao* [An Original Exposition of Chinese Philosophy. Exposition of *Dao*]. Taipei: Xinya shuyuan yanjiusuo.

Tiles, James E. (2000) *Moral Measures: An Introduction to Ethics West and East.* London: Routledge.

Tjoe, Som Tjan, trans. (1952) *Po Hu Tung: The Comprehensive Discussions in the White Tiger Hall.* 2 volumes. Leiden: E. J. Brill.

Topley, Marjorie. (1975) 「Marriage Resistance in Rural Kwangtung」. In *Women in Chinese Society*, ed. Margery Wolf, and Roxane Witke. Stanford: Stanford University Press.

Tu, Wu-ming. (1985) *Confucian Thought: Selfhood as Creative Transformation.* Albany: State University of New York Press.

Van Norden, Bryan, trans. (2003) *Mencius.* In *Images of Women in Chinese Thought and Culture*, ed. Robin R. Wang. Indianapolis: Hackett.

_____, ed. (2002) *Confucius and The Analects: New Essays.* Oxford: Oxford University Press.

Wakeman, Frederic. (1994) 「Roundtable Discussion: Wm. Theodore de Bary. The Trouble with Confucianism」. *China Review International* 1:1 (Spring):9-47.

_____. (1993) 「The Civil Society and Public Sphere Debate: Western Reflections on Chinese Political Culture」. *Modern China* 19:2 (April):108-

38.

Wang, Robin R, ed. (2003) *Images of Women in Chinese Thought and Culture: Writings from the Pre-Qin Period through the Song Dynasty*. Indianapolis: Hackett.

Wang, Xiang, ed. (1789–1852) *Nusishu* [Four Books for Women]. Daoguang edition, 1838.

Watson, Rubie S. (1991a) 「Wives, Concubines, and Maids: Servitude and Kinship in the Hong Kong Region, 1900–1940」. In *Marriage and Inequality in Chinese Society*, ed. Rubie S. Watson and Patricia B. Ebrey. Berkeley: University of California Press.

_____. (1991b) 「Afterword: Marriage and Gender Inequality」. In *Marriage and Inequality in Chinese Society*, ed. Rubie S. Watson and Patricia B. Ebrey. Berkeley: University of California Press.

_____. (1986) 「The Name and the Nameless: Gender and Person in Chinese Society」. *American Ethnologist* 13:619–31.

Wawrytko, Sandra A. (2000) 「Prudery and Prurience: Historical Roots of the Confucian Conundrum Concerning Women, Sexuality, and Power」. In *The Sage and the Second Sex: Confucianism, Ethics, and Gender*, ed. Chenyang Li. Chicago: Open Court.

Widmer, Ellen. (1989) 「The Epistolary Worlds of Female Talent in Seventeenth-Century China」. *Late Imperial China* 10:2:1–43.

Wilhelm, Richard, and Cary F. Baynes, trans. (1961) *The I Ching or Book of Changes*. Bollingen Series XIX. One-volume edition. Reprint. New York: Pantheon Books.

Wilson, Thomas A. (1995) *Genealogy of the Way: the Construction and Uses of the Confucian Tradition in Late Imperial China*. Stanford: Stanford University Press.

Wolf, Margery. (1994) 「Beyond the Patrilineal Self: Constructing Gender in China」. In *Self as Person in Asian Theory and Practice*, ed. Roger T. Ames, Wimal Dissanayake, and Thomas P. Kasulis. Albany: State University of New York Press.

_____. (1985) *Revolution Postponed: Women in Contemporary China*. Stanford: Stanford University Press.

_____. (1975) 「Women and Suicide in China」. In *Women in Chinese Society*, ed. Margery Wolf, and Roxane Witke. Stanford: Stanford University Press.

Wu, Fatima, trans. (2003) 「The Ci of Shuyu」. In *Images of Women in Chinese Thought and Culture*, ed. Robin R. Wang. Indianapolis: Hackett.

Xu, Fuguan. (1961) 「[On the Evolution of the Concept of *Yin-yang* and *Wuxing*, and the Question Concerning the Explanation of the Formative Era of Other Related Texts」. *Minju Pinglun* (*The Democratic Review*) 12:19‒21: three parts; pt. I:4‒9, pt. II:4‒9, pt. III:5‒14.

Yang, Lien-sheng. (1992) 「Female Rulers in Ancient China」. In *Chinese Women through Chinese Eyes*, ed. Li Yu-ning. Armonk, NY: M. E. Sharpe.

Yao, Ping. (2003a) 「Precepts for Family life」. In *Images of Women in Chinese Thought and Culture*, ed. Robin R. Wang. Indianapolis: Hackett.

_____. (2003b) 「Family Instructions to the Yan Clan」. In *Images of Women in Chinese Thought and Culture*, ed. Robin R. Wang. Indianapolis: Hackett.

Yu, Ying-shih. (1986) 「Han Foreign Relations」. In *The Cambridge History of China*, ed. Denis Twitchett and Michael Loewe. Volume I. Cambridge: Cambridge University Press.

_____. (1967) *Trade and Expansion in Han China: A Study in the Structure of Sino-Barbarian Economic Relations.* Berkeley: University of California Press.

Zhan, Heying Jenny, and Robert Bradshaw. (1996) 「The Book of Analects for Women」. *Journal of Historical Sociology* 9:261‒68.

Zhang, Xuecheng (1728‒1801) 「*Fu xue*」 [Women's learning]. In *Zhangshi yishu* [Bequeathed Writings of Master Zhang], ed. Liu Chenggang. Jiayetang edition.

유교와 여성

초판 1쇄 발행 | 2023년 1월 31일

지 은 이 | 리-시앙 리사 로즌리
옮 긴 이 | 정환희
펴 낸 이 | 이은성
편   집 | 김하종
디 자 인 | 백지선
펴 낸 곳 | 필로소픽

주 소 | 서울시 종로구 창덕궁길 29-38, 4-5층
전 화 | (02) 883-9774
팩 스 | (02) 883-3496
이 메 일 | philosophik@naver.com
등록번호 | 제2021-000133호

ISBN 979-11-5783-286-6 93150

필로소픽은 푸른커뮤니케이션의 출판 브랜드입니다.